U0578939

权威·前沿·原创

皮书系列为
"十二五""十三五""十四五"时期国家重点出版物出版专项规划项目

BLUE BOOK

智 库 成 果 出 版 与 传 播 平 台

青年发展蓝皮书
BLUE BOOK OF YOUTH DEVELOPMENT

江西青年发展报告（2022~2023）

REPORT ON DEVELOPMENT OF YOUTH IN JIANGXI (2022-2023)

江西青年恋爱婚姻家庭状况研究

Research on the Love, Marriage and Family Status of Jiangxi Youth

主　编／张雪黎　罗来松　戴彩云
副主编／张　华　丁艺龙

社会科学文献出版社
SOCIAL SCIENCES ACADEMIC PRESS（CHINA）

图书在版编目（CIP）数据

江西青年发展报告 . 2022-2023：江西青年恋爱婚姻
家庭状况研究／张雪黎，罗来松，戴彩云主编 . --北京：
社会科学文献出版社，2024.4
　（青年发展蓝皮书）
　ISBN 978-7-5228-2961-6

　Ⅰ.①江…　Ⅱ.①张…②罗…③戴…　Ⅲ.①青年工
作-研究报告-江西-2022-2023　Ⅳ.①D625.651-39

中国国家版本馆 CIP 数据核字（2023）第 245255 号

青年发展蓝皮书

江西青年发展报告（2022~2023）
——江西青年恋爱婚姻家庭状况研究

主　　编／张雪黎　罗来松　戴彩云
副 主 编／张　华　丁艺龙

出 版 人／冀祥德
组稿编辑／陈　颖
责任编辑／桂　芳
责任印制／王京美

出　　版／社会科学文献出版社·皮书分社（010）59367127
　　　　　地址：北京市北三环中路甲 29 号院华龙大厦　邮编：100029
　　　　　网址：www.ssap.com.cn
发　　行／社会科学文献出版社（010）59367028
印　　装／天津千鹤文化传播有限公司

规　　格／开　本：787mm×1092mm　1/16
　　　　　印　张：18.75　字　数：278 千字
版　　次／2024 年 4 月第 1 版　2024 年 4 月第 1 次印刷
书　　号／ISBN 978-7-5228-2961-6
定　　价／158.00 元

读者服务电话：4008918866

江西省社会科学项目基金资助"江西青年恋爱
婚姻家庭状况研究（23WT113）"研究成果
江西省高校人文社会科学重点研究基地基金资助

编 委 会

主编简介

张雪黎 女，教授，硕士生导师。共青团江西省委二级巡视员。中华职业教育社第二十届理事、江西省高等学校思想政治教育研究会副会长、江西省计划生育协会副会长。曾任江西省团校党委书记兼校长，江西青年职业学院党委书记兼院长，江西信息应用职业技术学院副院长，南昌气象学校副校长，中国青少年研究会理事、副秘书长，中国人才学会青年人才专委会理事，江西省共青团和青年工作理论研究会副会长兼秘书长，江西省高校人文社科重点研究基地江西青年职业学院（江西省团校）共青团理论研究中心常务副主任，《青年发展论坛》编委会主任、主编。被评为江西省优秀青年骨干教师、江西省思想政治教育教学团队负责人。主要研究方向为共青团理论与实践、青年发展、思想政治教育、媒介素养、教育管理。先后在省级以上刊物发表论文 30 余篇，其中中文核心期刊 6 篇，主编《共青团基础理论与工作知识读本》《大学生全程化就业指导教程》等教材 6 部，参编教材多部。主持团中央、教育部、江西省教育厅等厅级以上课题 10 余项，主持的"培养具有共青团文化素养的高职技术技能型人才研究"课题成果获第十五批江西省高校省级教学成果二等奖。2019 年、2021 年被团中央聘为《中长期青年发展规划》专家委员会委员。

罗来松 男，现任江西青年职业学院党委书记，共青团江西省委第十七届委员。主要研究方向为马克思主义理论、青年职业发展、高校党建与思想政治教育。先后发表学术论文近 20 篇，出版《知行合一——高校共青团工作理论与实践》《在集体中成长：新时代高校新生班级管理实务》等著作6部，主持省级以上课题10余项，主持的"第二课堂'一体化进阶式'创新人才培养探索与实践"项目成果获2017年江西省教学成果二等奖，作为第二参与人参加的"以立德铸魂为主线的'三强三转'军民融合人才培养模式探索与实践"项目获2019年江西省教学成果一等奖。主持的"职业发展与就业指导"项目被评为2018年江西高校课程思政示范课程立项建设项目，"把班级建设为学生在集体中成长的思政平台"获2023年度全省高校思想政治工作优秀案例一等奖，"创'一生一方案'育人品牌，促职业教育'一性一力'高质量发展"项目获批2023年江西省高校思想政治工作精品重点项目。主持的"'一生一方案'大学生职业发展咨询工作室"被教育部评为全国高校职业生涯咨询特色工作室。

戴彩云 女，教授，国家二级心理咨询师，青少年抗挫折力训练师。现任江西青年职业学院党委委员、教务处处长，江西省高教学会会员、江西省12355青少年服务平台专家委员、江西省社会工作协会专家。曾获全省思想政治教学比赛二等奖、第二届全省高校公共安全教育教师说课比赛三等奖，被评为全省优秀思政教师。主要研究方向为思想政治教育、青少年教育与青年发展。先后发表学术论文20余篇，出版《儿童心理学学习指导》等教材4部，主持或参与省级以上课题10余项。主持建设的"思想道德修养与法律基础"课程被认定为省级精品在线开放课程，主持建设的青少年工作与管理专业教学资源库被认定为省级职业教育专业教学资源库，牵头建设了国家级骨干专业1个、省级骨干专业和优势特色专业2个，主持省级高水平专业群建设项目1个。

摘　要

　　本报告是江西省高校人文社科重点研究基地江西青年职业学院共青团理论研究中心组织研究机构专家、高校学者撰写的江西青年恋爱婚姻家庭状况研究报告，是关于江西青年发展研究的第二部蓝皮书。为了更为准确、真实地掌握江西青年面临的婚恋问题，2022 年 7~9 月，江西青年职业学院共青团理论研究中心组织和实施了江西青年恋爱婚姻家庭状况调查，回收有效问卷 6143 份，覆盖未婚、离婚后单身、丧偶后单身、初婚、再婚等五类青年。

　　本报告主要从三个维度考察江西青年的恋爱婚姻家庭问题。一是关注青年本身对于婚恋和家庭的认知和态度，包括青年婚恋观、家庭观、生育观、家庭教育观和性观念，同时关注他们的实际行为，考察行为对观念的直接和真实的反映。二是对当下青年婚恋的几个热点问题进行专题探讨，如大龄未婚青年的个人和社会原因、婚姻成本对青年婚姻行为的影响、青年离婚水平变动的趋势以及育龄女性二孩、三孩的生育意愿等。三是探讨和总结了江西省各级政府、社会组织等为青年恋爱婚姻家庭提供的各种服务，包括共青团组织开展的婚恋服务、妇联组织推动的家庭教育服务和司法领域离婚调解服务等等。

　　本报告指出，伴随中国社会主义建设历程，江西青年恋爱婚姻家庭模式也经历了数度历史变迁，整体上完成了由传统向现代的转型。这既体现在恋爱自由、婚姻自主的权利得到充分保障，初婚年龄不断延迟，家庭结构以核心家庭为主上，也体现在青年育龄人口生育率呈下降趋势，结婚育儿过程中"啃老"成为普遍现象上。本书的各篇研究报告在深入分析研究现实状况和影响因素的基础上，针对性地提出了具体的引导服务策略和政策建议。

关键词： 青年　恋爱婚姻家庭状况　江西

Abstract

This report is an analysis report on the love, marriage and family situation of Jiangxi young people, written by the experts from the research organization organized by the Communist Youth League theory research center of Jiangxi Youth Vocational College, a key research base of humanities and social sciences in Jiangxi province, is the second *Blue Book of Youth Development*. In order to understand more accurately and truly the love and marriage problems faced by young people in Jiangxi, the 2021 from July to September, the Communist Youth League theory research center of Jiangxi Youth Vocational College organized and implemented a survey on the love, marriage and family status of Jiangxi youth, collecting 6143 valid questionnaires, cover unmarried, divorced single, widowed single, first marriage, remarriage and other 5 types of young people.

This report mainly inspects Jiangxi Youth's love, marriage and family problems from three dimensions. One is to pay attention to young people's own perceptions and attitudes towards marriage and the family, including their views on marriage, family, fertility, child discipline and sexuality, as well as their actual behaviour, examine the direct and truthful reflection of an action on an idea. The second is a thematic discussion on several hot issues of marriage and love among young people at present, for example, the individual and social factors of the older unmarried youth, the influence of the marriage cost on the marriage behavior of the youth, the tendency of the change of the marriage of the youth and the desire of the youth to have two or three children, etc. Third, it explores and summarizes the various services provided by the government, society and the market for Young People's love, marriage and family in Jiangxi province, it includes marriage and Love Services organized by the Communist Youth League, Child Discipline

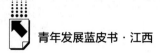

Services promoted by the Women's Federation, and divorce mediation services in the judicial field.

The report points out that with the development of China's revolution and socialist construction in the past hundred years, Jiangxi Youth Love, marriage and Family Model has also undergone several historical changes, as a whole, completed the transition from traditional to modern. This is reflected in the full protection of the rights to freedom of Love and freedom of marriage, the continuous delay in the age of first marriage, the Nuclear family structure, and the declining trend in the total fertility rate of the young people of childbearing age, in the process of marriage and child-rearing, "Boomerang" has become a common phenomenon. To this end, the book's various research reports in-depth analysis of the current situation of the research topics and the impact of factors based on specific guidance services strategy and policy recommendations.

Keywords: Youth; Jiangxi; Love, Marriage and Family Status

目 录 ↖↘

Ⅰ 总报告

Ⅱ 分报告

Ⅲ 专题篇

Ⅳ 案例篇

皮书数据库阅读 **使用指南**

CONTENTS ↰↱

I General Report

II Sub Report

Ⅲ   Special Report

Ⅳ   Case Study

总 报 告
General Report

B.1

江西青年恋爱婚姻家庭发展状况
与引导服务策略研究

张 华*

摘 要： 2022 年，对江西青年恋爱婚姻家庭发展状况的大样本调查结
果显示，江西青年初婚年龄不断延迟，家庭结构实现了向核心
家庭为主的转变，青年育龄人口总和生育率虽呈下降趋势但仍
处于全国较高水平，结婚育儿过程中"啃老"成为普遍现象。
青年的恋爱婚姻家庭观念更加多元，在整体认同主流婚姻家庭
价值观的同时，青年婚前性观念更加开放，择偶更加注重个人
综合素质，对离婚的态度更加包容，生育动机更加多元化，性
别偏好呈下降趋势。青年恋爱婚姻家庭发展面临交友渠道不
畅、婚前性行为普遍化与性健康教育不足、结婚和养育成本上
升、普惠的社会服务难以满足青年婚姻家庭发展的实际需要等

* 张华，山东省青少年研究所原所长，山东青年政治学院教授，江西省高校人文社科重点研究
基地江西青年职业学院共青团理论研究中心学术委员，团中央重大选题审读专家库专家，主
要研究方向为青少年发展与青少年工作理论。

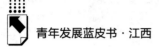

现实问题，呼唤更加安全的恋爱交友服务平台、全面普及的青春期性教育、能切实降低结婚和养育成本的政策措施和社会环境，以及普惠的恋爱婚姻家庭生活指导服务。

关键词： 青年　恋爱婚姻家庭　引导服务　江西

本研究基于对 2000~2020 年全国和江西人口普查数据的比较、对江西省高校人文社科重点研究基地江西青年职业学院共青团理论研究中心 2022 年组织开展"江西青年恋爱婚姻家庭状况调查"收集的 6143 份青年问卷调查数据的分析，就江西青年恋爱婚姻家庭状况、发展需求及引导服务策略报告如下。

一　由传统向现代转型：江西青年恋爱婚姻家庭现状

改革开放以来，伴随新生代教育水平的大幅度提高和劳动力大规模社会流动，江西青年的恋爱婚姻家庭生活方式发生了一系列深刻变化。自由恋爱早已不再是需要争取的权利，早婚早育现象不断减少，晚婚晚育成为大多数青年的自愿选择，三代四代同堂的大家庭已经非常罕见，核心家庭比重不断提高，少生甚至不生孩子的青年家庭占比增大，大龄不婚、单身家庭逐渐增多，青年的婚姻家庭模式已经完成由传统向现代的转变。

1.青年享有充分的恋爱自由，但恋爱方式仍以他人介绍为主，校园恋情绝大多数没有修成正果

当代江西青年正享有着前所未有的恋爱自由。不仅父母之命、媒妁之言早已成为历史，父母辈谈恋爱的羞涩与含蓄也早已成为昨天的故事。大学生"只问过程不问结果"的校园恋、打工青年跟着感觉走的"和则聚不合则散"，尽显当代青年自由恋爱"理直气壮的张扬"。本课题针对

3566 名未婚青年的调查结果显示，高达 62.44% 的青年自述与异性有过拥抱、接吻、抚摸等亲密接触，51.16% 的调查对象自述与异性发生过性关系。与"我的爱情我做主"形成鲜明对照的是，江西青年寻找配偶方式依然是以比较传统且正式的"他人介绍"为主。本课题对 2165 名已婚青年的调查显示，由同学、朋友、同事介绍与配偶结识的占 43.42%，由家人亲戚介绍的占 27.16%，两者合计达七成以上。工作接触、生活偶遇分别占 12.84%、10.53%，合计不到已婚青年的 1/4。通过相亲角、婚恋网站、团组织或单位联谊活动相识的比例分别为 1.29%、1.06%、0.51%。在舆论场中引发关注的相亲角，来的更多的是为子女焦虑的大叔大妈，对沸沸扬扬的网恋多数青年并不"感冒"，有组织的联谊活动对青年婚恋的影响非常有限。虽然调查对象中 1737 名青年拥有大专及以上学历，但选择夫妻之间原本是互相认识的同学、校友、社团活动伙伴等其他选项的合计只占 3.19%，这一数据从另一个侧面证明绝大多数校园恋情没有走进婚姻。

2. 晚婚成为一种趋势，初婚年龄大大延迟，江西青年婚姻关系相对稳定，离婚率低于全国平均水平

从新中国成立到 20 世纪 70 年代中后期，我国人口出现了和平年代的爆发性增长。1949 年到 1978 年，全国总人口由 54167 万人增至 96259 万人，逼近 10 亿人口大关，这期间净增 42092 万人，年均增长 1400 万人以上。经济社会发展面临前所未有的巨大压力。党的十一届三中全会之后，为了实现经济发展与人口增长的动态平衡，国家开动所有舆论宣传工具、出台配套政策法规，号召引导青年晚婚晚育。1980~2010 年，全国平均初婚年龄由 23.78 岁上升为 24.89 岁，30 年间上升了 1.11 岁。2011 年，我国平均初婚年龄突破 25 岁（25.09 岁），2014 年突破 26 岁（26.06 岁），2017 年达到 27 岁（27.0 岁），2020 年达到 28.67 岁，2011~2020 年猛增 3.58 岁。2000~2020 年，25 岁以前结婚的青年占比在全国范围内由 65.17% 下降为 28.71%，直降 36.46 个百分点。30 岁以上结婚的青年显著增长。40 多年过去，伴随教育水平的稳步提高和两代人观念的更新，江西青年中早婚现象已经非常罕见，初婚年龄不

断延迟。比较最近20年间全国和江西青年初婚年龄的变化，可以清楚地看到，晚婚事实上已经成为绝大多数青年的自觉选择。江西青年晚婚趋势与全国基本保持同步。虽然2000~2020年江西24岁及以前结婚的比例始终高于全国，但最近10年晚婚比例大幅攀升，2020年，25~34岁结婚的青年已经超过半数，其中30~34岁结婚的青年占比比2000年上升了11.18个百分点，平均初婚年龄比2000年上升了4.34岁（见表1）。

表1　2000~2020年江西青年初婚年龄与全国平均水平比较

初婚情况	2000 年		2010 年		2020 年	
	全国	江西	全国	江西	全国	江西
调查初婚人数（人）	2000969	73391	2221456	67878	756745	19693
15 岁以下（%）	0.23	0.17	0.07	0.06	0.01	0.005
15~19 岁（%）	10.33	10.90	8.89	11.72	2.56	3.02
20~24 岁（%）	54.61	58.95	51.90	55.51	26.14	32.82
25~29 岁（%）	27.74	24.67	27.81	22.83	41.53	36.92
30~34 岁（%）	5.05	3.92	7.06	6.62	17.49	15.10
34 岁及以下占比（%）	97.96	98.61	95.73	96.74	87.73	87.87
平均初婚年龄（岁）	24.21	23.88	24.89	24.23	28.67	28.22

资料来源：按全国和江西省第七次人口普查10%抽样结果长表5-4中结婚年份数据计算。

本课题调查的结果也表明，20岁及以前走进婚姻的江西青年占1.57%，21~25岁结婚的占42.12%，45.87%的青年26~30岁结婚，10.44%的青年31~35岁结婚。选择26~35岁结婚的青年达到56.31%，属于普遍意义上的晚婚。其中城镇户籍青年比农村户籍青年更倾向于晚结婚。26~35岁结婚的青年比例中，城镇户籍比农村户籍青年高出13.7个百分点（见表2）。这一结果与城镇青年受教育年限整体高于农村青年有着直接关系。尽管新的婚姻法保障了在校大学生结婚的权利，但选择大学毕业以前结婚的青年非常罕见。

表 2 2022 年江西分户籍已婚青年实际结婚年龄对比

单位：频次，%，百分点

实际结婚年龄	农村	城镇	平均值	城乡差
20 岁及以前	28	6	34	
	2.4	0.6	1.57	−1.8
21~25 岁	550	362	912	
	47.7	35.8	42.12	−11.9
26~30 岁	458	535	993	
	39.7	52.9	45.87	+13.2
31~35 岁	118	108	226	
	10.2	10.7	10.44	+0.5
合计	1154	1011	2165	
	100.0	100.0	100.0	

就婚姻关系而言，九成以上的调查对象认为自己目前婚姻关系"非常稳定"或"稳定"。其中，农村户籍青年的该比例为 90.3%，城镇户籍青年的该比例为 89.7%，对经营自己的婚姻充满信心。事实上，2000年以来江西统计离婚率虽然也处于上升趋势，但总离婚率和上升幅度都低于全国平均水平（见表 3）。

表 3 2000~2020 年江西 15 岁以上人口离婚率与全国平均水平比较

单位：人，%

离婚情况	2000 年		2010 年		2020 年	
	全国	江西	全国	江西	全国	江西
调查离婚人数	815119	17632	1456283	35726	2716772	69012
离婚率	0.9	0.7	1.38	1.1	2.38	1.82

资料来源：根据全国第五、第六、第七次人口普查长表 10%抽样数据计算。

3.结婚费用呈明显层次差异，已婚青年近七成拥有产权房，天价彩礼比例不高，但对低收入家庭已构成较大压力

当代江西青年"裸婚"比例不高。绝大多数青年结婚费用包括购房、

家装、汽车、婚前彩礼、婚宴开支五个主要部分，结婚费用呈现明显的层次差异。本课题对江西 2165 名已婚青年的问卷调查显示，在 2151 名有效回答者中，69.2% 的青年拥有自己或配偶名下的产权房。鉴于调查对象中农村户籍占 53.3%，月收入 4000 元以下的占 59.07%，已婚青年产权房靠"自力更生"的比例应该不高（见表 4）。在接受调查的 3566 名未婚青年中，也有 17.63% 的人拥有属于自己的产权房。鉴于未婚青年中 72.8% 的人年龄在 25 岁以下，他们拥有产权房更大可能属于父母馈赠。相比较而言，城市户籍青年享有住房公积金的比例为 75.9%，农村户籍青年为 53%，无论是否有来自长辈的"外援"，农村户籍青年的购房压力都明显大于城市青年。

表 4　2022 年江西分户籍已婚青年住房情况调查结果

单位：频次，%

住房状况	农村	城镇	合计
无产权房,随长辈居住或住长辈的产权房	329	153	482
	28.5	15.1	22.3
有产权房,暂随长辈居住或住长辈的产权房	324	273	597
	28.1	27.0	27.6
住属于自己或配偶的产权房	391	509	900
	33.9	50.3	41.6
住学校或单位的集体宿舍	25	18	43
	2.2	1.8	2.0
租房	76	51	127
	6.6	5.0	5.9
其他	1	1	2
	0.1	0.1	0.2
合计	1146	1005	2151
	99.4	99.3	99.4

关于结婚费用的调查结果显示，除了购买婚房以 57.88% 的比例占据结婚费用首位外，婚礼喜宴以 56.4% 的比例排在第二位，是购房之外

的最大支出项目，不能排除讲排场的攀比消费拉升了这项开支。房屋装修以 47.58% 名列第三，购买汽车以 43.09% 名列第四，彩礼以 42.45% 排在第五，之后为家具家电（40.74%）、金银首饰（38.29%）、嫁妆（26.42%）、蜜月旅行（12.93%）。如果把购买家具家电也看作房屋达到入住水平的家装基本要素，买房、家装、买车事实上已经成为江西青年走进婚姻的刚性需求。如果没有来自长辈的资助，仅靠青年自身的经济能力几乎是不可想象的。购房款对于普通工薪家庭已经意味着父母（主要是男方父母）半生的积蓄，房子价位常常是家庭经济实力的证明。彩礼、金银首饰以及婚宴等上不封顶的开支项目，虽非婚姻生活所必需，但作为古老习俗的一部分和经济实力的反映，更能体现青年结婚费用的层次差异。本次调查结果显示，只有 14.27% 的青年结婚没给或者没要彩礼，85% 以上的青年结婚都包含彩礼这一项。其中 51.89% 在 10 万元以内，38.15% 的在 11 万~20 万元，7.65% 在 21 万~30 万元，1.79% 的达到 31 万~50 万元，0.22% 的达到 51 万~80 万元，0.30% 的高达 80 万元以上。如果把 20 万元以上视为"天价彩礼"，比例不超过调查对象的 10%。因此，可以得出江西青年结婚彩礼非常普遍但天价彩礼比例不高的结论。就彩礼的最终归属而言，62.15% 的彩礼全部归新婚夫妻小家庭，18.95% 的彩礼由女方大部分带回自己的小家，6.44% 的被女方小部分带回，只有 12.46% 全部归于女方家长。可见，绝大多数彩礼变成了男方家长对新婚夫妻主动或被动的"资助"。鉴于青年结婚费用全部或大部分由男方承担的比例超过 70% 的现实状况，凡超出了男方家庭支付能力的"彩礼"，无论是否"天价"，都会给低收入家庭造成较大压力，也会给新婚夫妻的婚后生活带来负面影响，低收入男青年结婚难问题将长期存在。

4. 育龄女青年仍是生育主力，江西出生性别比居于全国最高水平

尽管普遍晚婚已成趋势，但江西青年作为生育主力的地位没有被撼动。观察 2000 年以来 20 年间育龄女性年龄别生育率的变化，江西生育峰值年龄的女青年生育率总体上高于全国平均水平（见表 5）。

表5 2000～2020年江西育龄女青年年龄别生育率与全国平均水平比较

单位：‰

年龄组	2000年全国	2000年江西	2010年全国	2010年江西	2020年全国	2020年江西
15～19岁	5.96	12.28	5.93	7.18	6.07	5.00
20～24岁	114.49	179.90	69.47	90.17	55.22	70.40
25～29岁	86.19	98.09	84.08	97.12	98.98	110.70
30～34岁	28.62	22.21	45.84	46.74	65.05	63.74

资料来源：全国第五、第六、第七次人口普查10%抽样数据长表6-4《各地区育龄妇女年龄别生育率》。

表5数据显示，江西育龄女青年生育率在各个不同年龄组呈现不同的发展趋势。15～19岁低龄妈妈生育率2020年比2000年下降了7.28个千分点；20～24岁年龄组生育率下降了109.5个千分点；25～29岁年龄组则上升了12.61个千分点，与初婚年龄普遍延迟高度吻合。令人欣慰的是，除了15～19岁组的生育率降到低于全国平均水平、30～34岁组与全国水平大致持平外，江西20～29岁年龄组的生育率明显高于全国平均水平。2010年和2020年，20～24岁组分别高出全国平均水平20.7个和15.18个千分点；25～29岁组分别高出13.04个和11.72个千分点。在总和生育率整体下降的大趋势下，江西育龄女青年仍然是对人口增长贡献最大的群体。

表6数据显示，处于育龄峰值的江西女青年，不仅生育率高于全国平均水平，而且二胎三胎生育积极性也高于全国平均水平。以2020为例，20～24岁组各孩次生育率均高于全国平均水平；25～29岁组虽一孩生育率低于全国平均水平，但二孩和三孩生育率均明显高于全国平均水平；30～34岁组则是一孩、二孩生育率均低于全国平均水平，但三孩生育率明显高于全国平均水平。这一组数据说明，和全国同龄人相比，江西育龄女青年更早进入二孩、三孩生育过程，这是一个可喜的现象。

表6 2000~2020年江西育龄女青年生育孩次与全国平均水平比较

单位：‰

年度	年龄组	一孩生育率		二孩生育率		三孩及以上生育率	
		全国	江西	全国	江西	全国	江西
2000	15~19岁	5.60	4.64	0.35	6.50	0.02	0.30
	20~24岁	102.62	94.37	10.40	8.19	1.46	0.70
	25~29岁	55.44	72.08	25.81	13.79	4.94	1.60
	30~34岁	6.61	9.47	17.93	6.90	4.08	0.89
	35~39岁	1.21	1.88	3.20	2.53	1.80	0.58
	39~44岁	0.30	0.49	0.54	0.73	0.63	0.16
	45~49岁	0.12	0.29	0.21	0.41	0.34	0.20
总计	15~49岁	24.57	28.50	9.41	5.18	2.12	0.66
2010	15~19岁	5.53	6.40	0.37	0.75	0.03	0.03
	20~24岁	59.14	66.40	9.40	21.08	0.92	2.68
	25~29岁	52.69	43.24	27.28	44.10	4.11	9.77
	30~34岁	17.40	10.99	23.44	26.30	5.0	9.45
	35~39岁	5.48	4.36	10.11	12.24	3.12	5.27
	39~44岁	2.68	2.49	3.33	3.70	1.51	2.27
	45~49岁	2.00	1.78	1.74	1.95	0.94	1.73
总计	15~49岁	20.71	19.37	10.42	15.55	2.18	4.47
2020	15~19岁	4.95	4.07	1.01	0.86	0.10	0.08
	20~24岁	36.63	43.38	15.76	22.56	2.82	4.45
	25~29岁	53.79	47.15	37.16	48.04	8.03	15.52
	30~34岁	21.53	15.40	34.46	32.85	9.06	15.49
	35~39岁	6.07	4.11	15.28	11.91	5.56	7.59
	39~44岁	1.44	0.98	3.41	2.93	1.49	1.66
	45~49岁	0.50	0.51	0.76	1.32	0.35	0.58
总计	15~49岁	17.05	14.58	16.06	15.98	4.15	6.19

资料来源：根据全国第五、第六、第七次人口普查10%抽样数据长表6-3《全国育龄妇女分年龄孩次的生育状况》，江西省第五、第六、第七次人口普查10%抽样数据长表6-3《全省育龄妇女分年龄孩次的生育状况》数据计算。

1955年10月，联合国出版的《用于人口估计的基本数据质量鉴定方法》（手册Ⅱ）（*Methods of Appraisal of Quality of Basic Data for Population Estimates*, Manual Ⅱ）认为：出生性别比偏向于男性。一般来说，每出生100名女

婴，男婴出生数为 102~107 名。明确认定了出生性别比的通常值域为
102~107。虽然关于"高于或低于这一值域则被视为异常是否合理"的
学术争论始终存在，但过高的性别比会带来一系列社会问题已经是不争
的事实。

新生儿性别比例失调是长期困扰我国社会的问题。进入新千年以来，我
国新生儿性别比在 2010 年达到峰值后出现了下降的趋势，由 2000 年的
119.92、2010 年的 121.21 下降为 2020 年的 112.28。江西则由 2000 年的
138.01、2010 年的 128.27 下降到 2020 年的 122.73。虽然江西新生儿性别
比 20 年间下降 15.28，整体下降幅度远远高于全国平均水平，但第七次全
国人口普查新生儿性别比仍居全国第一。这种态势必然加剧处于社会竞争弱
势地位的男青年的婚姻困境。江西经济发展落后地区的男青年结婚难的问题
很难在短期内得到缓解（见表 7）。

表7　2000~2020 年江西新生儿性别比与全国水平比较

单位：人

年份	区域	出生人口	性别比	一孩	二孩	三孩	四孩	五孩及以上
2000	全国	1182138	119.92	107.12	151.92	160.29	161.42	148.79
	江西	43944	138.01	115.50	203.56	204.31	228.70	190.91
2010	全国	1190060	121.21	113.73	130.29	161.56	146.50	143.65
	江西	45698	128.27	112.70	148.77	240.06	388.00	100.00
2020	全国	1212321	112.28	113.17	106.78	132.93	130.07	127.14
	江西	41633	122.73	119.80	113.38	158.22	177.79	148.60

资料来源：全国第五、第六、第七次人口普查10%抽样长表6-1《各地区分性别、孩次的出生
人口》数据。

5. 青年家庭结构不断缩小，核心家庭成为主力户型，育儿多靠长辈助
力，"啃老"成为普遍现象

就家庭规模而言，由一对夫妻和子女构成的两代户核心家庭在全国已经
成为主力户型。就总体而言，江西的家庭结构仍然大于全国平均水平。主要
表现在三个方面：一是在户籍人口中，江西的家庭户比重连续 20 年高于全

国水平；二是其中一人户、二人户、三人户比重始终低于全国水平；三是四人及以上家庭户的比重长期高于全国平均水平。这是一个令人乐观的信号。对照育龄女性总和生育率，最直观的解释应该是江西拥有更多二孩及二孩以上的家庭（见表8）。

表8　2010~2020年江西家庭规模与全国平均水平比较

单位：%，个百分点

分类	家庭户数	1人	2人	3人	4人	5人	6人	7人	8人	9人	10人及以上
2000年全国	340491197，96.94	8.30	17.04	29.95	22.97	13.63	5.11	1.82	0.68	0.27	0.23
2000年江西	10168639，97.36	5.84	13.24	25.61	26.46	17.87	5.90	2.71	1.19	0.58	0.58
江西与全国比	+0.42	-2.46	-3.80	-4.34	+3.49	+4.24	+0.79	+0.89	+0.51	+0.31	+0.35
2010年全国	401934196，96.22	14.53	24.37	26.86	17.56	10.03	4.20	1.43	0.56	0.23	0.21
2010年江西	11542527，97.42	8.93	17.32	23.0	24.10	14.17	7.05	2.92	1.23	0.62	0.21
江西与全国比	+1.20	-5.60	-7.05	-2.14	+6.44	+4.14	+2.85	+1.49	+0.67	+0.39	0
2020年全国	494157423，94.54	25.39	29.68	20.99	13.17	6.17	3.06	0.93	0.32	0.13	0.15
2020年江西	14072847，95.14	21.82	25.33	20.19	16.18	8.52	4.92	1.85	0.63	0.26	0.30
江西与全国比	+0.60	-3.57	-4.35	-0.8	+3.01	+2.53	+1.86	+0.92	+0.31	+0.13	+0.15

资料来源：根据全国第五、第六、第七次人口普查全部数据资料表1-8数据计算。

从代际结构看，江西青年大多数也完成了由三代同堂的大家庭向核心家庭结构的转变。本次调查结果显示，2165名已婚青年中，53.9%的生活在夫妻二人的核心家庭，14.6%的属于夫妻分居（含一方带娃）的核心家庭，11.22%的生活在夫妻和未婚子女构成的核心家庭，15.43%的生活在夫妻、未婚子女与祖父母同住的直系家庭，3.97%的结婚后仍与其他兄弟姊妹生活在联合家庭，0.88%的为其他。核心家庭比例为79.72%，是已婚青年家庭的主力。

格外值得关注的是一人户家庭比重20年间大幅度增加。全国由8.3%上升到25.39%，江西也由5.84%上升到21.82%。一人户户数分别上升2.06倍和2.74倍，江西增长幅度甚至高于全国平均水平。其中青少年一人户家庭的比重，江西19岁及以下年龄组高于全国、20~34岁年龄组则低于全国平均水平，但整体占比都超过三成（见表9）。这个相对"孤独"的青少年群体，既包括需要特殊关怀的未成年人，也包括主动或被动选择不婚的单身青年。

表9 2020年江西青少年分年龄组一人户家庭与全国平均水平比较

单位：%，个百分点

分类	一人户户数	14岁及以下	15~19岁	20~24岁	25~29岁	30~34岁	青少年户占比
全国	125490007	4.19	2.39	6.38	9.40	9.62	31.98
江西	3071115	7.12	3.57	6.22	6.83	7.29	31.03
江西∶全国	0.22∶0.31	+2.93	+1.18	-0.16	-2.57	-2.33	-0.95

资料来源：根据全国第七次人口普查全部数据资料表5-2数据计算。

对于已婚青年而言，无论城乡户籍，婚后仍随父母居住的比例都非常引人注目。不仅农村户籍28.5%、城市户籍15.1%没有自己产权房的青年"理所当然"地住父母的房子，28.6%的农村户籍青年、27.0%的城镇户籍青年虽然有自己的产权房，也仍然选择随父母住或继续住父母的房子。两者合计为农村户籍57.1%、城镇户籍42.1%的已婚青年事实上仍然生活在父母的羽翼下。无论理由是老人帮助照顾孩子、儿女上班、孙辈上学，还是为了节省分开生活的物业、水电、取暖等支出，大多可以归入继续啃老序列。日常生活观察显示，这些拖儿带女随父母居住的已婚青年，按月支付自己和子女的生活费、分担日常开销的很少，给帮助照顾孩子的父母辈按月"发工资"的更为罕见。逢年过节、长辈生日能够有所表示，已经算很孝顺了。中国式"啃老"已经成为普遍现象。

二 主流认同与多元选择：江西青年恋爱婚姻家庭观念变迁

改革开放 40 多年来，江西青年的恋爱婚姻家庭观念发生了巨大而深刻的变化。没有爱情的婚姻不道德，认真的恋爱要以结婚为目的，恋爱自由、婚姻自主，夫妻之间要互敬、互爱、互谅、互让，事业上比翼齐飞、生活中互相照料，夫妻双方要共同遵守法律和道德规范，承担家庭责任、履行家庭生活义务等观念，作为共产党人倡导的婚姻家庭观在新中国成立后已经逐渐成为社会共识。本次调查结果显示，对于经过三代人传承的主流婚姻家庭价值观，大多数江西青年予以认可，游戏婚姻的人是绝对少数。但当代江西青年的恋爱婚姻家庭观也呈现婚前性观念更加开放、择偶标准理性现实、生育动机更加多元、性别偏好逐步淡化、对离婚的态度更加包容等新特点。

1. 大多数青年肯定结婚的价值，已婚青年和未婚男青年对婚姻的热情明显高于女性，理想的结婚年龄存在明显代差

首先，关于婚姻对人生的重要性，无论性别、城乡、已婚未婚，绝大多数江西青年都予以认可。其中，认为"非常重要"的已婚青年与未婚青年之比为 55.29∶27.79，加上认为"重要"和"比较重要"的选项，认可结婚重要性的比例已婚为 91.13%、未婚为 76.53%。品尝过婚姻滋味的青年对婚姻重要程度给予更高水平的认同；性别比较显示，对婚姻重要性认可度最高的是已婚男青年，高达 96.6%，比已婚女青年高出 9.6 个百分点。未婚男青年为 86.6%，比未婚女青年高出 17.7 个百分点。显然已婚男青年对婚姻满意度更高，未婚男青年相比女青年对婚姻更加向往，三成以上未婚女青年认为结婚不太重要或者不重要，是一个值得关注的重要信号。女性越来越独立的经济地位和人格独立意识，正在给普通男青年造成更大的求偶压力；户籍比较显示，农村户籍青年对婚姻重要性的认可略高于城镇户籍青年，户籍所在地不是影响青年对婚姻重要程度认可的主要变量（见表 10、表 11）。

表 10　2022 年江西已婚青年对婚姻重要程度的评价

单位：人，%

选项	已婚青年		性别占比		户籍占比	
	人数	比例	男	女	农村	城镇
非常重要	1197	55.29	74.5	40.6	56.1	54.4
重要	498	23.0	16.8	27.8	23.3	22.7
比较重要	278	12.84	5.3	18.6	11.0	14.9
不太重要	142	6.56	2.1	9.9	7.2	5.8
不重要	50	2.31	1.3	3.1	2.4	2.2
回答人数	2165		937	1288	1154	1101

表 11　2022 年江西未婚青年对婚姻重要程度的认知

单位：人，%

选项	未婚青年		性别占比		户籍占比	
	人数	比例	男	女	农村	城市
非常重要	991	27.79	41.0	17.8	28.9	26.1
重要	880	24.68	27.0	22.9	25.2	23.4
比较重要	858	24.06	18.6	28.2	24.1	24.1
不太重要	634	17.78	8.9	24.5	16.7	19.6
不重要	203	5.69	4.4	6.6	4.9	6.9
回答人数	3566		1535	2031	2168	1380

其次，关于结婚的最佳年龄，未婚青年与父母的期待有明显距离。只有略高于两成的未婚青年认为应该 25 岁以前结婚，但父母四成以上认为 25 岁以前结婚最好。由于大多数青年有机会接受大专以上教育，开明的父母半数以上可以接受子女在 26~30 岁结婚。认为 31~35 岁、36 岁及以上也是最佳结婚年龄的未婚青年合计占 9.03%，而父母该比例只有 3.42%（见表 12）。现实生活中，超过半数的调查对象有过被父母催婚的经历与这种认知代差直接相关。

表12　2022年江西关于最佳结婚年龄的代际比较

单位：人，%

选项	未婚青年		性别占比		父母期待			
	人数	比例	男	女	人数	比例	男	女
20岁及以前	31	0.87	1.4	0.5	49	1.37	2.2	0.8
21~25岁	784	21.99	25.5	19.3	1441	40.41	44.3	37.5
26~30岁	2429	68.12	64.6	70.8	1954	54.80	50.2	58.2
31~35岁	225	6.31	6.3	6.4	68	1.91	2.0	1.8
36岁及以上	97	2.72	2.2	3.1	54	1.51	1.3	1.7
合计	3566	100.01	100.0	100.0	3566	100.0	100.0	100.0

2. 婚前性观念更加开放，择偶标准理性现实，个人综合素质更受青睐

与以往相比，当代江西青年婚前性观念更开放。与祖辈婚姻靠父母之命媒妁之言、入洞房之前可能没见过对方、找对象是为了结婚过日子、结婚之前必须保持童贞的观念不同，当代青年结婚之前经历多段恋爱已经成为平常的事情。本次调查结果显示，在3566名未婚青年中，三成以上的青年自述至少有过一次恋爱经历，三成承认有2~3段恋爱经历，4.18%的青年坦诚有4段以上恋爱经历。超过三成的未婚青年认为"恋爱只是一个过程，不一定走向婚姻"。2.52%的青年在14岁及之前与异性有过亲吻、拥抱、抚摸等亲密接触；16.71%的青年同样的行为发生在15~18岁，43.21%的青年18岁以后有同样行为；肯定没有此类行为的调查对象占37.55%，与"没谈过恋爱"的比例31.86%比较接近。62.44%的青年婚前有亲密的异性接触，52.13%的青年有过婚前性行为。关于婚前性行为发生的时空点，1161名调查对象中有64.77%的人当时处于"稳定的恋爱关系"，10.51%的认识不足3个月，8.27%的认识3个月以上，5.94%的发生在订婚以后。关于婚前性关系发生的原因，调查对象依次选择了"自然而然"（39.45%），"好奇"（18.52%），"不记得了"（12.58%），"一时冲动"（11.8%），"沉溺于感情中"（6.8%），2.67%的人选择"想要经历第一次"。回想自己第一次性体验，43.58%的调查对象认为"年龄时机都合适"，23.08%的青年认为"早了点"，21.36%的青年认为"时机不合适"。认为自己的婚前性行为

"年龄时机都合适"的调查对象占比接近半数,说明较多青年对婚前性行为是宽容的,认为"无可厚非"。许多长辈对子女的"试婚"与恋爱期间的同居也采取了越来越宽容的态度。

与恋爱期间跟着感觉走不同,进入谈婚论嫁阶段,青年对婚姻中另一半的选择则理性且现实。比较不同性别、已婚未婚青年、城镇乡村青年的择偶标准,可以看到许多相似之处(见表13)。首先,青年选择配偶大多要求优点多多益善,对问卷列出的18项择偶条件,不分性别、婚否、城乡,青年基本照单全收,所有子项选择率都较高。整体而言,被调查对象排在前六位的人品、孝顺长辈、没有家暴倾向、会关心人、脾气好懂谦让、志同道合选择比例都在95%以上,表现出当代江西青年对配偶的理想化要求中,个人综合素质受到了更多的关注,这是令人鼓舞的,也是符合社会主义核心价值观要求的择偶取向。

除了上述共同选项之外,特别值得关注的是,未婚女青年在所有的调查项中对配偶收入水平要求最高,已婚青年对"父母能否帮忙照顾子女"看得最重,未婚男青年最不在乎对方家庭条件、收入水平和是否有单独居住的房子,这一组数据从另一个侧面表现了青年在婚姻中更加现实的考量。女青年希望通过婚姻保证自己过上更优越的生活;已婚青年切实感受到有没有人帮助带娃对生活质量和生育意愿的影响;而事实上要承担结婚主要费用的男方及家庭,不太在意女方的家庭条件、收入水平和住房条件,则是对时下结婚"惯例"的一种认可与妥协。男多于女的性别比例、女性跨年龄段婚配的更多选择、独立女性宁缺毋滥的"不肯将就"态度,让男方不得不降格以求。

表13 2022年江西青年认为下列择偶条件"重要"的分组比较

单位:人,%

选项	未婚已婚占比		未婚性别占比		未婚城乡占比	
	未婚	已婚	男	女	农村	城镇
1 收入水平	87.13	84.86	75.5	96.0	86.4	88.1
2 教育程度	92.04	89.93	86.7	92.0	91.4	93.0
3 身高与相貌	86.21	84.66	81.5	86.2	85.2	88.0

选项	未婚已婚占比		未婚性别占比		未婚城乡占比	
	未婚	已婚	男	女	农村	城镇
4 志同道合	96.07	94.41	⑤94.7	①97.9	95.8	⑤96.5
5 会关心人	④97.03	⑤95.42	③95.1	⑤97.0	③97.1	④96.8
6 家庭条件较好	77.77	80.61	63.6	77.7	76.8	79.1
7 有单独居住的房子	73.83	73.58	53.8	73.8	74.4	73.0
8 无婚史	91.32	88.59	86.8	91.3	91.7	90.7
9 年龄相仿	77.98	77.59	75.1	77.9	78.5	77.3
10 有上进心，有能力	95.63	94.69	92.3	95.6	96.3	94.6
11 是否有抽烟、酗酒等不良习惯	91.73	90.15	86.0	96.1	91.7	91.8
12 孝顺长辈	②97.40	②96.21	②96.2	③97.4	②97.6	③97.1
13 工作稳定	93.58	92.06	88.8	93.6	94.0	92.9
14 脾气好懂谦让	⑤96.61	③95.97	94.6	96.6	④96.8	96.3
15 注意锻炼身体	92.85	93.72	88.4	92.9	93.8	91.5
16. 人品	①97.86	①96.68	①96.7	①97.9	①97.9	①97.9
17. 没有家暴倾向	③97.05	④95.94	③95.1	④97.1	④96.8	②97.4
18. 父母能否帮忙照顾子女	76.05	90.9	69.1	76.1	77.3	74.1
平均选择比例	89.90	89.78	84.44	90.73	89.97	89.78
回答人数	3566	2165	1535	2031	2168	1380

3. 对婚前性关系更为宽容，婚后性观念趋向严格，对婚姻更加负责

对于恋爱婚姻期间发生的性行为，未婚青年比已婚青年表现得更加宽容。将表14中的第9项作为干扰项剔除，对结婚后的婚外情、婚前婚后一夜情、同时与多人保持性关系、同性恋、婚前性行为、婚前同居，甚至花钱满足性需求，未婚青年认为"完全错误"和"错误"的比例都低于已婚青年。六七成的未婚青年甚至认为婚前性行为、婚前同居没有什么错，约半数的未婚青年包容同性恋，近三成未婚青年认为花钱满足性需求也没什么错。已婚青年除了对未婚先孕的态度稍微宽容一点外，在其他所

有涉及婚姻伦理的问题上都比未婚青年更加严谨，体现了对婚姻更负责任的态度（见表14）。

表14 2022年江西青年认为下列行为错误的已婚未婚比较

单位：人，%

选项	已婚		未婚	
	选择人数	占比	选择人数	占比
1. 结婚之后发生婚外情	2031	93.81	3191	89.49
2. 结婚后与他人发生一夜情	2046	94.50	3242	90.91
3. 结婚前与他人发生一夜情	1775	81.99	2840	79.64
4. 同时和多人保持性关系	2069	95.57	3218	90.24
5. 同性恋	1680	77.60	1702	47.73
6. 婚前性行为	936	43.24	1171	32.84
7. 未婚先孕	1073	47.90	1778	49.86
8. 婚前同居	798	36.86	1012	28.38
9. 结婚后才与爱人同居	508	23.46	633	17.70
10. 花钱满足性需求	1761	81.34	2562	71.84

4. 对离婚持开放的态度，注重个人感受和子女权益

当代江西青年不再把离婚视为人生的"耻辱"。和则聚、不合则散已经成为生活中的寻常事件。江西虽然整体离婚率低于全国平均水平，但多数调查对象对离婚持开放态度。

在已婚青年中，79.58%的青年赞成"可以离婚，但必须优先安排好孩子的生活与教育"；78.71%的青年主张"能挽回时要尽力，不能挽回就放手"；66.65%的青年认为"父母分别找到自己的幸福，对孩子也有正面影响"；65.17%的青年相信"离婚率上升是现代社会的无法避免的问题"；58.61%的青年觉得"父母经常冷战，对孩子也是一种伤害，该离就离"；认为"父母有权利离婚，没必要为孩子牺牲一辈子"和"离婚受伤害最大的是孩子，能凑合尽量不离"的都接近半数，分别为48.08%和

46.05%。显然，当维系婚姻出现严重困难的时候，多数已婚青年不会选择凑合，注重婚姻生活中的个人感受，意味着当代江西青年追求个性独立的价值取向；孩子生活和教育被排在优先位置则意味着父母对家长责任的认可与重视。

对于尚未走进婚姻的青年，讨论离婚也不是禁忌。未婚青年关于离婚的选项依次为：主张孩子优先（77.37%）、尽力挽回适时放手（72.55%）、肯定父母分别找到幸福对孩子的积极影响（66.29%）、认为无法避免（61.75%）、父母冷战也会伤害孩子所以该离就离（60.46%），排序与已婚青年保持了高度一致，但认为没有必要为孩子牺牲的占 55.78%，比已婚青年高出 7.7 个百分点，赞同为孩子尽量凑合的只占 28.46%，比已婚青年直落近 20 个百分点，未婚青年对离婚的态度显得更加激进，可能也多了几分不谙世事的草率。

对于离异后单身青年的调查显示，在经历了一次失败的婚姻之后，多数单身青年并没有放弃对爱情的渴望。在接受调查的 59 名离异青年中，仅有 1 人表示"绝不会再婚"，选择相信并期待爱情和接受同居、慎重再婚的人，选择走一步看一步的各占 49.15%。值得注意的是，他们对离婚的看法与已婚和未婚青年基本一致，只是对"可以离婚，但必须优先安排好孩子的生活与教育"的选择在所有调查对象中是最高的，达到 86.44%，可作为其他青年的前车之鉴。

5. 生育动机更加多元，生育意向偏重 1~2 孩，性别偏好有所降低

与自己的祖辈相信多子多福、自己的父母辈因独生子女政策生育意愿没能得到有效满足不同，当代江西青年生育动机更加多元，虽然多数已婚青年选择要两个孩子，但选择不要孩子或只要一个孩子的也接近三成，想生三孩的比例只有 6.24%。未婚青年中，明确表示结婚后要生孩子的占 66.52%，7.54% 的未婚青年明确表示不要，25.94% 的表示还没想好。

在接受调查的已婚青年中，明确选择不要孩子的只有 37 人，占 1.71%。在可以多项选择的不育理由中，25 人（67.57%）担心养育成本高，不希望经济负担太重；16 人（43.24%）为了享受二人世界；11 人（29.73%）因为没人帮助照料；9人（24.32%）担心影响生活质量；选择怕影响双方事业发展和不愿承担更多家庭责任的分别有5人（13.51%）；只有1人属于身体原因不宜生育。显然，已婚青年选择不育主要基于个人发展和生活质量的考量。

选择只要一个孩子的已婚青年为549人，占调查对象的25.36%。排在前三位的原因分别是："养育成本高，经济压力大，不希望经济负担太重"（82.88%）；"觉得一个孩子已经很好了"（62.84%）；"没人帮助照料"（48.63%）。相比较而言，这部分青年已经体会到生儿育女的人生乐趣，不生二孩主要原因来自经济压力和照料困难。

选择要两个孩子的已婚青年1444人，占调查对象的66.70%。这些选择生二孩的年轻夫妻，排在前六位的选择理由分别是："希望孩子将来不孤单"（77.15%）；"希望儿女双全"（63.71%）；"满足双方父母的愿望"（19.32%）；"减轻孩子将来的养老压力"（18.70%）；"国家鼓励生育的政策"（12.40%）；"一个孩子风险太大"（11.98%）；"家庭有抚养能力"被排在第七位，占比7.27%。"满足自己的生育愿望""加深夫妻感情""受周围同龄人生二孩的影响""给自己的晚年多一份保障"等选项的选择率均在5%以下。"满足大宝的愿望"以1.11%的比例排在末位。显然，选择生二孩的青年首先考虑的是孩子未来的依傍并渴望儿女双全。

选择生育三孩的已婚青年仅有135人，占6.24%。排在第一位的理由是满足儿女双全的性别要求，占比77.04%，比其他理由高出50～60个百分点；超过1/4的调查对象是为了减轻孩子将来的养老压力；家庭有抚养能力、父母要求必须生男孩、享受国家鼓励生育的福利政策等选项的选择率均在两成上下。这一调查结果凸显三孩生育的性别取向大多奔着男孩，与实际三孩生育的性别比高度吻合。

如果考察调查对象生育价值中为自己、为孩子、为家庭、为国家四个不同的维度，可以看到不同婚姻状况、不同性别、不同户籍的青年表现出一定程度的差异（见表15）。

表15　2022年江西青年生育价值观的分组比较

单位：人，%

选项	未婚已婚占比		未婚性别占比		未婚城乡占比	
	未婚	已婚	男	女	农村	城镇
1. 生养子女是为了年老时有人帮	31.94	41.48	41.0	25.1	32.5	31.1
2. 生养子女是为了延续家族香火	27.85	37.83	44.0	15.6	29.1	25.8
3. 生养子女是因为小孩子很可爱	57.69	47.81	55.9	59.0	58.4	56.4
4. 生养子女是为满足父母愿望	34.97	46.32	41.7	29.9	36.0	33.3
5. 生养子女是对国家社会的义务	37.25	54.58	48.8	29.5	38.3	35.6
6. 生养子女是为证明自己有能力	15.73	20.46	26.2	9.3	16.6	14.5
7. 生养子女家庭才能幸福美满	35.75	64.75	50.6	24.6	38.1	32.0
8. 父母对子女有平等的冠姓权	68.45	75.15	62.6	72.9	66.9	71.0
9. 养育子女需要双方父母的帮助	57.15	64.44	55.4	58.5	55.4	60.0
10. 养育子女是夫妻共同的责任	86.03	92.47	83.4	99.1	84.8	88.0
11. 要让子女接受最好的教育	77.08	86.89	75.4	78.3	75.2	80.0
12. 子女一定要比父母优秀	25.58	45.41	31.6	21.1	27.9	21.9
13. 子女健康比优秀更重要	86.82	93.25	84.1	89.0	85.7	88.6
14. 女性有不生育的自由	74.82	70.67	60.2	85.9	72.9	77.7
15. 必须依法履行抚养教育的责任	80.40	88.69	78.0	82.3	79.1	82.4
回答人数	3566	2165	1535	2031	2168	1380

　　已婚和未婚青年都把子女健康、共同责任、依法养育、给子女最好的教育排在前四位，体现了子女优先、重视责任、男女平等的价值取向。关于"生育子女是对国家和社会责任"、可以让家庭更加"幸福美满"两个选项，已婚青年的认同比例明显高于未婚青年。"纸上得来终觉浅，绝知此事要躬行"。假以时日，当未婚青年走进婚姻、做了父母之后，他们的想法也许会发生更多积极的转变。相比较而言，已婚青年和未婚男青年更看重生育子女对于家族香火延续、家庭美满、养老有人帮以及证明自己能力的实际意义；85.9%的未婚女青年看重"不生育的自由"，从一个侧面说明未

婚女青年未来生育意愿可能持续走低；超过 50% 的未婚青年和已婚青年一致认可生养子女需要夫妻双方父母的帮助，则说明生育已经不仅仅是夫妻双方的选择，更是双方家庭的共同选择，是需要两代人齐心协力才能完成的"壮举"。

三 现实的困境：江西青年恋爱婚姻家庭 发展面临的主要问题

社会存在决定社会意识。江西青年恋爱婚姻家庭观念的进步得益于经济社会发展、教育事业进步、受教育年限的普遍提高和收入稳定增长。江西青年恋爱婚姻家庭观中出现的带有倾向性的问题，也与社会供给侧改革尚未满足现实需求有着千丝万缕的关系。

1. 青年渴望自己找到恋爱对象与交友渠道不畅的矛盾

由于校园恋情经不住时间和空间的考验，初入职场就到了谈婚论嫁年龄的青年渴望自己找到生活中另一半的愿望，在现实生活中常常会碰壁。打工青年聚集的生产流水线，常常因为产业特点成为男女青年分别聚集的地方，很难遇到年龄相仿的异性；灵活就业的青年职业稳定性低，在过于频繁的流动中难以构建稳定的异性朋友关系；党政机关、事业单位每年入职青年数量很少，遇到另一半的机会同样渺茫；于是，青年恋爱过程中遇到的第一个悖论就是，恋爱自由的权利得到家长和社会的普遍尊重，但"自由"地找到另一半的机会并不太多。对未婚青年的调查显示，93.72% 的青年都希望自己认识、自由恋爱；57.66% 的青年希望有人介绍；27.17% 的青年希望共青团、工会、妇联等组织各种联谊活动，让自己有结识心仪异性的机会。而已婚青年 70% 以上是经由他人介绍对象的现实，也说明青年恋爱交友渠道不畅已经成为突出的问题。

2. 婚前性行为普遍化与性健康教育不足的矛盾

教育年限普遍延长在提升青年就业资格与能力的同时也带来一个非常现实的问题，青年合法满足性需求的年龄整体后延，从青春期到走进婚姻，大多数青年要经历十年以上的"性饥渴"岁月。作为对婚前性行为有效应对措施的性健康教育，事实上存在严重缺位和不到位的问题。

对未婚青年的调查显示，婚恋知识和性知识的来源依次为：网络64.78%；同龄朋友59.14%；广播/电视/电影46.49%；学校课程38.90%；图书、报刊31.52%。作为青春期性教育主渠道的学校课程占比不足四成。其中，城镇青年通过网络，广播/电视/电影，图书、报刊获得相关知识的比例都明显高于农村青年；未婚女青年从同龄朋友处分享更多；虽然城镇家长，特别是女孩家长似乎更关注子女的性教育，但未婚青年从家长处得到指导的比例仍然只有三成左右，远远不能满足青少年成长的需要（见表16）。

表16　2022年江西未婚青年婚恋知识和性知识来源比较

单位：人，%

选项	未婚青年		未婚性别占比		未婚城乡占比	
	人数	比例	男	女	农村	城镇
1. 学校课程	1387	38.90	39.67	38.31	39.39	38.12
2. 家长	1063	29.81	24.56	33.78	28.59	31.74
3. 同龄朋友	2109	59.14	54.79	62.43	58.28	60.51
4. 网络	2310	64.78	63.58	65.68	61.12	70.58
5. 广播/电视/电影	1658	46.49	44.69	47.86	43.41	51.38
6. 图书、报刊	1124	31.52	31.07	31.86	28.82	35.80
7. 其他	115	3.22	3.39	3.10	3.52	2.75
选择人数	3566		1535	2031	2168	1380

关于第一次性行为的避孕措施，虽然大约九成青年采取了不同的方法，但也有约一成的青年没有采取任何防护措施（见表17）。考虑到调查对象女多于男、回答该问题的男青年占调查对象的比例大于女青年的实际情况，可以推论一部分事实上发生过此类行为的女青年由于耻感文化的影响有选择拒答的可能。因此，即便真的只有约一成青年婚前性行为没有采

取任何避孕手段,其绝对数量和对这部分青年身心健康可能造成的伤害仍然不容小觑。

表17　2022年江西未婚青年自述第一次性行为避孕措施的分组比较

单位:人,%

选项	未婚青年		未婚性别占比		未婚城乡占比	
	人数	比例	男	女	农村	城镇
1. 避孕套	892	76.83	75.11	79.25	76.17	77.78
2. 避孕药	45	3.88	4.27	3.32	3.22	4.82
3. 其他避孕工具	18	1.55	1.47	1.66	1.61	1.47
4. 体外排精	74	6.37	6.77	5.81	7.31	5.03
5. 选择生理安全期	24	2.07	1.47	2.90	2.49	1.47
6. 我没有且不知对方有否	30	2.58	3.09	1.87	2.49	2.73
7. 双方都没有任何措施	78	6.72	7.81	5.19	6.73	6.71
样本数量	1161		679	482	2168	1380

3. 养育成本高企对青年生育意愿构成刚性制约

考虑到养育成本的具体数值在大样本调查中事实上很难据实统计,本次调查没有对已婚青年养育子女的具体支出进行额度调查,但在生育意愿影响因素调查中,涉及了养育成本问题。调查结果显示,养育成本高企已经成为青年"不敢生"的刚性制约因素。由于选择不要孩子的样本数量太少,只有37人,代表性不足,分析占样本总量25.36%的549名选择只要一个孩子的调查对象,可以更清楚地看到养育成本对青年生育意愿的刚性制约(见表18)。

表18　2022年江西已婚青年选择只生一个孩子的原因比较

单位:人数,%

选项	已婚青年		已婚城乡占比	
	人数	比例	农村	城镇
1. 觉得一个孩子已经很好了	345	62.84	58.08	66.25
2. 养育成本高,经济压力大,不希望经济负担太重	455	82.88	86.46	80.31
3. 没人能帮助照料	267	48.63	48.47	48.75

选项	已婚青年		已婚城乡占比	
	人数	比例	农村	城镇
4. 怕影响夫妻双方事业发展	51	9.29	10.97	8.30
5. 配偶坚决不要二胎	16	2.91	2.62	3.13
6. 自己父母/配偶父母不支持	6	1.09	0.87	1.25
7. 大宝不同意	12	2.19	1.75	2.50
8. 身体原因不宜生育	31	5.65	4.89	6.25
9. 其他	4	0.73	0.87	0.63
样本数量	549		229	320

虽然就问卷结果来看，农村和城镇各有 58.08% 和 66.25% 的选择只生一孩的青年"觉得一个孩子已经很好了"，表达了"不想多生"的主动立场，他们当中却有八成以上的人"不敢生"的原因是"养育成本高，经济压力大，不希望经济负担太重"。相反，在 135 名愿意生三孩的年轻夫妻中，"养得起"则是他们的底气。可见，仅仅放开三孩生育政策，无法解决已婚青年"愿意生""敢生""养得起"的实际问题。

在已婚青年感到养育成本偏高的子项中，排在前五位的压力主要来自婴幼儿生活用品、婴幼儿食品、早教机构费用、学龄阶段校外教育费用、托幼费用。当然，在婴幼儿生活用品、婴幼儿食品和学龄阶段校外教育费用选择上，不能排除商业广告的作用和攀比消费的影响，但早教费用和托幼费用也让 50% 以上的年轻父母感到压力，而且这种感受没有显著的城乡差异，说明供给侧可能存在普遍性问题（见表 19）。

表 19　2022 年江西已婚青年对养育成本偏高的选择

单位：人数，%

选项	已婚青年		已婚城乡占比	
	人数	比例	农村	城镇
1. 婴幼儿食品	1420	65.59	68.72	62.02
2. 婴幼儿生活用品	1439	66.47	70.10	62.31

续表

选项	已婚青年		已婚城乡占比	
	人数	比例	农村	城镇
3. 儿童读物	570	26.33	28.51	23.84
4. 儿童玩具	664	30.67	32.06	29.08
5. 月嫂工资	438	20.23	16.46	24.53
6. 早教机构收费	1263	58.34	57.54	59.23
7. 托幼费用	1105	51.04	50.95	51.14
8. 学龄阶段校外教育费用	1201	55.47	53.37	55.59
9. 攀比性消费	307	14.18	14.04	14.34
10. 其他	35	1.62	1.73	1.48
样本数量	2166		1154	1011

4. 普惠的社会保障服务取得了长足进步，但距满足青年婚姻家庭生活现实需要还有明显距离

改革开放40多年，特别是进入新时代十年来，伴随江西经济社会发展和各项民生事业的稳步推进，江西青年在恋爱婚姻家庭生活中正享有越来越多的实惠。江西作为育龄妇女总和生育率一直高于全国水平、先于其他省份进行家庭教育立法的省份，作为我国第一座"中华贤母园"的落成地，在鼓励服务青年恋爱婚姻、鼓励三孩生育、推进家庭教育指导服务方面都做了许多积极的努力，并总结出许多行之有效的经验。本课题对已婚青年的调查显示，除393名尚未生育的调查对象外，1770名已生育青年中63.79%的享受过产假，38.93%的配偶享受过陪产假；26.78%的享受过上班哺乳时间；13.39%享受过育儿假。在2165名已婚青年中，48.64%的人享受过婚假。鉴于青年就业方式的多样化，可以推论体制内就业青年应该享有的婚姻生育优惠政策得到了比较好的落实。但是，与国家放开三孩生育的期待和青年恋爱婚姻家庭面临的实际困难和问题相比，与广大青年对美好生活的向往相比，普惠的社会服务有效供给还明显不足。

对未婚青年的服务需求调查显示，53.37%的青年渴望"有指导意义的婚恋课程";8.32%的青年要求"推动婚前检查,保障双方互有知情权";43.35%的青年希望有"合法注册、不以营利为目的的婚恋服务机构";41.98%的青年要求"政府加大对婚育陋习的治理力度";40.07%的青年希望"单位、群团组织举办形式多样的青年联谊、相亲活动";要求"营造适龄婚育的舆论环境"和"政府部门牵头建立实名制的青年婚恋数字化信息平台"的青年也都在三成以上。另有84.68%的未婚青年强烈要求"政策要保障妇女不因生育而受到任何歧视"。

对已婚青年的调查显示,1762名已育青年选择"孩子3岁以前养育支持"主要来自男方家长的占80.68%,选择女方家长的占61.18%,选择其他亲属的占13.68%,选择保姆月嫂的占12.32%,选择私立早教机构的占10.78%,选择工作单位的占9.42%,选择社区托儿所的占4.71%;关于养育孩子过程中的主要困难,已育青年依次选择了经济压力(76.75%),孩子身心健康指导(44.99%),孩子的学习辅导(43.69%),家庭教育指导(41.84%),孩子很难选择合适的幼儿园(26.18%),孩子3岁以前入托难(15.65%),找不到合适的保姆(10.87%)。

已婚青年在婚姻家庭生活中迫切需要得到的帮助主要包括:科学育儿指导(56.95%);价格亲民、服务规范的早教机构(52.89%);儿童早期教育辅导(47.67%);婚姻家庭关系调解与辅导(40.55%);家庭教育咨询服务(34.04%);少年儿童心理辅导(33.86%);家门口的幼儿园(33.39%);假期陪护班、夏令营、冬令营(32.84%);社区四点半学校(22.22%)。

已婚青年对育儿的政策福利诉求主要有:生育补贴或子女养育补贴(61.8%);延长产假、生育奖励假/配偶陪护假(50.95%);实行弹性工作制(44.25%);享受父母育儿假(38.85%);子女教育费减负(37%);义务教育课后服务/假期托管服务(27.16%);0~3岁普惠托育服务(26.74%);享受改善性住房购买优惠(23.65%);生育医疗费用减免(20.46%)等。

此外,已婚和未婚青年的共同诉求还包括:"教育子女只有父母的力量是不够的"(分别占83.24%、76.69%),"公办托儿所幼儿园应当满足家庭需要"（86.98%、75.43%），"社区应该为家庭提供更多的支持帮助"（87.99%、78.12%）；认为"法律规定的离婚冷静期有助于减少离婚"的已婚和未婚青年分别占 68.91% 和 54.32%；认可"加强婚前指导可以有效降低离婚率"的分别占 77.92% 和 71.82%。这表明当代江西青年恋爱婚姻家庭发展对社会化服务提出了越来越高的要求。

四　应对策略：提升江西青年恋爱婚姻家庭发展引导与服务水平的建议

党的十八大以来，习近平总书记反复告诫全党，人民群众对美好生活的向往就是我们的奋斗目标。青年作为建设中国特色社会主义现代化国家的有生力量，在经济社会发展和人口再生产中具有不可替代的特殊作用。解决青年在恋爱婚姻家庭生活中急、难、愁、盼问题，全面提升江西青年恋爱婚姻家庭发展的社会引导和全方位服务水平，既是当代江西青年在建设新江西的过程中平等分享社会发展成果的题中应有之义，也是汇聚青春力量、推动江西崛起的重大战略举措。

1. 依托群团组织和社区构建安全的社交网络，为青年自由恋爱保驾护航

针对未婚青年恋爱交友渠道不畅等实际困难，在贯彻落实《江西省中长期青年发展规划（2018-2025 年）》的过程中，共青团江西省委带领全省团组织，在服务青年恋爱交友方面做了许多积极的探索。2018 年共青团江西省委和宜春市月亮文化节组委会主办，共青团宜春市委承办的"爱在赣鄱　团团有约""明月作证　简婚清风"省级示范活动连续 2 年举行了 10 余场千人以上的交友和集体婚礼活动，参加人数达 2 万人；2020 年以来，全省共举办了 1000 余场特色交友活动，参与青年人数达 4 万余名，现场成功牵手 2000 余对；由团省委和省文旅厅牵头，江西网络广播电视台联合江西省内相关景区探索创新打造的线上+线下的青年婚恋交友网络栏目，每周末组织单身青年到景区开展交友活动，该项目已举办 23 期，2000 余名单身青年参加；团省委联合省农村信用社联合开展"农商助力　团团有约"交友活动 300 余场，惠及农村青年 3 万余人。2021 年 8 月，在总结长期开展青年恋爱交友服务工作经验的基础上，共青团江西省委、中共江西省委宣传部、省民政厅、省卫健委、省文旅厅、省教育厅、省总工会、省妇联、省广播电视台等九部门联合出台了《关于深化全省青年婚恋工作的实施意见》，明确提出要集中打造"爱在赣鄱"全省青年婚恋交友活动品牌，各方联动开展青年婚恋交友活动，群团组织和相关政府部门联手推进青年恋爱交友服务的工作格局初步形成。但是，在就业结构发生深刻变革、传统意义上体制内就业青年比重降低、多种所有制类型并存、灵活就业青年越来越多、"单位人"早已转变为"社会人"的背景下，原本主要由机关、企业、学校、用人单位承担的各种服务职能正在经历向社会化服务的重大转型。与各行各业广大未婚青年恋爱交友的实际需要相比，当前全省群团组织、婚恋服务机构、基层社区推出的婚恋服务项目，无论在品牌影响力还是在可持续性方面都存在明显不足。构建安全可靠的服务青年恋爱交友的社交网络，需要从以下几个方面持续发力。

一是结合基层团建，构建以共青团为核心，以青联为延伸手臂，广泛联结青年业缘、趣缘、地缘团体的青年组织网络，以青春社区建设为依托，把服务青年恋爱交友作为经常性工作项目，将青年交友渗透到各类志愿服务活动、参与基层社会治理的过程中，让青年在"最自然"的状态下，"自己遇到""自然结识"自己心仪的另一半。从而大大提高"志同道合"的概率，为青年"自由恋爱"搭建平台、创造机会。

二是打造全省统一的服务品牌。做强做大"爱在赣鄱 团团有约""简婚清风 连接你我"的共青品牌。设计统一的标识、建立共享的网络平台、严格实名准入制度、明确各级组织相对固定的线下活动时间、通过各级团组织层层发力，联合社会各界，为青年提供从恋爱交友、婚房团购到集体婚礼、蜜月旅行一条龙优惠服务，给青年拒绝天价彩礼的底气、激浊扬清的勇气、用自己的双手创造幸福生活的志气。让共青团组织真正成为青年恋爱婚姻遇到困难时想得起、靠得住的力量。

三是党政工团齐抓共管，严格规范各类婚介机构、网络平台的执业行为，规范已有的"相亲角"活动。坚决取缔一切以"婚托"为诱饵的不正当经营行为；严厉打击以虚假信息坑蒙拐骗的违法行为；利用一切舆论阵地，大力宣传正确的婚恋观，旗帜鲜明地反对一切包办、买卖婚姻，鼓励青年对天价彩礼、对一切非法干涉恋爱自由、婚姻自主的行为说"不"，依法保护青年恋爱婚姻的权利不受侵犯。

2. 依托学校、专业机构和相关活动阵地，全面普及青春期性健康教育

江西省人民政府颁布的《江西省儿童发展纲要（2021–2030年）》明确提出了"适龄儿童普遍接受性健康教育，儿童性健康服务可及性明显提高"的目标。性健康教育是始于青春发育期，贯穿整个生命周期的生理、心理健康教育，是生命伦理教育的重要组成部分。而青春期性健康教育是最关键的环节。青少年生理成熟期提前、婚前性行为普遍化的现实呼唤全面普及青春期性健康教育。针对目前江西青少年性健康教育相对滞后的现实，当前需要重点采取以下措施。

一是依托各级各类学校，全面普及青春期性健康教育。针对学校主渠道性健康教育相对薄弱的现状，采取邀请专家进课堂、志愿服务进学校、网络课程分享等多种渠道，弥补中小学心理健康教育、性健康教育师资力量的不足，为青春期学生提供科学、规范、通俗易懂的性健康、性心理、性道德、预防艾滋病教育，引导广大青少年学会自尊、自爱、自我保护、自我约束，为一生的健康与幸福夯实生理、心理、道德基础。

二是发挥专业机构的作用，为遭遇青春期性困扰的青少年提供支持帮助。严格审核心理咨询机构、专业社会组织的质资，规范准入门槛，强化政府督查、专业学术机构督导、社会监督功能，保证各种咨询热线、咨询服务中心、咨询工作室、医疗咨询门诊等在保障青少年合法权益的前提下，提供专业的咨询服务。

三是各种文化科普阵地要按照精神文明建设的要求，通过常设展览、专题宣传、送科普知识进校园进社区活动等，常态化开展青少年心理健康、性健康、预防艾滋病的宣传教育，引导社会舆论关注青少年生命与健康教育，形成浓郁的社会文化氛围，潜移默化地引导青少年选择正确的行为模式。

3. 党政示范、群团合作、媒体助力、青年广泛参与，营造移风易俗、婚事新办的良好社会环境

在持续的新冠疫情深刻地影响了广大人民群众的生活和交往方式，青年对群体性聚餐、大众狂欢已经具备一定"免疫力"的背景下，助推移风易俗、喜事新办的新风尚，应该通过党政示范、群团合作、媒体助力、动员青年广泛参与的方式稳扎稳打进行。

一是充分发挥各级党政机关、全体国家公职人员的示范作用。提议全省共产党员、国家机关工作人员、各级各类学校教师及其子女，带头拒绝彩礼、拒绝婚事大操大办、拒收自家亲属以外的婚礼馈赠，为全社会做出移风易俗、婚事新办的榜样。

二是共青团、工会、妇联、各级精神文明办联手，结合重要节日、纪念日，兼顾各地婚俗，适时举办有示范意义的集体婚礼，青年员工比较集中的企业，可以集中举办青年集体婚礼，通过组织送祝福、新人家长观礼、证婚人宣讲夫妻共同的权利义务、婚礼誓言等热烈庄重的仪式，让新人永远记住生命中的美好时刻，承担起婚姻的全部责任。在保证安全的前提下，集体婚礼后主办机构可以通过招标的方式为青年提供蜜月旅行优惠服务，防止前脚参加集体婚礼、后脚继续大操大办。

三是大众传媒要及时报道婚事新办的经典案例，推广移风易俗、喜事新办一条龙服务的先进经验，吸引更多的青年引领社会风气之先，为降低结婚成本、推进社会风气向好推波助澜。

四是把动员广大青年自愿婚事新办作为群团组织的经常性工作做细做实，帮助新婚夫妻调整心态、说服家长、协助解决政策允许范围内的实际困难，让青年在婚事新办的过程中得实惠、受尊重、心舒畅。

4. 政府主导、政策引领，保障女性生育权，实现普惠的产检、托幼教育全覆盖，解决青年生育后顾之忧

低生育率、少子化作为社会现代化的伴生现象，已经困扰发达国家和地区多年。人才流向富裕国家和地区的趋势仍在发展。我国作为未富先老的国家，保持人口合理增长是我国经济社会可持续发展的前提条件。在就业竞争日趋严峻、晚婚晚育更为普遍的大背景下，切实解决年轻夫妻生育的后顾之忧，是把鼓励生育政策落到实处的当务之急。江西省人民政府颁布的《江西省妇女发展纲要（2021-2030年）》明确了"完善生育保障制度，提高生育保险参保率"和"为女性生育后的职业发展创造有利条件。落实相关生育法规政策。定期开展女职工生育权益保障专项督查。督促用人单位不得因女职工结婚、怀孕、生育、哺乳，降低其工资和福利待遇，限制其晋职晋级、评奖、评定专业技术（职业技能）职称（资格），予以辞退，解除劳动合同或者聘用合同等。为女性生育后回归岗位或再就业提供培训等支持。高校、研究机构等用人单位探索设立女性科研人员生育后科研回归基金。推动用人单位根据女职工需要建立女职工哺乳室、孕妇休息室等设施。支持有条件的用人单位为职工提供福利性托育托管服务"的工作目标。2021年9月29日起正式施行的《江西省人口与计划生育条例》也明确规定了18天婚假、188天产假、男方30天陪产假、0~3岁婴幼儿父母每年10天育儿假的福利待遇。全面落实相关政策法规的要求，解决青年生育的后顾之忧，当前急需解决好三个实际问题。

一是保障女性就业权利和职业晋升空间不因生育而受到挤压。虽然妇女权益保障法、人口和计划生育法、妇女发展纲要等一系列法规政策都有明文规定，但现实生活中因生育而影响就业和职业发展的女性始终远远多于男性。这种事实上的不平等是导致有事业心的女性不愿生、不敢生的客观原因。因此，对聘用女性员工较多的用人单位，应该有更多的税收优惠、政策性补贴，保证女员工孕期体检费用全免、法定产假收入不受影响；允许家庭有实际困难的女员工在保留工作岗位和基本工资的前提下，自愿延长育儿时间至哺乳期结束，可以有效缓解育龄女性的生育焦虑。

二是采取政府主导、政策引领的方式，实现普惠的托幼保育全覆盖。《江西省人民政府办公厅关于促进养老托育服务健康发展的实施意见》（赣府厅发〔2022〕2号）提出了到2025年"婴幼儿照护服务的政策法规体系和标准规范体系基本健全，各设区市建设1所综合性托育服务指导中心，所有县（市、区）均建成不少于1个公办或规范化普惠婴幼儿照护服务机构，每千人口拥有3岁以下婴幼儿托位数达到4.5个，多元化、多样化、覆盖城乡的婴幼儿照护服务体系基本形成"的工作目标。显然，即便是这一目标完全实现，对于三孩生育的托幼需求缺口仍然很大。我国在经济发展水平十分落后的计划经济时代下，曾经建立最完整的托幼保教系统。遍及工厂农村机关学校的托儿所，曾经最大限度地解放了妇女劳动力，创造了世界首屈一指的女性劳动参与率。新时代，我们应有更大的底气健全完善的托幼保育系统。通过在机关、学校、企业、写字楼等青年员工聚集的工作地点附设托儿所，让年轻妈妈可以休完产假带娃上班、不误哺乳；通过在居民社区普遍设立家门口的幼儿园，让所有的家长可以就近就便接送孩子，可以从根本上解决因为无人帮忙不敢生二孩、三孩的困难；这种全覆盖的托幼保教体系，应当成为社会公益事业，只收取人工服务成本费用。托儿费用可通过政策性补贴在父母工作单位同比报销，在义务教育已经免费的格局下，同步解决托幼免费问题，可以大大减轻家长的生育压力，将放开三孩的鼓励生育政策真正落到实处。

三是将生育权益保障、托幼服务状况纳入民生项目的经常性督察检查，对侵权和不作为行为及时处理。

5.动员社会力量，构建婚姻家庭支持系统，为青年婚姻家庭生活及家庭教育提供有效的指导服务

无论是独生子女一代还是"90后"、2000年以后出生的青年，对婚姻家庭生活指导服务都有着巨大的需求。在江西现有的婚姻家庭、家庭教育指导服务工作的基础上，动员社会方方面面的力量，构建更加完善的婚姻家庭支持系统，不仅对于提升青年家庭幸福指数具有重要意义，也是维护社会稳定、保障未成年人权益的重要举措。从江西实际出发，当前应重点推进以下三个方面的工作。

一是各级婚姻登记机关全面普及婚姻责任意识教育。通过新婚课堂，发放宣传手册，帮助走进婚姻的青年全面了解婚姻法、民法典、家庭教育法、未成年人保护法、预防未成年人犯罪法，了解夫妻共同责任、父母对子女的责任、家庭对社会的责任，做好承担家庭责任的心理准备。

二是各级民政部门、妇女儿童权益保护机构、社区民事调解志愿组织等，在处理婚姻纠纷、家庭矛盾的过程中，全面推广"周淑琴工作室"的成功经验，尽最大努力促进家庭和睦，为青年婚姻生活保驾护航。

三是全面贯彻落实《中华人民共和国家庭教育促进法》和《江西省家庭教育促进条例》的各项要求，夯实县以上各级政府相关部门、精神文明建设指导机构以及群团组织指导家庭教育的主体责任，明确教育、妇联组织双牵头的领导责任，发挥各级家庭教育研究会、促进会的指导作用和全国第一座中华贤母园的示范功能，用好各级各类精神文明实践基地，指导家长承担起第一责任人的抚养责任、教育责任、保护责任、传承中华民族优良家风的道义责任。调动社会各方面的积极性，解决好服务家庭教育"最后一公里"的具体问题。卫生和妇幼保健机构要实现婴幼儿健康保育家庭指导全覆盖；从幼儿园到高中阶段所有学校，必须实现家长学校全覆盖；大众传媒、社区家长学校要实现家庭教育科普知识传播全覆盖；村委会、居委会对家庭教育有困难的家长要实现帮扶全覆盖；各区县应通过开通家庭教育热线电话，实现对家庭教育危机干预全覆盖；公检法司要实现对儿童权益保障执法监控全覆盖。通过及时总结推广家庭教育指导服务的新经验，不断完善指导服务体系，逐步提高广大家长为国教子、为国育才的能力，为未成年人健康成长营造良好的外部环境。

参考文献

联合国：《用于人口估计的基本数据质量鉴定方法》。

国务院第七次全国人口普查领导小组办公室编《中国人口普查年鉴2020》（下册），中国统计出版社，2022。

《共青团江西省委等九部门关于印发〈关于深化全省青年婚恋工作的实施意见〉的通知》，江西共青团网站，2021年12月21日。

《江西省儿童发展纲要（2021-2030年）》。

《江西省妇女发展纲要（2021-2030年）》。

江西省卫生健康委关于印发《关于〈江西省人口与计划生育条例〉实施中有关问题具体应用的指导意见》的通知，赣卫人口发〔2021〕6 号。

《江西省人民政府办公厅关于促进养老托育服务健康发展的实施意见》（赣府厅发〔2022〕2 号），江西省人民政府网站，2022 年 1 月 11 日。

《江西省家庭教育促进条例》。

分 报 告
Sub Report

B.2
江西青年婚恋观念报告

曾永明*

摘　要： 婚恋观是青年世界观、人生观和价值观的折射与反映，当代青年的婚恋观已经成为社会关注热点。青年能否树立正确的婚恋观关系整个社会的稳定、进步与发展。本研究基于问卷调查数据，发现江西省青年婚恋呈现了择偶方式多元化、冷婚热恋成主导、恋爱经历增加、结婚意愿走低、择偶要求提高等特点；出现了代际恋爱观念冲突，催婚现象普遍存在，恐婚、逃婚、懒婚问题凸显和婚后冲突加剧等问题，提出要从青年自身、家庭、社会三个维度，通过拓宽青年交友途径、增强青年婚姻自信、缓和代际婚恋观念冲突，加强婚恋观家庭观教育、筑牢夫妻婚姻基础，优化社会道德环境、建立正确婚恋道德规范、推进青年婚恋服务等方面帮助江西青年树立正确的婚恋观，提升婚恋过程中的责任感、幸福感与满足感，为社会和谐稳定提供强有力的保障。

* 曾永明，经济学博士，江西财经大学经济学院副教授、系主任，主要研究方向为人口经济。

关键词：　　江西　青年　婚恋观　婚姻自信　婚恋服务

当前婚恋观研究重点关注的领域包括婚恋意愿、择偶方式、择偶标准、婚恋年龄和婚恋价值观。婚恋是绝大多数青年的人生必经阶段，正确的婚恋观念能够帮助年轻人更好地寻找幸福。随着经济的不断发展，年轻人的婚恋观念变得多种多样。本次对江西省青年婚恋观念的调查发现，当前江西青年恋爱热情高涨，表现出对爱情的强烈渴望，对于婚姻却抱有一种"冷漠"的心态，部分青年认为婚姻和恋爱是两码事，恋爱只是一个过程，不一定要走向婚姻。恋爱是婚姻的前提，但如今恋爱逐渐脱离婚姻，婚姻不再是人生的必选项。从择偶方式看，江西青年择偶方式多样化，择偶不再局限于媒人、熟人、朋友介绍等传统方式。随着互联网的普及，一部分年轻人开始通过网络方式交友，新的恋爱方式——网恋也随之产生。江西青年择偶标准也随着婚恋观念的转变而不断发生变化。1996 年的一项"中国城乡婚姻家庭状况调查"显示，城市青年择偶时更看重收入。但是，随着时代的变迁和中国经济的快速发展，在江西青年择偶标准中，品行是否良好、是否孝顺、有无不良嗜好等受到了更多的关注。对于婚恋年龄，江西省民政部门的统计数据显示，青年结婚年龄正在逐年推迟。江西省 20~35 岁青年结婚登记的年龄中，男性平均年龄从 2016 年的 26.6 岁增加到 2020 年的 27.2 岁，女性平均年龄从 2016 年的 25.1 岁增加到 2020 年的 25.8 岁。受改革开放、市场经济等社会环境的影响，更多的青年人开始从现代化的角度去考虑自己的婚恋问题，婚恋价值观正在发生一系列深刻变化。本报告基于江西省高校人文社科重点研究基地江西青年职业学院共青团理论研究中心 2022 年组织开展的江西青年恋爱婚姻家庭状况调查收集的 6143 份青年问卷调查数据，对江西青年婚姻恋爱观念现状进行梳理，对江西青年婚恋观存在的问题和原因进行多维分析，对实现江西青年幸福婚恋提出相应的建议。

一 江西青年婚恋观念现状

（一）择偶方式多元化，自由恋爱成主导

择偶是男女恋爱、婚姻缔结和家庭组建的前提条件。择偶标准的选择会影响家庭组建的质量，进而影响到后续家庭的稳定程度，甚至会影响到社会的运行发展。人们在择偶的过程中，择偶标准的确立与择偶方式的选择，也会受到社会环境因素的影响。当代青年的择偶方式变化是现代社会中人们在思想文化和行为模式方面变化的折射。以往青年择偶更多是依靠亲友等熟人介绍，而当前江西青年择偶方式不局限于熟人介绍或者传统的媒人相亲的方式，他们希望打破传统方式，按照自己的意愿去选择另一半，不希望父母过多干预。

随着互联网的快速发展，一部分青年开始通过网络方式进行交友，自己认识、自由恋爱的方式已经成为青年最向往的择偶方式。在已婚青年通过何种方式认识配偶的问卷中，由高到低依次是同学、朋友、同事介绍（43.42%），家人、亲戚介绍（27.16%），工作接触（12.84%）和生活偶遇（10.53%），其他（6.05%）。择偶方式呈现多元化趋势。而在未婚青年对6种恋爱方式的多项选择中，希望"自己认识、自由恋爱"的占首位，比例高达93.72%，彰显了新时代青年的择偶方式具有更强的自主性（见表1）。

表1　未婚青年希望通过哪种方式找到自己的恋爱对象

单位：人，%

选项（多选）	人数（3566）	占比
自己认识、自由恋爱	3342	93.72
同学、朋友、亲友介绍	2056	57.66
交友联谊活动	969	27.17
交友网站	169	4.74
相亲角	147	4.12
其他	109	3.06

（二）恋爱热情高涨，恋爱经历增加

在当前相对宽松、自由、平和的社会环境中，青年面对爱情少了以往的矜持和羞涩，更多地表现出对爱情的强烈向往和追求，在未婚青年的调查中（见表 2），包含在校大中学生在内，没有恋爱经历的人数占比仅为 31.86%。有过恋爱经历的人数占 68.14%，其中有过一次恋爱经历的占 33.76%；有过 2~3 次恋爱经历的占比达 30.20%；有过 4 次及以上恋爱经历的占 4.18%。

表 2　单身未婚青年恋爱经历

单位：人，%

恋爱经历	人数	占比
有过 1 次	1204	33.76
有过 2~3 次	1077	30.20
有过 4 次及以上	149	4.18
从未有过	1136	31.86
总计	3566	100.00

由此可见，江西青年恋爱热情高涨，尚未出现"恐恋"现象。青年对爱情的强烈渴望为其追求幸福、寻找合适伴侣提供了源源不断的动力。在互联网普及的当下，网恋成为一种新的恋爱方式，互联网特有的便捷性、隐蔽性等特点让更多当代青年逐渐接受并主动尝试这种恋爱方式，一定程度上增加了青年的恋爱次数。另外，能够宽容对待失恋、尊重对方选择、理性思考和快速进入下一段恋情等，都能帮助青年接受关系破裂、走出失恋和低迷状态，也促进了青年恋爱次数的增加。随着对外开放的逐渐深入，中外文化碰撞日益激烈，传统与现代的观点不断交融，人们的价值体系呈现多元化发展趋势。随着社会上形形色色的性知识、性刺激因素增多，青年群体的恋爱观发生改变，性观念与态度也受到了冲击，江西青年的性生活也从封闭走向开放，恋爱行为不再保守，对性行为接受度增加。他们更关注恋爱过程中的自我感受与情绪，恋爱关系的开始与结束也更听凭自身的感觉，呈现一定的随意性；

未婚女性不再谈"性"色变，性开放的程度从表层趋向深层：青年以更理性科学的态度学习和接受性知识，对婚前性行为也更加包容。调查发现，第一次与异性亲密接触（包括接吻、抚摸）时年龄在18岁以下的比例达到了19.32%，有第一次性经验时年龄在18岁以下也占6.87%。对于自己的首次性经验，有23.08%的青年认为年龄过早；有21.36%认为年龄差不多合适但时机不合适、希望自身年龄更大一些；有18.52%的人在第一次体验性行为是因为很好奇、想知道到底是什么感觉。不难看出，当代青年的性观念更加开放，与此同时，对青年性知识的普及和性道德的教育也更加迫切。

（三）冷婚热恋成主导，婚姻恋爱两码事

"执子之手，与子偕老"是许多中国人对于爱情和婚姻的美好向往。然而，这一美好愿望在当代社会正面临着巨大的挑战，"冷婚热恋"正在成为江西青年对待婚姻和恋爱的主要态度。"冷婚"意味着当前青年群体对待婚姻的态度更"冷静"甚至冷漠，表现为结婚率越来越低，结婚年龄越来越大，而离婚率却越来越高。而"热恋"即青年人对美好爱情的热烈追求和对爱情相关知识的强烈渴望，青年人对于婚姻的"冷"并没有影响他们对于爱情的美好向往和热烈追求，这种"冷婚热恋"的现象，映射出江西青年婚恋观的改变。根据江西省未婚青年调查问卷，他们对于婚姻的态度，比例由高到低依次为：随缘（35.47%），很期待美好婚姻（25.1%），我还小、没想过（15.48%），有点恐惧婚姻（12%），绝对不将就（11.95%）。

表3　未婚青年对结婚重要程度的判断

单位：人，%

结婚对人生的重要程度	人数	占比
非常重要	991	27.79
重要	880	24.68
比较重要	858	24.06
不太重要	634	17.78
不重要	203	5.69
总计	3566	100.00

根据表3，在结婚对人生的重要程度这一问题上，有17.78%的未婚青年认为，不太重要；有5.69%的未婚青年认为不重要。江西青年恋爱热情高涨，恋爱观念开放。而调查中有23.47%的青年认为婚姻不太重要或不重要。关于恋爱与婚姻的关系，尽管有47.11%青年认为恋爱应该以结婚为目的，但仍有超过一半的人认为婚姻、恋爱是两码事，认为恋爱只是一个过程、不一定走向婚姻的占31.91%，16.12%的人没考虑过这个问题。"冷婚热恋"意味着更多的青年只愿享受恋爱过程，寻求恋爱带来的感情寄托，重视双方朝夕相处的甜蜜与温馨，忽视爱情的义务和道德，对婚姻中责任与义务采取逃避的态度。在婚姻恋爱两码事、不愿意结婚的态度背后，则是大部分青年被家长催婚的现象。55.52%的被调查对象有被父母和亲属催婚的经历，而催婚所带来的压力反过来也可能抑制青年的婚恋行为，导致青年婚恋态度更加冷静和谨慎。这种冷婚热恋的趋势，折射出部分江西青年割裂了恋爱与婚姻的递进关系，这种错误观念需要被纠正。

（四）结婚意愿走低，原因多元

民政部发布的《2021年民政事业发展统计公报》显示，全年结婚登记对数较上一年度下降了6.1%，江西未婚青年的结婚意愿也存在同样的下降趋势。在本次参与调查的未婚青年中，结婚意愿普遍走低。

表4　未婚青年没结婚的原因

单位：人，%

目前还没有结婚的原因	人数	占比
想先立业后成家	716	20.08
喜欢单身的自由，不愿意成家	463	12.98
彩礼太重，结婚开销目前还负担不起	298	8.36
自身和家庭条件一般，找对象有困难	159	4.46
与异性交往机会少，还没有遇到合适的人	767	21.51
觉得自己还年轻，不着急	768	21.54
未到法定结婚年龄，不能结婚	254	7.12
其他	141	3.95
总计	3566	100.00

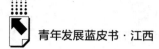

根据表4，江西青年不愿意结婚的原因中，选择"觉得自己还年轻，不着急"的大多为在校学生，其他主要选项依次为：与异性交往机会少，还没有遇到合适的人；想先立业后成家；喜欢单身的自由，不愿意成家等。可见，自身主观因素是造成青年单身的主要原因，客观原因仅有异性交往机会少。其中，喜欢单身的自由、不愿意成家占比12.98%，更体现了部分青年对于婚姻的佛系态度和"自由"的婚姻观。

此外，彩礼作为传统的婚姻习俗之一，已经流传上千年。在江西，彩礼问题是经常被提及的话题，网传彩礼金额更是远远超出了一般家庭的经济承受能力。为了给付高额彩礼，有些家庭需要挤压其他生存和发展资源，举全家之力才能勉强凑出，有些家庭甚至需要举债。彩礼贷、"因婚致贫"、"因婚返贫"的现象不断出现。本次调查中，大多数已婚青年都有结婚彩礼。其中彩礼10万元以下占44.48%，10万~20万元占比32.7%，只有14.27%的不要彩礼。对于彩礼的安排包括：全部给了新婚夫妻的小家庭（54.83%），女方带回大部分到小家庭（16.72%），全部留给了女方父母（10.99%），女方带回了小部分到小家庭（5.68%）。对于彩礼的看法，50.03%的未婚青年认为彩礼代表了男方对女方的尊重、量力而行即可，29.98%的青年认为彩礼是父母对新成立家庭的一种支持，要根据实际决定有、无、多、少。未婚青年对彩礼的预期值基本在20万元以下，比已婚青年的彩礼稍微高一点：10万~20万元（44.73%），10万元以下（33.85%），21万~30万元（8.89%），无彩礼（6.45%）。总之，当前江西青年结婚彩礼预期普遍降低，高额彩礼并不多见。

（五）重视婚姻质量，择偶要求提高

随着经济的快速发展以及青年整体受教育水平的提高，更加注重婚姻质量的当代江西青年择偶标准也显著提高，从过去更多关注配偶的财富和相貌，转为当前更青睐有上进心并且有内在修养的人士。根据调研数据（多项选择），在道德品质和价值观上，青年认为非常重要的选项包括：人品（68.04%）、孝顺长辈（61.71%）、上进心（53.95%）、无不良嗜好（49.65%）

和脾气好（47.71%）。双方是否情投意合也是一个考虑点，认为会关心人和志同道合非常重要的分别占50.62%和52.66%。可见当代青年择偶最看重的是"三观"和性格，也就是精神上的契合，不再盲目追求颜值和物质。另外，在择偶时，介意对方有子女的青年占比65.27%、介意有婚史的青年占比58.66%。收入、年龄和相貌的重要程度一般，占比依次为31.32%、23.09%和19.12%。尽管还有部分青年在择偶时会青睐家庭条件较好、有单独居住的房子、注意锻炼身体、受教育程度高的异性，但是这些选项的重要程度占比都不太高。显然，在更加重视婚姻自由、人格尊严和婚姻质量的时代，青年不愿为了完成"人生任务"而将就，对称心如意的高质量婚姻的追求越来越普遍。

伴随着义务教育的普及和高校扩招，江西青年的学历普遍提升，青年的结婚年龄也随之上升，调研数据显示，结婚年龄段占比最高的为31~35岁，占比达到53.63%，已经超过一半人数，其次是26~30岁，占总人数的37.55%，仅有8.82%的青年在25岁之前结婚。在我国的教育体制下，大部分青年要22岁才大学毕业，漫长的求学经历成为推迟初婚年龄的重要原因。此外，离开校园、进入社会的青年同样需要一定的适应与历练，从而造成初婚年龄的进一步推迟。

二　江西青年婚恋观念存在的问题与原因

恋爱是步入婚姻的基石，婚姻是组建家庭的基础，家庭又是构成整个社会的核心单元。因此，树立正确的婚恋观对一个家庭乃至整个社会来说都是至关重要的。通过了解江西青年的婚恋观现状，发现江西青年婚恋观念中存在的问题及其原因，可以采取更有效的举措来遏制不良婚恋观念和婚姻陋习的蔓延，帮助江西青年树立正确的婚恋观念，营造更好的社会风气，指导青年构建更加幸福的恋爱、婚姻生活模式。

（一）代际恋爱观念冲突，催婚现象普遍存在

代际婚恋观的冲突本质上是两代人对婚恋伦理和价值有不同的看法，老

一代人认同的以婚姻为基础的生活方式受到了年轻人的质疑。老一辈人认为男女到了适婚年龄就该结婚生子，而伴随着择偶标准的提高，年轻人却对另一半抱有很大的期望，没有合适的绝不勉强结婚。随之产生了催婚现象，催婚现象作为代际恋爱观念冲突的一种体现，是普遍存在于江西青年婚恋中的。调查数据显示，部分受访未婚青年认为婚姻可有可无，任何人都不应被婚姻束缚，他们个人并不认为婚姻在人生中非要不可，但是他们的父母辈或者祖父母辈显然持更保守的观点。婚恋观的冲突是新旧观点的碰撞与交流，大多数江西青年表示自己有过被催婚的经历，父母及亲友对青年群体婚恋状态的频繁关心与催促都会为其带来压力。

此外，大约70%的江西省青年觉得结婚的最佳年龄在26~30岁，还有少部分江西青年认为超过30岁结婚才是最好的选择。而老一辈的人，他们的初婚普遍在21~25岁，并且他们大多数人希望自己的子女也在21~25岁结婚。显然，在适婚年龄这一问题上两辈人存在一定的分歧。调查数据显示，超过93%的江西青年更倾向通过自由恋爱的方式来找到自己的另一半；但是父母辈则更多希望能通过自己的亲朋好友介绍为自己的子女找到另一半。当前，不少退休老人会在城市的各种相亲角中交流信息，为自己的子女寻找另一半。

而且，父母辈追求儿女双全，存在较为严重的重男轻女的思想，他们通常希望生育2个及以上的孩子，他们赞同"养儿才能防老"，认为生养子女才能使家庭幸福美满、延续家族香火。当代青年重男轻女的思想并不普遍，他们反而觉得养男孩负担过重，更愿意养育女孩。因此，他们一般倾向于生育1~2个孩子，他们更加注重孩子的教育问题，主张优生优育。另外，他们在养育子女的过程中，也遵循父母与子女平等这一原则，认为父母和子女应该建立起平等的关系，采用平等的方式进行沟通交流，并以朋友的身份和睦相处。此外，还有少数青年并不打算生育子女，有丁克意愿的青年与父母的冲突更为剧烈，这是家庭代际关系必然面临的冲击。

（二）部分青年恋爱观念过度开放，道德责任感降低

在我国传统的婚恋观中性是被克制与约束的，但全球化背景下，不同文

化之间的融合与碰撞让青年群体的婚恋观发生了许多转变，面对自由与开放的社会环境，部分青年持过度开放的恋爱观念，他们的性观念与性行为也正在发生急剧的转变。处在中西方性观念激烈的博弈之中，又正值充满激情和活力的年龄段，青年渴望美好的爱情，但性知识相对匮乏，获取正确性知识的渠道少，在恋爱过程中道德责任意识薄弱的问题比较突出。《中国卫生健康统计年鉴（2020）》显示，自 2017 年以来，中国人工流产人数逐年增加，2019 年中国人工流产人数较 2018 年增加了 2.2 万例，同比增长 0.23%。在人工流产的女性中，年轻、未婚、未育占比不断升高，每年 24 岁以下未婚青少年人工流产数占我国人工流产总数的 40% 以上。根据未婚青年问卷数据（多选），71.62% 的未婚青年认为"婚前同居的行为"是"非错误"的，50.14% 的未婚青年认为"未婚先孕"是"非错误"的；20.36% 的未婚青年认为"结婚前与他人发生一夜情"是"非错误"的，9.76% 的未婚青年认为"同时和多人保持性关系"是"非错误"的。在自由和开放的恋爱环境下，道德对青年的约束力尤为重要，青年需要意识到自己的言行举止对他人、对社会的道德义务和道德责任，在情感和婚恋关系上要有责任感。已婚群体中，16.28% 的再婚群体和 10.51% 的初婚群体认为"结婚之后发生婚外情"是"非错误"的，20.93% 的再婚群体和 9.09% 的初婚群体认为"结婚后与他人发生一夜情"是"非错误"的。"感情自由"、"性自由"和"性解放"的观念和享乐主义价值观都在不断冲击着传统的婚恋观，再加上网络时代的信息快速传递，青年在成长过程中始终面临大量涉及婚恋题材的文学作品、影视作品、公共新闻等，其中传达的相互冲突的婚姻观念，也会对青年的婚姻观形成产生深刻影响，而其中部分过度强调感情自由与性自由的信息则会诱使部分青年陷入性自由、性放纵的误区并引发不良后果，这种不良后果常常会超出青年的身心承受能力。

（三）恐婚、逃婚、懒婚问题凸显

当前，江西青年对待婚姻的态度各不相同，需要重点关注的是随缘（35.47%），有点恐惧婚姻（12.00%），这些选择的背后是"恐婚""逃婚"

"懒婚"问题的凸显。法律规定,男性初婚年龄超过25周岁,女性超过23周岁,即视为晚婚。调查数据显示,晚婚女性占比超过了57%,其中26周岁以上的女性更是超过27%,青年群体中近52%都属于晚婚,这也从一个侧面凸显当代江西青年婚姻积极性减弱的问题(见表5)。

表5　未婚青年对婚姻的态度

单位:人,%

对婚姻的态度	人数	占比
我还小,没想过	552	15.48
很期待美好婚姻	895	25.10
有点恐惧婚姻	428	12.00
随缘	1265	35.47
绝对不将就	426	11.95
总计	3566	100.00

首先,高昂的结婚消费让部分青年男女对婚姻望而却步。结婚消费的金额是很多青年男女需要考虑的重要问题。不论是父辈还是青年一辈,在结婚之前就要考虑住房问题,青年一辈与父母同居的意愿较父辈低,结婚的先决条件被许多人认为是房子。有研究表明,高房价的确降低了中国的结婚率,很多家庭需要通过三代的努力购入一套婚房。关于"结婚产生的费用主要花在了哪些方面"这一多选题,选择购(建)婚房的占比最大,达到57.88%,除了婚房以外,买车、买首饰、婚礼的费用也占据了结婚消费中很大的比重,婚礼费用达到了结婚总费用的56.40%。与恋爱相比,结婚费用是高昂的。不仅是结婚,还有婚后的家庭生活消费,当前家庭生活和养育子女的支出也在不断提高。可见,结婚、家庭生活和养育子女的预期花费都要求青年群体改变消费习惯并养成储蓄习惯,这也在无形中增加了未婚青年经济和心理压力,使一部分青年"恐婚""逃婚""懒婚"。

其次,青年人对婚后自由受限的"恐"与"逃"。现代社会爱情是个人的自由选择,恋爱不会受到过多的束缚,而婚姻不同,婚姻会受到社会法律制度的约束。一旦进入婚姻，两个人就形成了受法律约束和社会认可的契约关系，这时候法律和制度就开始发挥其约束作用，而这种作用在现实中常常与人的自由相冲突。由婚姻组建起家庭，随之而来的不仅仅是幸福，还有家庭责任与义务带来的各种约束。表4数据显示，未婚青年没结婚的原因中，喜欢单身的自由、不愿意成家的占比12.98%，觉得自己还年轻、不着急的青年占比21.54%，也反映了青年不想被婚姻所束缚的心态。另外，98.29%的已婚青年都选择生育1个及以上孩子，而生育的压力同样也会限制青年的自由，如人身自由、经济自由等。美好的婚姻与家庭生活带来的沉甸甸的责任，要求青年改变过去已经形成的生活方式和消费习惯，因而让一部分青年"恐婚""逃婚""懒婚"。

最后，负面婚姻事件对青年婚恋造成恶劣的影响。社会上与婚恋相关的负面新闻屡见不鲜，这些负面新闻往往加深青年对婚姻的消极印象，导致青年"恐婚""逃婚""懒婚"。这些负面新闻包括家庭暴力、婚内出轨、家庭关系不合、离婚及离婚后财产纠纷等等。家庭暴力和利益对立给婚姻中的双方带来肉体和精神上的折磨，其伤害范围甚至会不断扩大。多次推送的新闻报道会唤起青年对于婚姻的危机意识和紧张情绪，加重适婚青年的警惕心理。网络中关于家暴、出轨与关系不合等案例也加剧了青年"恐婚""逃婚""懒婚"。

（四）婚后冲突加剧，婚姻基础不牢

婚后夫妻双方的矛盾与冲突在所难免。钱钟书曾将婚姻喻为"围城"，城外的人想冲进去，城里的人想逃出来。调查数据显示，尽管初婚青年群体中90.02%的被调查者认为当前的婚姻关系稳定，但近一成初婚群体表明婚姻关系不稳定且其中0.51%的关系为非常不稳定；再婚青年群体中20.94%的被调查者认为当前的婚姻关系不稳定。同时，初婚群体中的40.55%和再婚群体中的46.51%被调查者表示当前迫切需要得到婚姻家庭关系调解与辅导的帮助。

另外，尽管超七成的青年群体同意结婚对人生具有重要意义，但72.88%的离婚单身青年、65.17%的初婚青年和60.47%的再婚青年均同意"离婚率上升是现代社会的无法避免的问题"的观点，由此可以看出，江西省青年

离婚观念的转变可能导致一些本身基础并不牢固的婚姻变得更加脆弱。随着现代社会的不断发展和个体意识的不断觉醒，改革开放以来婚姻制度经历了多次调整，人们在夫妻关系和离婚观等婚姻观念上都发生了巨大变化，注重平等和尊重的新时代婚恋关系使人们比以往更加强调追求幸福的重要性以及婚姻中自身的感受。当婚姻家庭中出现夫妻不和、婆媳矛盾、亲子关系疏离和利益冲突等问题，且问题不断加剧、矛盾不断激化时，人们也会更多地从自我情感出发做出放弃继续维护爱情和经营婚姻的决定。为婚姻牺牲自我的传统态度逐渐褪色，也在一定程度上削弱了婚姻的稳定性。

三 推进江西青年幸福婚恋的建议

（一）拓宽交友途径，增强婚姻自信

适婚青年需要积极面对婚恋问题，努力拓宽交友途径，增强婚姻自信，战胜"恐婚"的潜意识，努力做到以下几点。

第一，摆脱消极的婚恋态度，积极拓宽交友途径。双向奔赴的爱情与相濡以沫的夫妻感情除了需要"幸运"的眷顾外，还需要青年自身的努力，如主动社交、积累恋爱经验、及时止损和珍惜眼前人等。处于"恐婚""懒婚"状态的青年，更需要从理性的角度和长远的视角分析自身的婚恋需求并正确认识婚姻，做出适合自己的选择。

第二，青年应该注重自身道德素养的提升。与婚恋有关的负面新闻屡见不鲜，屡屡敲响的警钟不仅提醒青年要学会自我保护，同时也要求青年以更高的、符合时代要求的道德标准约束自己，自觉遵纪守法，树立正确的人生观、价值观和世界观，做一个既对自己负责又对他人负责的好青年。同时，政府需要加大治理力度，通过法律途径加以规范，并加强宣传教育。学校要开设有指导意义的婚恋课程，引导青年朝着正确、积极的方向迈进。社区可邀请家庭社工主动介入居民婚姻关系的冲突调解与纠纷化解，避免矛盾激化导致悲剧发生。

第三，维护女性权利，增强女性在婚姻中的自信。尽管我国坚持男女平等，但女性仍然面临许多挑战，在家庭和事业面临取舍时，她们往往在性别角色的要求下选择放弃事业、奉献家庭，因此，部分女性会因为经济方面的不独立而处于弱势。要继续唤醒女性的权利意识和平等意识，帮助她们掌握女性权益保护有关法律，学会运用法律来保障自身及家庭的权益。同时，政府相关部门也要努力保障女性权利，如通过健全和落实婚育休假制度，相应延长产假、生育奖励假、配偶陪护假及父母育儿假等来保障女性的生育权利。此外，大众传媒和社交媒体应更多地关注女性问题和女性声音，帮助女性强化自我认同，使女性更好地适应社会生活，并在维护妇女权益的过程中不断完善性别平等制度。

（二）缓和代际婚恋冲突，保障青年婚恋自由

一代人有一代人的思想，青年与上一代无论在价值观、道德意识、生活方式还是婚恋看法上都有明显的差异。在代际婚恋冲突中，是否将幸福与婚姻挂钩是问题的重点。父母和亲友往往出于婚姻家庭是构成幸福不可或缺的成分这一观点催促适婚青年恋爱结婚，而部分青年则出于个人考虑而推迟恋爱和结婚甚至不婚。显然，改变任何一代人的思想使之符合另一代人的要求是不现实的，沟通才是缓和两代人之间冲突的可行之策。

双方应以包容的态度去看待对方的观点。己所不欲，勿施于人。青年应该传承尊老爱幼的传统美德，在交流中尊重长辈的看法，尝试理解长辈由群体性焦虑导致的催婚行为，辩证地看待长辈的观点，以合适的方式表达自己的观点，寻求理解、达成共识。而父母及亲友长辈需要为晚辈提供温暖的感情支撑与理解，认识下一代思想观念的改变，尊重后辈的想法，允许后辈有独立的思维空间、思考方式和自主选择。针对沟通缺乏会导致代际矛盾越来越深的现实问题，青年需要主动与长辈保持沟通和交流，交换意见、互相理解，各自向前迈出一步，才能够更好地解决矛盾。尤其是暂时选择不婚的青年与丁克青年，更需要在沟通中清晰地表达自己的思考与想法，主动面对可能出现的冲突并尝试缓和与长辈的关系。总而言之，

青年应该以更积极的态度和理性的思考面对催婚问题，在注重与长辈沟通、缓和双方关系和争取达成共识的同时，主动做出改变，用拓展交友圈或自我提升等行为回应催婚。

（三）树立正确婚姻价值观，筑牢夫妻婚姻基础

婚姻在促进中华文明乃至人类的发展和社会进步方面发挥着重要的作用，中国传统文化非常重视婚姻的家庭功能和社会意义，正确的婚姻观应当是新时代社会主流价值观在婚恋领域的折射。

首先，婚姻稳定性与时代特征和社会政策相关，因此需要结合时代特征进一步规范、健全婚姻政策，实现对婚姻价值观的正确引导，避免在社会快速转型过程中婚姻政策或其他配套政策不适用，从而限制婚姻自由或出现政策漏洞而导致物化婚姻的现象。

其次，切实推进两性平等，在两性平等的基础上树立正确婚恋观。性别平等意识意味着婚姻中的家庭责任与社会成就对于夫妻双方是平等的，也意味着恋爱中双方关系的平等。传统的"男主外，女主内"或相反的"男主内，女主外"家庭模式都忽视了家庭中情感和经济因素对两性平等的影响，往往导致青年对待婚姻态度是负面消极的。因此，婚恋关系中的性别压力及由此产生的冲突与矛盾只有在两性平等的基础上才能得到缓解，两性平等对双方建立及维护平等且融洽的恋爱及婚姻关系也有着重要的正向反馈效应。

最后，婚姻家庭美满离不开自身的经营及第三方的帮助。和谐的婚姻家庭是建立在平等的沟通与包容之上的，人们在对婚姻幸福的追求与美好感受的标准不断提高的同时，也意味着自身所提供的情绪价值及在婚姻中扮演的恰当角色的标准也在不断提高。婚姻是两个人基于爱情的选择，双方的感情和婚姻同样需要双方共同经营，当双方均无法解决婚姻和家庭生活中的冲突和矛盾，可以寻求第三方的帮助，通过搭建沟通桥梁以筑牢婚姻基础。除了来自夫妻双方亲属的帮助外，还可以通过由民政系统、妇联组织设立的家庭工作机构以及政府认可的专业社会组织为青年提供婚姻家庭教育与指导、支持，共同夯实婚姻基础。

（四）加强婚恋观家庭观教育，营造和谐平等的社会氛围

正确的婚恋观念是家庭幸福的前提，对青年婚姻恋爱观念的引导需要家长、学校、社会等多方共同努力，营造和谐平等的社会氛围。

首先是家庭层面，家庭是孩子成长的摇篮，家庭教育对孩子的成长起着至关重要的作用，因此，必须把家庭作为引导青年确立正确婚恋观的重要阵地，家长要树立良好的婚姻榜样，注重维系夫妻感情，主动积极并采用有效方式进行家庭内部的沟通。融洽的家庭、和谐的婚姻会直接影响下一代，家长应该以身示范，承担起家庭责任，让孩子在家庭中获得爱与安全感。只有作为第一任老师的父母能正确认识爱的本质与界限，学会正确付出爱与接受爱，才能提高自身婚姻质量并对下一代进行婚恋教育。恋爱和婚姻观念教育宜疏不宜堵，家长应加强对子女的婚恋及性知识教育。在青年性态度更为开放和宽容、非婚性行为明显增多的情况下，对未成年子女的性道德教育亟待加强。对此，家长要改变"谈性色变"的传统做法，正视未成年人可能发生性行为，正确普及性知识，把家庭作为子女接受性教育的第一课堂，让来自父母的解惑、理解与指导帮助孩子树立起正确的性观念和婚恋观念。

其次是学校层面应加强青少年心理健康与性知识教育，定期进行心理健康辅导，促进学生身心健康发展。中等职业学校、高校应将学生婚恋观教育纳入德育课程，通过理论联系实际的课程学习和专题讨论，指导学生树立起正确的婚恋观。

最后是社会层面，社会舆论应该支持婚恋平等观并在传播正确性知识方面发挥积极的作用，有关部门应经常举办各种宣讲活动，宣扬优秀婚恋事迹，引导社会风尚；倡导男女平等、维护两性的合法权益，通过宣传先进典型、营造和谐家庭氛围，改变传统重男轻女的落后思想观念，逐步在全社会树立起男女平等、婚恋和谐自由的社会风气，潜移默化地引导青年树立正确婚恋观、家庭观。

（五）优化社会道德环境，建立正确婚恋道德规范

指导青年建立正确的婚恋道德规范需要良好的道德环境。社会各相关部

门应从青年的社会化过程着手，抓好婚恋道德教育，帮助青年增强辨别是非、区分优劣的能力，并使其依据正确的道德规范在婚姻关系中进行价值判断和行为选择。

帮助青年建立正确婚恋观一方面要引导青年正确认识爱、家庭与婚姻，另一方面要引导青年正确认识婚姻与道德的关系。对于人类而言，初始的爱来自家庭，因此家庭是理解爱的本质的首要环境、第一课堂，充满爱的家庭不仅能为个体婚恋道德培养营造合适环境，同样也是营造社会良好婚恋道德环境的重要基础。正确认识婚姻与道德的关系是青年建立正确道德规范的关键，因为婚姻受到法律的约束和保护，而情感则需要遵循道德的指引。婚恋源于真诚和坦率的爱与关怀，婚恋双方都应该自觉具备一定的婚恋责任意识，明白在婚姻中彼此尊重、主动沟通，共同认可爱与性的专一性和排他性的重要意义与积极作用并努力维护。正确的婚恋道德规范是从爱自己开始，以真诚、平等、负责及尊重的态度去爱对方的基础上形成的，因此青年首先应该形成正确的婚恋道德认知，然后从思想及情感上认同并支持婚恋道德，最后将其内化为自身的道德意志并转化为遵循婚恋道德的实际行为，在日常生活中自觉践行。

总之，正确的婚恋价值观是营造真、善、美的社会氛围的重要支撑，来自家庭、学校和社会的婚恋教育及其营造的积极良好的社会道德环境是青年形成正确婚恋道德规范的沃土，也是践行正确婚恋道德规范的社会场景。应对社会变迁带来的种种婚恋问题，需要用积极健康的婚恋道德观念引导青年，从浪漫的"执子之手"开始，到实现"与子偕老"的美满，既需要青年自觉内化健康的婚恋道德规范，也需要家庭、社会的引导，还需要国家、政府在宏观层面进行主流婚恋道德规范倡导。要通过多层次、多渠道、广范围的引导，优化社会婚恋道德环境，促使适婚青年内化正确健康的婚恋道德规范，践行合乎时代发展要求的恋爱和婚姻，承担起民族延续与国家发展的重任。

（六）推进青年婚恋服务，关注青年心理健康

大力推进公益性婚恋服务，为有需要的青年提供及时恰当的帮助，第

一，要组建公益咨询队伍，吸收大量的专业人士共同参加对青年婚恋知识、性健康知识的普及，调解婚恋纠纷，处理婚恋情感问题。

第二，要精心设计公益性婚恋服务项目，满足青年交友、婚介、婚庆的多元需求。要动员和支持基层团组织培育有形有效的服务项目，组织单身青年参加文体娱乐、兴趣培养、技能提升、社会服务等健康向上的集体活动，拓展青年社会交往的广度和深度，丰富青年交友择偶的机会。

第三，要定期组织婚姻家庭建设主题讲座，如婚前培训专题、夫妻沟通专题、子女教育专题等，帮助已婚青年顺利完成婚姻角色转变，建立起良好的沟通机制，促进婚姻和谐、家庭幸福美满。

第四，要设立并优化网络心理咨询平台，为青年提供婚恋心理咨询，也可利用短视频、公众号等方式高效、低成本地传播正确的婚恋知识。

第五，要始终关注青年心理健康问题。青年的生理和心理仍处于发展和调整阶段，加上自身阅历和经验不足，在婚姻恋爱中往往会遇到挫折，导致工作、学习、生活重心偏移甚至出现轻生、恶意报复等消极偏激举动，危害自身与社会安全。政府有关部门应整合学校、社区、专业公益服务机构等有关方面的力量，随时关注青年心理健康，及时提供心理咨询、婚恋指导服务，通过向青年传播正确的恋爱观和开展科学的性教育，消除性别意识误区，端正青年婚恋观与婚恋行为的价值取向，促进青年健康发展。

参考文献

徐安琪：《择偶标准：五十年变迁及其原因分析》，《社会学研究》2000年第6期。

赵丽颖：《当代青年择偶标准和择偶方式的社会学研究》，东北财经大学硕士学位论文，2011。

于志强：《当代青年婚前性行为的实践机制与家庭观念培育》，《青年探索》2022年第5期。

《治理高价彩礼恐怕不是婚俗改革那么简单》，网易，2022年10月7日。

韩雪：《"90后"女大学生恋爱观念现状及其引导对策研究》，《商》2015年第

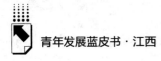

25 期。

王友良、唐幸玲：《当代青年"恐婚"现象的伦理思考》，《邵阳学院学报》（社会科学版）2021 年第 6 期。

洪彩妮：《房价波动影响结婚决策的研究》，《当代青年研究》2012 年第 2 期。

胡洁人、秦一铭：《精神分析理论视角下当代青年恐婚问题研究》，《华东理工大学学报》（社会科学版）2021 年第 4 期。

丁小雪：《从马克思主义妇女观角度探究我国当代女性婚姻价值观》，北京邮电大学硕士学位论文，2020。

孙晓：《中国传统婚姻制度与观念的演变》，《人民论坛》2021 年第 16 期。

贾志科、沙迪、赵英杰：《新中国成立后我国青年婚育政策的演变历程——兼述政策效果及未来方向》，《中国青年研究》2018 年第 10 期。

张乐：《当代青年的性别角色、家庭观念及其塑造——来自 CGSS 的数据分析》，《中国青年研究》2017 年第 4 期。

李茂、刘鹏、王晨阳：《当代青年婚恋观念的现状特征及其引导策略研究——基于河北省的调查》，《社会科学论坛》2021 年第 4 期。

钱嫦萍：《青年婚恋情感的异化境遇与破解之道》，《中国青年研究》2020 年第 7 期。

于亚楠：《家庭氛围、教养方式与孩子的婚恋观》，《山西财经大学学报》2021 年第 1 期。

B.3
江西青年家庭观念报告

江西青年家庭观念子课题组*

摘　要： 家庭观念由家庭婚姻观、家庭价值观以及家庭伦理观等组成。经调查研究发现，江西青年家庭观念呈现婚姻观念多元化、价值观念平等化及伦理观念个人本位等特征，且存在家庭婚姻观的随意性、家庭生育观的自我性、家庭尊老观偏弱及家庭责任意识不强等诸多问题。为切实有效地消解江西青年家庭观念所涉主要问题，应重点围绕政策体系、建设机制、实践平台、队伍建设等方面构建有针对性的问题解决措施，以促进江西青年以"作示范"的担当、"勇争先"的气魄为江西省高质量发展贡献青春。

关键词： 江西　青年　家庭观念

家庭是在婚姻关系、血缘关系或收养关系的基础上产生的、以情感为纽带、在亲属之间所构成的社会生活单位。家庭观念是一种以家庭为中心的价值观念。改革开放以来，中国经济社会高速发展，多元的思想和观念不断生成，这对江西青年的家庭观念产生了诸多影响，并体现出了诸多新特征。为更好地引导江西青年树立良好的家庭观念，需以问题为导向，多管齐下找准对策，以促进其以"作示范"的担当、"勇争先"的气魄，为江西省高质量发展贡献青春。

---

* 课题组组长：刘为勇，法学博士，江西师范大学政法学院党委委员、法学系主任，副教授，主要研究方向为法社会学、公共政策。课题组成员：刘为稳、廖泽旭、罗旭阳、黄水凤、程嘉辰。

一 江西青年家庭观念的主要特征

（一）家庭婚姻观念日益向多元化方向转变

1. 日益开放的择偶观

传统型婚姻受制于家庭、集体、政治的约束，体现了对物质条件的极大需求，通俗讲就是"门当户对"。由于经济社会不断发展，物质条件不再是江西青年婚姻的首要考虑因素。在择偶标准上，江西青年更关注能力、价值观、性格、兴趣爱好等方面，择偶看重的条件以个人条件为主，兼顾家庭条件；以内在条件为主，兼顾外在条件；以精神条件为主，兼顾物质条件。课题组通过对5731名（其中，未婚3566名，初婚有配偶2165名）江西青年进行问卷调查后发现，江西青年对于择偶条件重要性的选择中，被选择最多的五个选项依次为：人品（97.42%），孝顺长辈（96.95%），是否有家暴倾向（96.63%），会关心人（96.42%），脾气好（96.37%）；而被选择最少的五个选项依次为：有单独居住的房子（73.74%），年龄相仿（77.84%），家庭条件较好（78.83%），对方是否有子女（81.66%），身高与相貌（85.62%）。据此可以看出，江西青年在择偶方面普遍关注对方的内在品质，重视未来能够共同和谐生活的可能性，并将其置于外观与物质条件之先（见图1）。

另外，课题组在调查研究中发现，江西未婚青年对于恋爱与结婚的关系的态度呈现新的特点。47.11%的受访者认为恋爱应该以结婚为目的；31.91%的受访者认为恋爱只是一个过程，不一定走向婚姻；4.85%的受访者认为只谈恋爱不结婚是不负责任的；还有16.12%的受访者表示没考虑过该问题。故而，在对恋爱与结婚的关系看法上，江西青年表现出更开放的态度，不再与传统观念一样，认为恋爱一定要结婚，相当比例的青年认为恋爱并不一定会走向婚姻（见表1）。

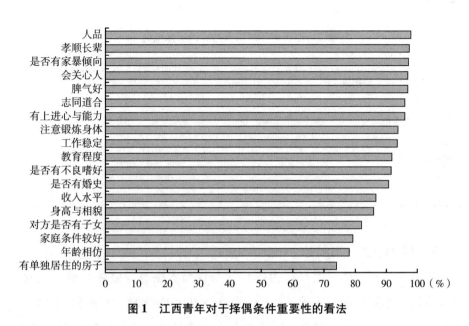

图1 江西青年对于择偶条件重要性的看法

表1 江西青年对于恋爱与结婚的关系的看法

单位：%

选项	选择人数比例
恋爱应该以结婚为目的	47.11
恋爱只是一个过程,不一定走向婚姻	31.91
只谈恋爱不结婚是不负责任	4.85
没考虑过	16.12

　　在择偶方式上，江西青年更崇尚自由自主。课题组在调查研究中发现，江西大部分青年不再选择传统的相亲婚姻，不再仅依"父母之命，媒妁之言"，而选择了自由恋爱，将婚姻自主权掌握在自己手中。同时，江西青年也开始关注多样化的新式择偶方式。对3566名江西未婚青年进行的问卷调查发现，江西未婚青年在六种寻找配偶的方式中，选择比例由多到少依次为：自由恋爱达93.72%，朋友或亲人介绍达57.66%，共青团、工会、妇联等单位组织的交友联谊活动达27.17%，交友网站达4.74%，相亲角达4.12%，其他为3.06%（见表2）。

表2　江西青年对择偶方式的选择意向

单位：%

择偶方式	选择人数比例
自由恋爱	93.72
朋友或亲人介绍	57.66
共青团、工会、妇联等单位组织的交友联谊活动	27.17
交友网站	4.74
相亲角	4.12
其他	3.06

2.日益成熟的生育观

生育观是指个体对生育行为的认知与评价。生育观受到经济、文化、政策等诸多因素影响，体现了一个时代关于生育的意愿、需求和偏好。随着经济社会不断发展，科技促进了婴儿存活率提升，物质资料生产从家庭中脱离，自我对生育决策的责任感增强，人们逐渐放弃了传统生育观而逐渐向现代化的理性生育观转变。课题组在调查研究中发现，江西青年追求生育自由，把生育当作感情的延续，而不是维系婚姻的"锁链"，生育不再是"传宗接代"的天经地义之事，重男轻女观念在江西青年生育观中也逐渐淡化。江西青年会衡量所需要的生活和教育成本，注重子女的生活健康与教育质量。生育自主性的提高，是江西青年家庭观念转变的一大推动因素。

3.日益自由的离婚观

在夫妻感情破裂且无法解决婚姻问题时，离婚成为许多年轻人的选择。离婚现象日趋普遍，社会对离婚现象的包容性也越来越强。相较而言，传统的离婚观较为保守，认为离婚是不体面的，持这种观念的人大多数情况下不会考虑离婚。而现代离婚观是比较开放的，认为离婚自由，即使没有婚内越轨行为也可能选择离婚，更注重个人的感受。据课题组调研统计，江西青年对离婚持开放、自由的态度，支持理性离婚，离婚不再被视为一件"不光彩"的事情。在对随机抽样的5843名调查对象（含未婚、已婚、离异、再婚青年）询问"你对离婚持什么态度"时，大部分人对离婚持"宽容"态度（见表3）。

表3　江西青年对离婚态度抽样调查

单位：%

回答内容	选择人数比例
离婚受伤害最大的是孩子,能凑合尽量不离	35.27
父母经常冷战,对孩子也是一种伤害,该离就离	59.80
父母有权利离婚,没必要为孩子牺牲一辈子	52.83
可以离婚,但必须优先安排好孩子的生活与教育	78.21
能挽回时要尽力,不能挽回就放手	74.88
父母分别找到自己的幸福,对孩子也有正面影响	66.34
法律规定的离婚冷静期有助于减少离婚	59.83
加强婚前指导可以有效降低离婚率	74.09
离婚率上升是现代社会无法避免的问题	63.12

（二）家庭价值观念日益向平等化方向转变

1. 个人主体意识的觉醒

在家庭场域内，存在家庭主义和个体主义的理论界分。家庭主义强调一切以家庭利益为重，个人只是家庭中的一员，任何时候都要以家庭的整体存在为前提、以家庭的发展为优先。个体主义认为每一个家庭成员都是一个利益主体，个人拥有自由选择的权利和能力，同时个人为自己的生活负责。调查发现，江西青年在家庭场域内的个人主体意识逐渐觉醒。整体上看，江西青年在家庭中地位日益提高，其利益也得到了重视。江西青年个人在维护自身利益的同时也能追求自身的发展，并将"个人的发展离不开家庭的帮助，同时个人的发展也是家庭发展的根本动力"的理念予以切实贯彻。

2. 家庭平等观念的强化

家庭平等观念强调寻求平等互助的家庭关系，希冀家庭各成员在保持自身特性的同时，与其他成员保持一定程度上的一致、共同行动。改革开放后，生产方式的变革使得经济生产领域扩展很快，就业机会越来越多，人们施展身手的机会越来越多，并日趋平等。这些变化促使江西青年尤其是女性青年的进取精神强化，并极大地强化了家庭成员平等意识。课题组在针对江西100名青年女性（均为已成年的青年）的"关于女性意识"的随机问卷调查中发现，"自尊、自重、自立、自强"是绝大部分青年女性追求的人生目标（见图2）。

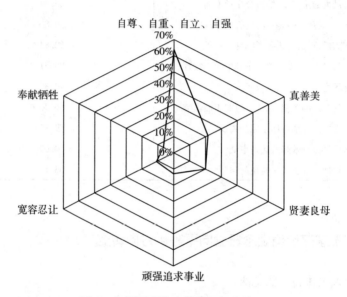

图2 你赞同哪种女性意识问卷情况

（三）家庭伦理观念日益向个人本位方向转变

1. 认可家庭赡养责任但赡养行为弱化

根据课题组针对100名江西青年（均为已成年的青年）的抽样调查可知，大多数江西青年认为子女是赡养老人的主要责任人，愿意承担起赡养老人的责任。在面对"您认为有子女的老人的养老主要应该由谁负责?"这一问题时，66.8%的青年选择了"主要由子女负责"，25.7%的青年选择由"政府/子女/老人责任均摊"。通过数据可以看出，江西青年尊崇传统的"孝道"伦理和新时期的赡养与尊敬老人的道德要求，具有健康的家庭道德观念，能主动承担孝敬父母、赡养老人的家庭伦理责任。然而，由于家庭"离散化"及日常外出"打工"情况客观存在，江西青年尤其是农村青年，在履行对父母赡养义务方面，存在一定程度的弱化，特别是对父母的精神慰藉较为缺失。

2. 传统的育儿观仍在延续，但养育目的更加多元

子女被视为家庭未来，尤其在少子化老龄化时代，为了不让孩子输在起跑线上，江西青年父母往往不惜一切为孩子的抚育和教育投入巨大的经济、机会和心理成本。据课题组随机对100名受访者的问卷调查可知，江西青年的育儿观仍呈现传统的一面。养育的子女"光宗耀祖"至今仍被多数青年视为荣耀家庭的行为，86.1%的被访者认可"子女要力争有出息，以使父母/家庭引以为荣/自豪"，也有89.0%的被访者对"子女应该做些让父母有光彩的事"持肯定态度。然而，课题组问卷调查结果显示，生养子女的目的呈多元分布。其中，赞成"生养子女是为了在自己年老时有人帮助"的占35.63%，选择"生养子女是为了延续家族香火"的占比31.68%，选择"生养子女是因为小孩子很可爱"的占比60.35%，选择"生养子女是为了满足自己做父母的愿望"的占比39.24%，选择"生养子女是对国家和社会的义务"的占比43.33%，选择"生养子女是为了证明自己有能力"的占比17.54%，选择"生养子女家庭才能幸福美满"的占比47.03%（见表4）。

表4 江西青年对生养子女的态度

单位：%

回答内容（赞成观点）	人数比例
生养子女是为了在自己年老时有人帮助	35.63
生养子女是为了延续家族香火	31.68
生养子女是因为小孩子很可爱	60.35
生养子女是为了满足自己做父母的愿望	39.24
生养子女是对国家和社会的义务	43.33
生养子女是为了证明自己有能力	17.54
生养子女家庭才能幸福美满	47.03

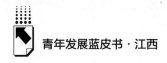

二 江西青年家庭观念存在的主要问题及原因分析

（一）结婚和离婚的随意性

婚姻是人生大事，对其应当秉持慎之又慎的态度。当前，江西青年的婚姻观存在众多的非理性因素。珍爱网"婚恋市场内卷对单身男女婚恋观的影响"调研发现，男性普遍认为经济收入高是他们择偶的主要优势（73.94%），其次是性格好（45.79%）和外貌条件好（44.32%）。63.82%的女性认为尊重女性、不大男子主义是她们选择另一半的最重要因素，但经济条件也是重要的考虑因素。另据《当代青年群体婚恋观调查报告》披露，七成青年择偶"愿等待不愿将就"，这些报告结果亦可适用于江西青年。

受多元思想的影响，江西青年婚姻家庭观念越来越开放，对婚姻家庭的重视程度却有所下降。离婚不再被视为道德问题，而被视为个人的自由。由此，结婚越来越随便，离婚也越来越随意。其中，结婚率低、离婚率高的现象尤其值得警惕。从全国层面的结婚率看，我国青年结婚人数从2010年的1241万对下跌到2021年的763万对，2022年国内的结婚率为5.22%。江西省民政统计数据显示，2021年江西结婚与离婚之比为1∶0.26。

结婚离婚的随意性背后的原因应是多元的。除观念的变化外，彩礼、房子、车子等花费超出了很多适婚男青年的家庭收入水平，亦是重要原因。不连累父母也是江西男性青年拒绝婚姻的无奈选择。另外，由于社会流动性增大，"青梅竹马""两小无猜"已经十分罕见，加上婚前个性的收敛和婚后个性的暴露，离婚率越来越多，尤其是牵扯到巨额投入引发的情感纠纷，让诸多青年产生了恐惧。这亦成了形塑江西青年家庭婚姻观的重要因素。

（二）生育意愿明显弱化

和传统的"多子多福"观念不同，江西青年的生育意愿越来越弱。尽管面临着父母等老一辈的催促，但江西青年仍然坚持不生或少生。家庭生育观的自我性不必然推导出"青年自私"的结论。对于生育的态度更加谨慎，这使得青年很容易被贴上"为了自己享受生活而不愿意辛苦生育"标签。实际上，除了生育会对原有生活造成影响和改变以外，更多的青年家庭真正"恐育"的原因是"不敢"或者"没信心"承担教育之责。

当今社会的生活成本居高不下，养育一个孩子所需投入的时间、精力、财力和物力成本是传统社会无法比拟的。而青年的收入在初始阶段仍处于一个较低水平，这也就意味着在生育的黄金时期，青年只能够勉强维持自身的基本开支，生育计划被推迟或搁置。比如说，对于 20 世纪 90 代出生的青年的父母而言，他们对于孩子的成长诉求关注甚少，这也使得他们无法及时给予孩子渴望的爱的反馈。所以当"90 后"们长大后，在面对生育问题时，他们更加慎重，更担心自己无法成为合格的家长。值得指出的是，每个个体都有生育的基本权利，生与不生都是个人选择。但是如果"恐育"是一种盲目跟风的话，肯定会妨碍青年过好自己的人生。

（三）孝亲敬老观念偏弱

"尊老爱幼"是中华民族的传统美德。传统家族式的聚居决定了家庭老年人和年轻一辈共同进行生产生活，年轻一辈的小家庭更需要年老一辈的帮扶，年老一辈也依赖于年轻一辈的赡养。由此，整个家族得以顺利传承下去，形成优良的家风美德。当前，我国已步入人口老龄化国家行列，未富先老、多元价值观、代际关系变化使"尊老孝老"等传统家庭美德在一些青年中变得淡漠了，加上独生子女家庭对于子女养老的期待度较低，而对于政府养老提出了较高的要求及期待。换言之，老年人养老不再单纯依靠子女的赡养，而是希冀于国家（政府）及社会养老机构的帮扶。比较而言，青年也乐于如此，因无须被牵制在父母身边。其结果就是，青年的家庭养老责任感弱，尊老孝老意识亦随之薄弱。当前大多数家庭是父母子女两代共同生活，年老一辈通常并不与子女同住甚至是异地居住。家庭以及事业的重担让年轻一辈无心更无力给予老年一辈更多的养老照料，有些青年甚至连保证基

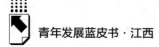

本的物质上的养老都很困难。因此，换言之，青年家庭责任的重心倾向于子女的抚养，孝亲敬老常常被放到次要位置。

（四）家庭责任意识弱化

江西青年的家庭责任意识弱化，其背后的主要原因在于家庭责任感与家庭核心价值观出现了问题。这突出地表现在家庭责任与非家庭责任的转化以及家庭核心价值的流失上。当前，江西省与全国一样，已出现传统家庭责任非家庭化与非家庭责任家庭化相交织的新境况。一方面，随着经济社会发展，生活现代化、服务社会化已成普遍现象，核心家庭的普遍存在以及民生支持不断加大，致使生产消费、交往休闲等功能部分外化。其结果就是，养老育幼等传统家庭责任部分非家庭化，青年家庭负担较前辈大幅度减轻。另一方面，随着经济社会发展，部分社保福利责任事实上下沉到家庭，出现非家庭责任家庭化，以致就业就教、抚养赡养、婚嫁及住房支出、重大疾病与意外风险等家庭压力增加，家庭责任履行往往因养老育幼的繁重、经济支出增加、生活独立性强及情感脆弱而变得复杂艰难。家庭责任与非家庭责任界限不明，致使责任边界模糊，因此青年的责任担当不知从何处着手，就干脆一律转变为非家庭化责任。

家庭核心价值，是家庭作为社会的细胞所应承担的文化使命和道德义务。作为家庭成员的集合体，许多家庭问题应先解决于家庭层面，再上升到更高层面。然而，随着个人独立意识的兴起，许多家庭越来越忽视交流沟通，家庭成员隔阂疏远，家庭情感脆弱，致使家庭核心价值理念出现松动。部分青年不再将家庭视为集合体，而将其自身视为"最小的单位"，对家庭的责任和归属感遂降到了最低点。

三 夯实新时代江西青年家庭观念的对策建议

为推动江西青年全面发展，针对当前其家庭观出现的一些新情况和新问题，需要发挥先进思想的导向作用，建立健全江西青年家庭观建设的政策体系、强化江西青年家庭观建设的机制、打造江西青年家庭观建设的实践平台、锻造培育江西青年正确家庭观的坚强队伍，进而形成建设合力，以共同推动江西青年家庭观建设。

（一）健全江西青年家庭观建设的政策体系

制度建设是形塑良好社会风尚与秩序的根本性保障。在以习近平同志为核心的党中央的坚强领导下，江西不断推进法治建设，颁布、增删了多项法律政策，不断完善法律制度，法律意识得以深入人心。然而，需要注意的是，与目标相比，江西青年家庭观念建设的政策体系还不健全。故而，江西需要修订和颁布一些法规政策以促进青年家庭观念的建设。

1. 完善家风建设保障制度

家风是社会风气的重要组成部分，其对青年的婚恋观的形塑有着至关重要的影响与作用，优良的家风对于青年形成积极向上的家庭观亦有着极大促进作用。随着经济社会的高速发展，建设与新时代相适应的家风也成为必然。例如，在保障妇女儿童权益和完善养老制度方面，我国已经出台《中华人民共和国家庭教育促进法》和《老年人权益保障法》等法律法规并将其予以细化。因此，江西应当根据新时代的要求，结合实际完善相关实施细则，尤其要在严惩家庭暴力、抛弃子女和不赡养老人等行为上"发力"，进一步为家庭教育和形成良好家庭风尚提供支持，进而为青年形成良好的家庭观提供良好的家庭环境。

2. 完善青年婚恋交友领域相关政策

要进一步完善青年婚恋交友领域的支持政策，对婚恋网络平台的非法行为予以规制。要结合数字时代发展实际，明确并规范婚恋网络平台的管理主体，明确并规范营利性婚恋网络平台的企业性质，确立婚恋网络平台的登记政策，加强对婚恋网络平台的法律监管，使相关部门对婚介机构的管理、执法更加高效。同时，民政部门应通过婚介协会对婚介机构的运营工作进行监督指导，要采取激励措施鼓励婚介机构提供优质、规范的服务，为青年婚恋交友提供合法、安全、规范的平台和途径。

（二）强化江西青年家庭观建设的机制

青年家庭观建设仅仅通过法规建设和政策保障推进仍然不够，要采取多方协作配合的方式推进。具体而言，要通过家庭、社会等多方面多渠道"切入"，促使各方齐抓共建，进而形成畅通的青年家庭观建设机制，以为青年家庭观建设保驾护航。

1. 强化家庭建设，培育良好的家庭氛围

家庭是社会的基本细胞，是人生的第一所学校。加强家庭家教家风建设，对于提高青年思想道德素质和形成积极健康的家庭观具有十分重要的意义。好家教塑造好家庭。家教是成人成才的关键。习近平总书记强调，"孩子们从牙牙学语起就开始接受家教，有什么样的家教，就有什么样的人"。在家庭教化下的青年都具有鲜明的家庭特征，展示出独有的家庭形象，向社会输出独特的价值观念。家教不仅能够塑造青年，也在塑造整个社会的面貌。无论时代如何变化、社会如何进步，家庭始终对下一代观念的塑造发挥着重要作用。

在加强家庭建设方面，首先，要善于从中华优秀传统文化中汲取营养和智慧。在坚持去粗取精、去伪存真的基础上，对传统家教家风文化进行当代转化，弘扬富有永恒魅力、具有现实价值的思想精华，运用数字化手段创新传统家训呈现方式，使传统家训以全新形态、崭新面貌展现在大众面前，使中华优秀传统文化成为推进新时代家庭家教家风建设的丰厚滋养。其次，要发挥父母的榜样示范作用。父母的思想、品德、性格甚至是生活习惯都将对孩子产生潜移默化的影响，从而形成一个家庭独特的家风。最后，家庭教育涉及很多方面，但最重要的是品德教育。强化家庭建设，就是要注重家教，就是要把美好的道德观念从小传递给青年，用正确行动、正确思想、正确方法教育青年养成正确的世界观、人生观、价值观，引导他们做有骨气、能吃苦、肯奋斗的人，帮助他们形成高尚品格，助力他们成长成才。

2. 发挥相关机构作用，提高社区服务质量

要发挥妇联组织作用，着重关注青年成长过程中的需求。妇联组织应在

和谐家庭构建中增加对青年的关注，激发青年主体意识；要坚持问题导向，针对青年的不同利益需求，开展公益课程、举办公益讲座，并为家庭提供更加专业、更加人性化的社会服务。要健全城乡养老机构，因地制宜分担养老压力，完善社会养老机构，推进养老服务队伍专业化建设，为老人提供更加优质的医疗和照料服务，营造温馨、和谐的机构养老环境，使老年人能幸福地安度晚年。要健全未成年人保护机构，关爱未成年人。加强未成年人保护和儿童福利制度建设，完善未成年人关爱保护网，建立精准帮扶长效工作机制，加大宣传力度，筑牢服务阵地。在社区层面，要建立社区对青年家庭观的支持关系，构建社区与家庭良性互动的保障机制。社区是青年日常生活居住的家庭外环境，社区的环境与青年家庭观的形成息息相关。故而，要不断地完善社区环境，加强社区基础设施建设，完善社区服务，解决与青年生活切实相关的问题，想青年之所想、急青年之所急。

（三）打造江西青年家庭观建设的实践平台

1. 打造优秀媒体平台，弘扬社会正能量

人存在于社会环境之中，必定受社会舆论影响。社会舆论作为影响青年家庭观形成的重要实践平台，对于青年树立健康正确的家庭观具有重要的作用。故而，在青年家庭观培育过程中，要充分发挥舆论的作用。网络媒体、广播电视、报纸期刊等大众媒体必须与时俱进，传播家庭正能量，向青年展示正向的婚姻家庭信息，营造一个良好的社会舆论环境，给青年一种正向的鼓励，减少其内心对婚姻的恐惧，在社会上形成重视婚姻家庭、合理解决婚姻家庭问题的舆论氛围，引导青年加强对爱情、婚姻的理性认识。一方面，媒体应提高自身素养，发挥大众传媒的正面导向，传播主流的家庭观，弘扬优秀家庭文化；另一方面，广电网络监管部门应加大监管力度，净化舆论环境，尤其是以婚恋为主题的媒体节目，要坚持正确的家庭价值观，弘扬家庭正能量，营造正向的家庭舆论。

2. 打造各类社会实践平台，充分发挥社会主体主动性

要充分发挥共青团、学校、工会、居委会等组织的作用，打造江西青年

家庭观建设的各类实践平台，要重视不同身份、不同年龄段的青年所遇典型问题，并采取相关措施积极解决问题，切实解决好青年的婚姻、家庭、工作、住房等实际问题，这是引导青年树立正确家庭观的关键点。譬如，学校可以通过开设家庭婚姻教育系列课程，为在校青年普及家庭婚姻的相关知识，引导青年了解自己、了解社会、了解婚姻家庭，并树立正确的家庭观。另外，共青团、学校、工会、居委会等可充分利用工作和组织优势，开办青年婚恋知识课堂，帮助青年树立健康的家庭观。同时，专业的婚恋机构应指导即将或已步入婚姻家庭生活的青年正确应对婚恋问题及精心经营家庭的技巧，提高家庭生活的质量；居委会可设置家庭辅导小教室，为青年搭建文明健康家庭观的实践平台，通过播放生动形象的家庭教学视频和风趣幽默的家庭情景剧，传播婚姻家庭知识，提升青年的家庭意识。

（四）锻造江西青年家庭观建设的坚强队伍

1. 推动新时代家庭教育服务人才培养

青年家庭观的形成与家庭教育密切相关，家庭教育的质量在很大程度上取决于家庭教育服务人才的水平。做好家庭教育服务人才培养工作，首先，需要有更多的专业人才参与其中。要整合多方资源，为家庭教育指导工作夯实强大的团队基础，保证家庭教育指导工作的有序开展。其次，在家庭教育指导方面，要从个人经验分享向学科专业知识传授转变，从单一学科向多学科融合发展转变，从学科知识的单一传播向家庭教育现状了解、未成年人结构特征把握相结合转变，从侧重于承担家庭主体责任的父母指导向学校、政府和社会的综合指导转变，以提高家庭教育指导的针对性和实效性。最后，要进一步提升中小学教师家庭教育指导业务能力，将家庭教育指导服务落实落地。譬如，通过讲座、网络研修、家庭教育指导工作坊、专题研讨等形式，开展家庭教育指导服务的理论知识与业务能力类培训，重点提升教师指导家长开展心理健康教育，以及对特殊家庭、特殊儿童的家庭教育能力。

2. 推动青年心理服务人才培养

心理咨询提供的指导，可以帮助青年认识自己与社会及家庭的关系，逐渐改变与外界相处的思维、情感和反应方式，还能够帮助青年解决问题、排除困扰、掌握自我调节的方法，从而提高生活质量。因此，要大力培育心理咨询服务人才，为青年健康的家庭观建设提供专业的人才支撑。首先，社会要提高对心理咨询服务人才的重视度，通过各渠道为青年心理咨询服务人才提供就业途径，提高青年心理咨询服务人才的待遇。其次，高（职）校要加大对于心理咨询服务人才的培养力度，开设家庭观教育课程，帮助心理咨询服务人才储备丰富的专业知识。最后，学校和社区要注重引入专业的心理咨询服务人才，为青年心理咨询服务人才提供广阔的基层实践平台。

B.4
江西青年生育观念报告

涂龙峰 谭若愚*

摘 要: 生育观念是影响新生儿性别选择、家庭生活和婚姻稳定性的重要主观因素,研究青年人口的生育观念对促进人口长期均衡发展有重要意义。本研究立足于江西实践,通过问卷调查和深度访谈,剖析青年生育观念的现状及变化,旨在准确把握江西青年生育观念的新情况。研究发现,年龄、性别、户籍等因素对青年人口的生育观念影响明显,青年生育观念呈现新的特征:青年生育意愿需要刺激,生育时间倾向推迟;青年多孩生育意愿不强,男孩偏好依然存在;青年生育动机更加多元,正向引导压力较大;青年愈发重视生育质量,优生优育得到认可。针对江西青年生育需求,提出五条提振青年生育水平的政策性建议:完善顶层设计,构建青年生育支持政策体系;优化生育服务,降低青年生育成本;提供成长护航,支持青年成才成家立业;规范就业市场,保障母亲权益和女性职业权益;加强宣传引导,营造鼓励青年生育的友好氛围。

关键词: 江西 生育 生育观念 青年发展

一 研究背景

党的十八大以来,根据我国人口发展变化形势,国家逐步调整完善生育

---

* 涂龙峰,博士,江西省社会科学院社会学研究所副所长、副研究员,主要研究方向为社会问题与社会政策;谭若愚,江西省社会科学院社会学研究所助理研究员,主要研究方向为社会政策与人口发展。

政策，先后实施单独两孩政策、全面两孩政策、三孩生育政策，促进人口长期均衡发展，积极应对人口老龄化。党的二十大报告进一步强调："优化人口发展战略，建立生育支持政策体系，降低生育、养育、教育成本。"目前，我国人口呈现"三低一高"特点：一是人口"含青量"持续走低，2020 年我国 14~35 岁青年人口约 4 亿、占总人口的 28.4%，比 2000 年减少 9000 多万人、占比下降 11.1 个百分点。人口老龄化程度加深，预计 2035 年前后进入人口重度老龄化阶段（60 岁以上人口占比超过 30%）①。二是总和生育率持续走低，我国育龄妇女总和生育率 1990 年为 2.3，2020 年为 1.3，已远低于 1.5 的国际警戒线。生育率低成为影响我国人口均衡发展的最主要风险。② 三是结婚率持续走低，2020 年我国结婚率为 5.8‰，比 2000 年下降 7.6 个千分点，结婚率低将很大程度影响出生人口数量。四是初婚年龄线持续走高，适龄青年平均初婚年龄为 26.8 岁，最近四年间增加了 0.7 岁③。鉴于以上趋势，优化生育政策、促进人口长期均衡发展的任务更重，必须强化战略意识，深刻认识人口发展事关长远、事关经济社会发展全局，努力推动新时代人口工作高质量发展。

江西省作为中部大省，人口发展也面临新的形势：一是人口自然增长率走低，2021 年江西省人口自然增长率为 1.63‰，比 2010 年第六次全国人口普查数据低。2021 年江西省出生人口 37.70 万人，年出生人口自 20 世纪 50 年代以来首次低于 40 万人。④ 二是男女初婚平均年龄提高，2021 年江西省男性初婚年龄 29.67 岁、女性初婚年龄 27.30 岁，分别比 2010 年第六次全国人口普查数据高 1.82 岁、2.27 岁。⑤ 三是结婚数量下降，2021 年江西省

① 国务院第七次全国人口普查领导小组办公室编《中国人口普查年鉴（2020）》，中国统计出版社，2022。
② 国务院第七次全国人口普查领导小组办公室编《中国人口普查年鉴（2020）》，中国统计出版社，2022。
③ 国务院第七次全国人口普查领导小组办公室编《中国人口普查年鉴（2020）》，中国统计出版社，2022。
④ 江西省统计局、国家统计局江西调查总队编《江西统计年鉴（2022）》，中国统计出版社，2022。
⑤ 江西省民政厅内部整理数据，2022 年。

结婚数量为 184703 对，比 2010 年第六次全国人口普查数据减少 295508 对。[①] 四是离婚数量大幅增加后逐步下降，2020 年江西省离婚人数为 109686 对，比 2010 年第六次全国人口普查数据多 55363 对，2021 年江西省离婚人数为 53161 对[②]。对结婚登记数据和离婚数据进行综合分析后发现，婚姻稳定问题仍需重视。为了人口健康可持续发展，必须增强忧患意识，正视江西省人口发展的客观实际，更大力度鼓励生育，促进优生优育。

生育观念是直接影响男女选择、家庭生活和婚姻稳定性的主观因素，从优化生育观念的角度来促进人口均衡发展，已成为保障国家人口可持续发展的重要议题。随着经济社会的快速发展，新媒体普及等诸多外部环境因素对当代青年的婚姻观和生育观产生了一定的冲击，青年的婚姻与家庭生活面临各种问题与挑战，初婚年龄不断推迟，离婚率提高，同居率上升，生育率持续走低，不婚族、丁克家庭、单亲家庭日益增多，婚姻家庭关系变得日益复杂。青年是生育主体，加强对当代青年生育观的研究显得十分重要和紧迫。本研究从江西实际出发，剖析青年生育观的现状及变化，准确把握当前江西青年生育观念的新情况，有助于科学预测生育新政效果，继续优化政策及各项配套措施，为应对更为严峻的人口问题挑战做好准备，促进人口长期均衡发展，对于保持江西经济社会持续健康发展意义深远。本报告主要数据来自江西团省委 2022 年"江西青年恋爱婚姻家庭状况研究"调查。

二 江西青年的生育观念与现状描述

（一）青年生育观念的基本状况

1. 大部分青年有生育意愿

研究表明，大部分青年愿意生育。具体数据为：66.52%的青年有生育

---

① 江西省民政厅内部整理数据，2022 年。
② 江西省民政厅内部整理数据，2022 年。

意愿；25.94%的青年对是否生育孩子还没想好；7.54%的青年不打算生育孩子。大部分青年愿意生育子女，但仍存在一定比例的青年对生育持有观望或拒绝的态度，主要还是受到政策、经济、社会文化、职业发展等多方面因素的影响（见图1）。

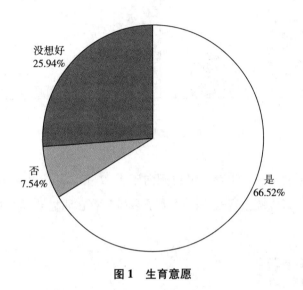

没想好
25.94%

否
7.54%

是
66.52%

图1　生育意愿

2. 大部分青年的理想生育年龄为26~30岁

研究表明，大部分青年认为 26~30 岁为理想生育年龄。具体数据为：绝大部分青年认为理想生育年龄在 30 岁以下，在 30 岁以下年龄段中选择 26~30 岁为理想生育年龄的占比较高，48.35%的青年认为 26~30 岁是理想生育年龄，34.46%的青年认为 16~20 岁是理想生育年龄，4.82%的青年认为 31 岁及以上是理想生育年龄。综合考虑生理素质和物质基础，26~30 岁的群体相对而言在面对生育时更加有准备，也更有能力承担起养育责任（见图2）。

3. 大部分青年的理想生育数量为1~2个

研究表明，大部分青年的理想生育数量是 1~2 个。具体数据为：53.84%的青年愿意生育 1 个孩子；43.89%的青年愿意生育 2 个孩子；2.27%的青年愿意生育 3 个及以上孩子。整体而言，青年对于三孩及以上的

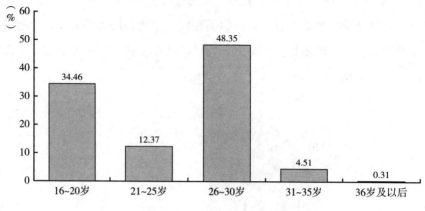

图 2　理想生育年龄

生育数量认可度不高，生育数量更倾向于 1~2 个，青年对于生育数量的选择更加理性，与传统生育观中的"多子多福"存在明显差异（见图 3）。

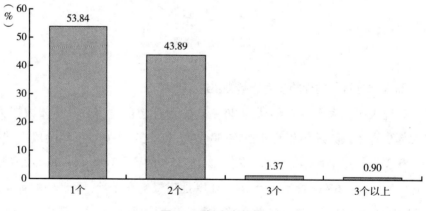

图 3　理想生育数量

4.大约半数青年存在男孩性别偏好

研究表明，大约半数青年存在男孩性别偏好。具体数据为：50.34% 的青年表示一定要生育一个男孩，仅比不需要一定生育男孩的青年高出 0.68%，比例相差较小。虽然青年群体在生育性别上更加包容，但仍然受到一些传统观念的影响（见图 4）。

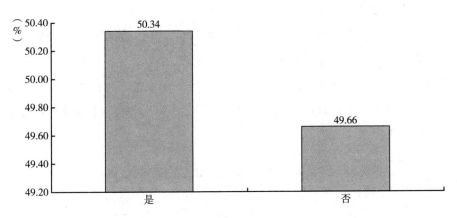

图4 男孩性别偏好

5. 青年生育动机不再以养儿防老为主

研究表明，青年生育动机不再以传统养儿防老为主，生育动机更加多元。生育动机排名前三的选项为"生育孩子是因为子女可爱""生育孩子是为了尽社会义务""生育孩子家庭才能幸福美满"，所占比例分别为57.69%、37.25%、35.75%。青年的生育动机不再是单一的"养儿防老"，青年在做出生育选择时考虑的因素更加多元，在个体、家庭、社会各个层次上都有考量（见表1）。

表1 青年对生育动机的看法

单位：%

看法	完全赞同	赞同	不太赞同	完全不赞同	说不清楚
养儿防老	7.99	23.95	40.86	12.45	14.75
延续香火	6.34	21.51	38.56	21.62	11.97
子女可爱	14.36	43.33	21.45	6.48	14.39
为人父母	7.74	27.23	36.85	13.74	14.44
社会义务	8.95	28.30	33.65	13.40	15.70
证明能力	5.13	10.60	44.59	27.06	12.62
幸福美满	10.40	25.35	34.16	16.85	13.24

6.大部分青年更加重视生育质量

研究表明,大部分青年更加重视生育质量。具体数据为:77.08%的青年赞同"要让子女接受最好的教育"观点;60.46%的青年不赞同"子女一定要比父母优秀"观点;86.82%的青年赞同"子女健康比优秀更重要"观点。青年更关注生育质量,希望子女能够接受更好的教育,有健康的体魄和更好的未来发展(见图5)。

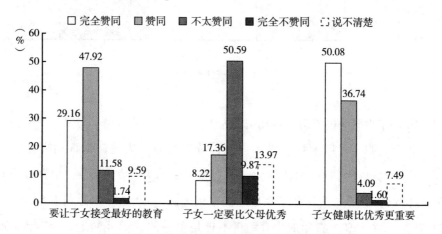

图5 对"子女健康比优秀更重要"观点的看法

(二)分年龄的青年生育观念与现状

1.各年龄段青年生育观念的共性特征

研究表明,各年龄段青年大部分认可26~30岁为理想生育年龄。具体数据为:各年龄段青年中认为理想生育年龄为26~30岁的比例分别为30.53%(16~20岁年龄段青年)、50.09%(21~25岁年龄段青年)、63.00%(26~30岁年龄段青年)、50.62%(31~35岁年龄段青年)、48.35%(36岁及以上年龄段青年)。26~30岁对于全年龄段青年而言,是认可度较高的理想生育年龄。

各年龄段青年大部分赞同"子女健康比优秀更重要""生育孩子是因为子女可爱"观点。具体数据为:16~20岁、21~25岁、26~30岁、31~35

岁、36岁及以上年龄段青年中赞同"子女健康比优秀更重要"观点的比例均高于80%，分别为83.27%、87.42%、89.24%、87.03%、86.82%；16~20岁、21~25岁、26~30岁、31~35岁、36岁及以上年龄段青年中赞同"生育孩子是因为子女可爱"观点的比例均高于55%，分别为55.20%、58.18%、59.03%、58.64%、57.69%。这反映了青年群体对生育质量的重视。

2.26~35岁年龄段的青年生育意愿更高

研究表明，26~35岁年龄段青年生育意愿更高。具体数据为：31~35岁年龄段青年愿意生育的比例最高，为82.72%，其次为26~30岁（80.82%）、21~25岁（66.86%）、36岁及以上（66.52%）、16~20岁（49.24%）。从年龄段看，26~35岁年龄段青年比其他年龄段青年在生育上意愿更强，21~35岁年龄段青年的生育意愿整体呈递增趋势，随着年龄增加，青年的生育意愿也增强。

26~35岁年龄段青年无明显男孩性别偏好。具体数据为：26~30岁、31~35岁年龄段青年认为"一定要生育一个男孩"的比例分别为36.14%、38.89%；而16~20岁、21~25岁、36岁及以上年龄段青年认为"一定要生育一个男孩"的比例分别为66.78%、49.91%、50.34%。

3.青年生育观念的年龄差异

研究表明，36岁及以上年龄段青年除外，年龄越大的青年生育多孩的意愿越高。具体数据为：61.87%的16~20岁年龄段青年意愿生育孩子数量为1个；各年龄段意愿生育2个孩子的比例分别为37.08%（16~20岁年龄段青年）、43.25%（21~25岁年龄段青年）、50.50%（26~30岁年龄段青年）、53.70%（31~35岁年龄段青年）、43.89%（36岁及以上年龄段青年）；各年龄段愿意生育3个孩子的比例分别为0.47%（16~20岁年龄段青年）、1.49%（21~25岁年龄段青年）、1.61%（26~30岁年龄段青年）、3.70%（31~35岁年龄段青年）、1.37%（36岁及以上年龄段青年）。年龄对青年生育观念有一定的影响，在36岁以内，年龄越大的青年在生育观念上更传统，更愿意生育多孩，这和该群体的经济水平、婚姻状况、家庭文化等有关。

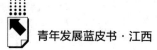

　　从整体上看，在 36 岁以内，年龄越大的青年越赞同"生育孩子是为了养儿防老""生育孩子是为了延续香火""生育孩子是为了满足为人父母的愿望""生育孩子是为了尽社会义务""生育孩子是为了证明自己有能力""生育孩子家庭才能幸福美满""让子女接受最好的教育""子女一定要比父母优秀"等观点。具体数据为：16～20 岁、21～25 岁、26～30 岁、31～35 岁、36 岁及以上年龄段青年中赞同"生育孩子是为了养儿防老"的比例分别为 27.49%、32.28%、33.16%、45.68%、31.94%；16～20 岁、21～25 岁、26～30 岁、31～35 岁、36 岁及以上年龄段青年中赞同"生育孩子是为了延续香火"的比例分别为 26.79%、27.22%、27.85%、40.12%、27.85%；16～20 岁、21～25 岁、26～30 岁、31～35 岁、36 岁及以上年龄段青年中赞同"生育孩子是为了满足为人父母的愿望"的比例分别为 31.23%、34.64%、37.13%、47.53%、34.97%；16～20 岁、21～25 岁、26～30 岁、31～35 岁、36 岁及以上年龄段青年中赞同"生育孩子是为了尽社会义务"的比例分别为 34.85%、37.39%、38.00%、44.44%、37.25%；16～20 岁、21～25 岁、26～30 岁、31～35 岁、36 岁及以上年龄段青年中赞同"生育孩子是为了证明自己有能力"观点的比例分别为 14.04%、15.51%、15.97%、25.93%、15.73%；16～20 岁、21～25 岁、26～30 岁、31～35 岁、36 岁及以上年龄段青年中赞同"生育孩子家庭才能幸福美满"观点的比例分别为 29.59%、34.29%、40.10%、62.34%、35.75%；16～20 岁、21～25 岁、26～30 岁、31～35 岁、36 岁及以上年龄段青年中赞同"让子女接受最好的教育"观点的比例分别为 73.80%、76.79%、80.57%、80.25%、77.08%；16～20 岁、21～25 岁、26～30 岁、31～35 岁、36 岁及以上年龄段青年中赞同"子女一定要比父母优秀"观点的比例分别为 23.62%、24.98%、26.86%、35.80%、25.58%。

　　不同年龄段的青年对生育动机的认可度在一定程度上能反映出该青年群体的生育观念。对于"养儿防老""延续香火""为人父母""社会义务""自证能力""家庭幸福"等观点，认可度越高的群体在生育观念上相对而言更为传统。"让子女接受最好的教育""子女一定要比父母优秀"等观点，反映的是人们对于生育质量的期待，大部分青年重视生育质量，注重对子女综合素质的培养，重视对子女的教育投入。

（三）分性别的青年生育观念与现状

1. 男女青年生育观念的共性特征

研究表明，多数男女青年都赞同"生育孩子是因为子女可爱""要让子女接受最好的教育""子女健康比优秀更重要"的观点。具体数据为：赞同"生育孩子是因为子女可爱"观点的男女青年比例均超过55%，其中男青年为55.90%、女青年为59.03%；赞同"要让子女接受最好的教育"观点的男女青年比例均超过75%，其中男青年为75.37%、女青年为78.38%；赞同"子女健康比优秀更重要"观点的男女青年比例均超过80%，其中男青年为84.04%、女青年为88.92%。男女青年在生育动机和生育质量期待上有一定的共性，大部分都认可优生优育观点、注重生育养育质量。

2. 青年生育观念的性别差异

研究表明，男青年的生育意愿强于女青年，且多孩生育意愿也强于女青年。具体数据为：78.05%的男青年有生育意愿，女青年生育意愿为42.59%；61.60%的女青年意愿生育1个孩子，比男青年高18.02个百分点；52.12%的男青年意愿生育2个孩子，比女青年高14.45个百分点；2.48%的男青年意愿生育3个孩子，比女青年高1.94个百分点。

男青年的理想生育年龄晚于女青年，男孩性别偏好也低于女青年。具体数据如下：理想生育年龄为26~30岁的男青年的比例为54.85%，比女青年高11.42%；理想生育年龄为16~20岁的女青年比例为42.59%，比男青年高18.88%；53.82%的女青年认为"一定要有一个男孩"，45.73%的男青年认为"一定要有一个男孩"，该比例女青年比男青年高8.09个百分点。

研究表明，男青年比女青年更赞同"生育孩子是为了养儿防老""生育孩子是为了延续香火""生育孩子是为了满足为人父母的愿望""生育孩子是为了尽社会义务""生育孩子是为了证明自己有能力""生育孩子家庭才能幸福美满""子女一定要比父母优秀"等观点。具体数据为：44.04%的男青年和 25.07%的女青年赞同"生育孩子是为了养儿防老"观点，该比例男青年比女青年高 18.97 个百分点；44.05%的男青年和 15.61%的女青年赞同"生育孩子是为了延续香火"观点，该比例男青年比女青年高 28.44 个百分点；41.76%的男青年和 29.83%的女青年赞同"生育孩子是为了满足为人父母的愿望"观点，该比例男青年比女青年高 11.93 个百分点；48.79%的男青年和 28.51%的女青年赞同"生育孩子是为了尽社会义务"观点，该比例男青年比女青年高 20.28 个百分点；24.24%的男青年和 9.30%的女青年赞同"生育孩子是为了证明自己有能力"观点，该比例男青年比女青年高 14.94 个百分点；48.79%的男青年和 28.51%的女青年赞同"生育孩子家庭才能幸福美满"观点，该比例男青年比女青年高 20.28 个百分点；31.60%的男青年和 21.02%的女青年赞同"子女一定要比父母优秀"观点，该比例男青年比女青年高 10.58 个百分点。从性别看，男青年在生育动机、生育质量期待上都相对较为传统。

（四）分城乡户籍的青年生育观念与现状

1. 城乡户籍青年在生育观念上的共性特征

研究表明，城乡户籍青年的理想生育年龄差异不明显，都更倾向于 26~30 岁为理想生育年龄。具体数据为：农村户籍青年认为理想生育年龄为 16~20 岁、21~25 岁、26~30 岁、31~35 岁、36 岁及以后的比例分别为 33.39%、13.59%、48.81%、4.12%、0.09%；城镇居民户籍青年认为理想生育年龄为 16~20 岁、21~25 岁、26~30 岁、31~35 岁、36 岁及以后的比例分别为 36.16%、10.43%、47.61%、5.14%、0.65%。

大约半数城乡户籍青年存在男孩性别偏好。具体数据为：50.55%的农村户籍青年和 50.00%的城镇居民户籍青年认为"一定要生育一个男孩"，两类群体的比例相差不大。城乡户籍青年在生育性别偏好上都希望能生育一个男孩，这和中国传统家庭文化中的传宗接代观念有密切联系。

城乡户籍青年中有大半比例赞同"生育孩子是因为子女可爱""子女健康比优秀更重要"观点。具体数据为：城乡户籍青年赞同"生育孩子是因为子女可爱"观点的比例均超过55%,其中农村户籍青年为58.47%、城镇居民户籍青年为56.45%;城乡户籍青年赞同"子女健康比优秀更重要"观点的比例均超过85%,其中农村户籍青年为85.68%、城镇居民户籍青年为88.62%。

2. 青年生育观念的城乡差异

研究表明,农村户籍青年的生育意愿高于城镇居民户籍青年,且多孩生育意愿也高于城镇居民户籍青年。具体数据为:67.52%的农村户籍青年有生育意愿,比城镇居民户籍青年的生育意愿高2.59个百分点,城镇居民户籍青年生育意愿为64.93%;46.07%的农村户籍青年有意愿生育二孩,比城镇居民户籍青年高5.64个百分点;57.17%的城镇居民户籍青年有意愿生育一孩,比农村户籍青年高5.43个百分点。农村户籍青年在生育观念上相对传统,他们更愿意生育子女,多孩生育意愿也比城镇居民户籍青年高,城镇居民户籍青年生育意愿相对较弱。

农村户籍青年更赞同"生育孩子是为了养儿防老""生育孩子是为了延续香火""生育孩子是为了满足为人父母的愿望""生育孩子是为了尽社会义务""生育孩子是为了证明自己有能力""生育孩子家庭才能幸福美满""子女一定要比父母优秀"等观点。具体数据为:32.48%的农村户籍青年和31.08%的城镇居民户籍青年赞同"生育孩子是为了养儿防老"观点,该比例农村户籍青年比城镇居民户籍青年高1.40个百分点;29.14%的农村户籍青年和25.80%的城镇居民户籍青年赞同"生育孩子是为了延续香火"观点,该比例农村户籍青年比城镇居民户籍青年高3.34个百分点;36.01%的农村户籍青年和33.33%的城镇居民户籍青年赞同"生育孩子是为了满足为人父母的愿望"观点,该比例农村户籍青年比城镇居民户籍青年高2.68个百分点;38.28%的农村户籍青年和35.58%的城镇居民户籍青年赞同"生育孩子是为了尽社会义务"观点,该比例农村户籍青年比城镇居民户籍青年高2.70个百分点;16.65%的农村户籍青年和14.28%的城镇居民户籍青年赞同"生育孩子是为了证明自己有能力"观点,该比例农村户籍青年比城镇居民户籍青年高2.37个百分点;38.15%的农村户籍青年和31.95%的城镇居民户籍青年赞同"生育孩子家庭才能幸福美满"观点,该比例农村户籍青年比城镇居民户籍青年高 6.20 个百分点;从城乡看,农村户籍青年在生育观念上相对更为传统,家庭传承观念更强、生育孩子的工具性期望更强。

城镇居民户籍青年比农村户籍青年更赞同"让子女接受最好的教育"的观点。具体数据为:75.25%的农村户籍青年和 80.00%的城镇居民户籍青年赞同"让子女接受最好的教育"观点,该比例农村户籍青年比城镇居民户籍青年低 4.75 个百分点。城镇居民户籍青年相对来说经济条件较好、受教育程度较高,对子女教育的重视度较高,更愿意在子女教育上投入。

三 江西青年生育观念的新特点与新问题

(一)青年生育意愿需要刺激,生育时间倾向推迟

通过问卷调查和访谈调查发现,受访青年的生育意愿不强,仅六成青年有生育意愿,呈现以下三个特征:一是趋向晚婚晚育,26~35 岁年龄段青年为生育主体。在法定结婚年龄确定的情况下,越来越多的青年在生育年龄选择上愈发理性,将生育年龄段延后至 26~35 岁。不同于传统的早婚早育,现代青年在面对生育时考虑的因素更多,访谈中部分青年反映:"现在结婚都很难,生育更难,要有钱还要有时间去养育孩子,压力太大了。"考虑到结婚成本、家庭生活压力、社会保障等多方面情况,大部分青年有着晚婚晚育的观念,选择推迟生育时间,等奠定好生育孩子的物质基础后再决定婚育,这也在一定程度上导致了婚育时间的延后。二是面临多重压力,女青年生育意愿低于男青年。女性作为生育的重要主体,其生育意愿在很大程度上直接影响生育率。随着社会经济发展、国民教育水平提高、男女平等观念普及,女性受教育程度和社会尊重度得到提升,女青年的社会经济地位得到了很大的提高。在面对生育时,大部分女性除了要承受生育带来的生理压力

外，还要面对平衡生育与职业这两者的重大挑战①，访谈中部分女青年反映："在企业里一旦决定怀孕生子，就很可能被其他员工替代了，不是我不愿意生，而是现实情况对女性压力太大了。"因此部分女青年可能倾向于少生或者不生，来维持或保持在劳动力市场上的经济效益。三是受传统生育文化影响，农村户籍青年生育意愿高于城镇户籍青年。虽然社会经济发展，市场带动了大量农村人口致富发展，新式开放思想也不断进入农村，但传统生育文化在农村的影响仍广泛存在，"养儿防老""传宗接代""无后为大"仍是部分农村户籍青年的生育动机。访谈中部分农村户籍青年反映："我肯定要生孩子的呀，家里老人都等着抱孙子，早点抱上孙子在村里有面子。"农村户籍青年相对于城镇户籍青年，生育意愿更强，他们的生育选择不可避免地受到传统生育观念的影响，更倾向于多生育子女。

（二）青年多孩生育意愿不强，男孩偏好依然存在

通过问卷调查和访谈调查可知，青年的多孩生育意愿不强，存在一定的生育性别偏好，呈现以下特征：一是生育数量期待上趋向保守，群体内部存在一定的年龄差异。传统生育观念崇尚"多子多福"，主要是基于传统社会的继嗣需求、面子需求、劳动力需求及养老需求等②。随着社会发展，特别是随着经济发展、教育水平提高，青年的生育价值观念产生变化，理想生育数量也发生变化。本次调查发现，青年的理想生育数量为 1~2 个，较少比例的青年选择生育三孩及以上，有部分受访者反映："生一个孩子就需要花费很多心力了，现在社会压力这么大，再多生几个孩子，扛不住。"不同年龄的青年理想生育数量存在明显差异，如 36 岁以内年龄越大的青年多孩生育的意愿越高，男青年的多孩生育意愿高于女性，农村户籍青年的多孩生育意愿高于城镇户籍青年等。理想生育数量和家庭生育观念、家庭经济水平、

---

① 庄亚儿、姜玉、李伯华：《全面两孩政策背景下中国妇女生育意愿及其影响因素——基于2017 年全国生育状况抽样调查》，《人口研究》2021 年第 1 期。
② 杨菊华：《生育政策包容性：理论基础、基本意涵与行动策略》，《华中科技大学学报》（社会科学版）2021 年第 3 期。

家庭结构等因素密切相关，青年在理想生育数量的选择上会更加注重现实因素的考量，而不是一味追求子女数量。二是性别平等观念增强，但生育仍有性别偏好。传统观念中的"重男轻女"，在社会发展进步过程中有了明显的改变，"生男生女都一样"的生育观念广泛传播，接受了更多教育的当代青年重男轻女的传统观念进一步弱化，但这在不同的青年群体中仍存在差异，如年龄较大青年、女青年、农村户籍青年的生男性别偏好明显较高。研究显示，年龄、性别、户籍、受教育程度、经济水平等对性别偏好有明显影响。有部分受访者反映："我也很喜欢女孩子，很乖巧可爱，但是我还是要生个男孩，为家里传宗接代。"可见，虽然越来越多的青年接受了"生男生女都好"等更加包容平等的生育观念，而不是一味追求生育男孩，但不可否认的是，性别偏好在部分青年中仍然存在，"传宗接代"等传统观念的影响深远①。

（三）青年生育动机更加多元，正向引导压力较大

问卷调查和个别访谈结果显示，青年生育动机出现了更加多元的趋势，呈现以下特征：一是青年生育动机构成愈发多元。现代生育观念与传统生育文化相互交叠和碰撞，使得当下青年的生育动机变得更加错综复杂，不仅"传宗接代、养儿防老"的传统动机仍然存在，"生育孩子是为了满足为人父母的愿望""生育孩子是因为子女可爱""生育孩子是为了尽社会义务""生育孩子是为了证明自己有能力""生育孩子家庭才能幸福美满"等多元选择也为青年广泛接受。同时，不同性别、年龄、户籍、受教育程度、经济水平的青年生育动机也存在明显差异，如年龄较大青年、农村户籍青年、男青年生育动机更倾向于保守，认可养儿防老、延续香火等观念。有部分受访者反映："我们决定生孩子是希望老了有个依仗，养儿防老嘛，有个儿子还是会有底气些。"也有部分受访者反映："生育孩子是给国家减轻负担，人口多了，国家的建设和发展才有人来做，才有力量来源。"青年对于生育的

① 何兴邦、王学义、周葵：《养儿防老观念和农村青年生育意愿——基于 CGSS（2013）的经验证据》，《西北人口》2017 年第 2 期。

动机愈发多元，从多个角度来理解生育行为，最终选择是否生育。二是青年个体主义生育动机凸显。不同于传统的为了责任、传承等集体共同利益，强调爱、喜欢、自我满足等个人情感满足的个体主义生育动机逐步凸显。有部分受访者反映："生孩子肯定是自己的事情，我喜欢小孩，小孩能给我带来快乐，我就愿意生孩子。"低生育率给社会发展带了压力与挑战，各地为了刺激生育出台了相应的激励政策，比如住房、租房补贴，生育津贴、产检项目补贴等，来进一步鼓励生育，特别是在"三孩"政策出台后。在媒体日益密集的生育鼓励相关新闻的宣传下，形成了"人口是大事""为国生娃"的社会氛围，越来越多的人认识到了生育率下降带来的紧迫感和现实压力，也明白积极生育的重要现实意义，"生娃不仅仅关系一个家庭"，在一定程度上将个人生育与社会发展紧密联系在一起，但是也存在产生舆论偏差的风险，部分民众会认为"生育的直接受益者是国家"，从而导致生育的主体责任出现偏移。在生育动机日趋个体化的时代，强调个人情感满足的个体主义生育动机在生育实践中发挥着更重要的作用，可以在一定程度上避免把养育责任更多地转移给国家，更加凸显与强调家庭在生育养育中的主体作用。

（四）青年愈发重视生育质量，优生优育得到认可

通过问卷调查和访谈可知，青年愈发重视生育质量，认可优生优育的观念，呈现以下特征：一是青年对子女的教育投入预期较高。随着时代的进步与发展，人们对传统生育价值的认同程度逐渐降低，影响生育观发展的政策强制力减弱，经济压力、机会成本和教养资源的约束力相对较强。青年人口占比的缩小所形成的结构性变化，与经济社会发展所创造的机遇耦合在一起，提升了青年人口的受教育程度。大部分的青年通过教育受益，也希望自己的子女能够通过接受更好的教育成为一个适应社会需要的人才。青年良好的经济条件和受教育程度，使得他们注重也能够对孩子进行较大的投资，注重对子女综合素质的培养，从而保证孩子的教育质量[1]。其中，年龄较大、

---

[1] 刘娜、李小瑛、颜璐：《中国家庭育儿成本——基于等价尺度福利比较的测度》，《人口与经济》2021 年第 1 期。

城镇居民户籍的青年，更愿意在子女教育上投入，他们在生育质量上的认知更为成熟。部分受访者反映："教育投资是最有价值的，我会尽自己的能力去给孩子最好的受教育环境，让他成为一个优秀的人。"二是青年对子女的成长发展有更高的期待。青年群体普遍重视优生优育，在子女的发展规划上思路较为清晰，他们重视子女的全面发展，希望子女成为优秀的人才。但其中部分青年对子女的期待过高，如年龄较大青年、男青年、农村户籍青年表示"子女一定要比父母优秀"，从而导致对子女有过于严苛的成长要求与发展期待。令人欣慰的是大部分青年都认可"子女健康比优秀更重要"，重视子女的身心健康，对子女的成长发展有比较理性的认知。部分受访者反映："我希望我的孩子能成为一个德智体美全面发展的人，我希望他能有美好的广大前程。"青年群体在生育问题上有了更深刻的认知，以及从更长远的角度考虑生育问题，从人口发展角度看，这有利于提高未来人口的发展质量。

四 提振青年生育水平的政策性建议

（一）完善顶层设计，构建青年生育支持政策体系

构建生育支持政策体系是提振青年生育水平的有效措施。遵循长短结合、精准治理、综合施策的政策逻辑，针对当代青年的群体特征与生育观念的变化，围绕住房、教育、医疗等关键领域减轻青年生育压力，通过短期措施与长期政策相结合逐步破解青年"不敢生""不能生""不想生"的问题。一是在生育激励上，为已婚青年家庭制定更完善的激励机制，如健全生育津贴制度、对二孩家庭的生育补贴制度、部分税种减免、特定公共资源使用的绿色通道等；二是在医疗保障上，强化生育保险对参保女职工生育医疗费用、生育津贴待遇等的保障作用，探索参加职工基本医疗保险的灵活就业青年同步参加生育保险，未就业女青年通过参加城乡居民基本医疗保险享受生育医疗待遇，为领取失业保险金的女青年缴纳基本医疗保险费，保障其生育权益；三是在医疗服务上，推进孕产检费用减免，加强对青年生育障碍人

群的医疗政策支持，提高乡镇卫生院、社区卫生服务中心专业从事儿童保健和基本医疗服务的医生配备水平，持续优化生殖健康与妇幼保健服务供给，推进妇幼保健体系向基层延伸，做好生殖健康宣传教育，强化对育龄青年生育力的保护；四是在户籍政策上，逐步缩小户籍人口与流动人口之间的社会资源分配差距，给流动青年生育人口提供属地生活的基本条件，提高青年流动人口的社会待遇，保障社会公平；五是在住房保障上，建立有利于生育的住房保障制度，加大多子女青年家庭保障性住房供给，进一步研究根据养育未成年子女负担情况实施差异化租赁和购买房屋的优惠政策，加快发展保障性租赁住房，促进解决青年育龄群体住房困难；六是在生育假期制度上，严格落实产假和育儿假制度，保障青年职工生育权益，保护青年生育职工健康，帮助生育和养育过程中的青年职工平衡工作和家庭关系，有条件的行业或单位，可以推行有利于照护婴幼儿的弹性工作制度。

（二）优化生育服务，降低青年生育成本

优化生育服务，为青年生育提供重要支持。经济压力、养育教育压力在很大程度上影响青年的生育意愿，特别是中低收入群体，高成本、重压力对生育意愿产生了极大的负面影响。为青年群体提供优质、丰富、公平的生育服务资源，是激励生育的现实客观需求。一是在供给类型上，为青年提供充足的0~3岁早期教育、幼儿园教育、义务教育等教育服务资源，减轻青年生育或再生育家庭的入园入校压力。要满足青年群体的差异化需求，特别是针对"双职工"青年，要丰富和完善托管服务资源的供给，让"双职工"家庭能在工作与家庭对接过程中得到一定的平衡，解决"双职工"家庭的"后顾之忧"。二是在供给数量上，要鼓励社会各方一起为青年群体提供丰富的生育支持服务，帮助家里没有老人、保姆照护孩子的家庭解决照护难题。鼓励整合社会闲置资源，依托基层力量，通过家长课程、入户早教指导等多种方式来帮助青年家长提高自身的育儿能力，更好地养育孩子。三是在供给质量上，加强对托育机构、早教机构的监管治理，保障生育服务的安全、科学、专业，从而保障婴幼儿的健康成长，为青年群体减轻婴幼儿照护

压力。对中低收入的青年，需要加大公共服务供给力度，降低育龄人口的生育和教养成本，特别是要提供优质而公平的教育和医疗资源，让青年育儿家庭放下包袱，获得生育幸福体验。

（三）提供成长护航，支持青年成长成才成家立业

支持青年成长成才是帮助青年筑巢生育的重要基石。人口发展的关键在于青年，"青年一代有理想、有本领、有担当，国家就有前途，民族就有希望"，青年的生存方式决定未来社会的人口发展状况。社会各界要帮助青年尽快成长、成熟、成才，要积极为青年的成长成才成功提供更好的空间、平台、环境、条件，充分保障青年的受教育权、生命权、劳动权、居住权等权益。一是做实青年思想政治工作，不断提升青年思想政治工作质量和水平，帮助青年早立志、立大志，在思想上为新时代青年发展指明前进道路，对于青年成家立业有着重要的引领作用；二是要完善青年人才发现培养、评价使用、流动配置、激励保障机制，营造引才、留才、用才、聚才的城市氛围。发挥各类技术平台、创业孵化园区、创新创业赛事、协会等载体的人才凝聚和资源对接作用，让更多的青年成为人才，也为更多的青年人才提供发展平台，从根本上夯实青年成家立业的基础；三是深化"放管服"改革，健全与新兴产业相适应的包容审慎监管方式，打造近悦远来的青年创业营商环境，要落实劳动法律法规，消除就业中的性别歧视，减少性别歧视给青年生育带来的压力、障碍和不公正对待；四是推动解决青年"急难愁盼"的问题，更好地发挥青年的创新创造潜能，多方拓展青年就业渠道，完善市场化就业政策措施，努力创造更多适合青年的工作岗位。加强青年就业指导，想方设法为青年提供岗位锻炼、技能提升、激发创新潜力的机会，创造便利条件，增加岗位推送；五是重视青年情感教育指导，针对青年婚恋中遇到的困惑，用人单位要发挥心理咨询师、婚恋咨询等专业人员作用，做好"引导员"，结合青年特点对其恋爱交友过程、婚姻家庭生活的心理和行为进行指导，帮助青年解决实际问题；六是加强青年婚恋服务平台建设，针对青年人交友难，相关部门、群团组织要做好"服务员"，通过组织单身青年参加文

体娱乐、兴趣培养、技能提升、社会服务等健康向上的集体活动，拓展青年社会交往的广度和深度，优化青年的情感体验。

（四）规范就业市场，保障母亲权益和女性职业权益

构建生育友好的就业环境，为青年生育提供重要保障。育龄妇女是重要的生育主体，女性的生育行为是社会行为，这种行为有利于国家、有利于民族。政府应当保障女性生育期间的合法权益，减轻生育主体的生活经济压力和生育成本。一是认真落实支持生育女性就业的政策。保障女性职场权益，切实减轻雇佣女工企业面临的各种困难和问题，督促用人单位依法依规落实对孕产期、哺乳期女职工工作时间、工资待遇、劳动强度等方面的特殊劳动保护。在税收方面给予优惠或者对雇佣女性职工较多的企业给予一定的补贴，而对于不愿意雇佣女工的企业或者雇佣女性比例很低的企业征收女性就业保证金。支持女性在生育后顺利重返工作岗位，对生育后想重返劳动力市场的女性应提供免费的职业技能培训，帮助她们更快更好地重新适应职场角色。二是鼓励用人单位关爱育龄女职工。女职工比较多的用人单位应当建立孕妇休息室、哺乳室，配备必要的母婴服务设施，更好地满足孕产期、哺乳期女职工的需求。用人单位可结合生产和工作实际，通过与职工协商，采取弹性上下班、居家办公等工作方式，为有接送子女上下学、照顾生病或居家子女等需求的职工提供工作便利，帮助职工解决育儿困难。三是女性要重视自身能力建设。在当前的社会环境下，女性既是重要的人力资源，也是生育的主体力量，往往容易因为生育而在职场中受到不同程度的性别歧视。女性要重视自身的能力提升和成长发展，做好职业规划，提升自身素质。我们强调男女平等，要保障女性平等就业权，但如果女性不提高自己的专业素质，就很难实现男女平等就业。女性应当自立自强，不断提升自己的职业素养，要珍视自己的权利，了解并学习目前我国出台的有关女性就业的法律法规，并在遭受到就业歧视的时候懂得并敢于利用有关法律规定来维护自己的合法权利。自身能力提升可以从根本上帮助职业女性提高地位、赢得尊重，在家庭与工作中获得双赢。

（五）加强宣传引导，营造鼓励青年生育的友好氛围

加强生育宣传引导，为青年生育营造良好社会氛围。要重视作为生育主体的青年群体的权益与意志，生育观的教育和宣传应当挖掘传统生育文化中积极合理的因素，从个体和家庭立场出发强调生育带给育龄人口的幸福感，强调生育对于育龄人口及其家庭的意义。一是要旗帜鲜明地提出适当提升生育水平的政策目标，政府部门要加强生育激励相关政策的宣讲，从官方层面提高青年的政策认识，专家学者要通过各类渠道积极进行生育激励相关政策的解读宣传，帮助青年更好地理解积极生育对社会发展的重要性，也帮助青年更好地理解和运用相关政策福利，让好的政策真真实实地"走进千万家"，让青年感受到政府落实新生育政策的决心与力度。二是加强文化引领和社会宣传，要尊重青年的个人情感和价值追求，包容和理解青年群体的个性化生育动机，个人发展和个人的社会价值实现都是构成社会积极意义的重要部分，要充分肯定和尊重。要广泛倡导与鼓励生育导向相适应的人口观、婚恋观、生育观、家庭观，对于过度渲染恐婚恐孕等情绪的舆论要及时引导，要积极营造一个"生育友好"的社会氛围和舆论氛围。三是深入挖掘和阐发中华优秀家庭文化和生育文化的时代价值，家庭本质上是传承、是文化沉淀的历史延续，要把中国优秀家庭文化提炼出来，更好地帮助小家庭的发展，同时也更好地传承民族的文化和历史的价值，做好中国优秀家庭文化的新时代表达，让传统生育文化和现代社会相适应、相促进、相协调。四是推进婚俗改革和移风易俗，破除婚嫁大操大办、高价彩礼等陈规陋习，鼓励男性发挥家庭育儿作用，倡导和鼓励男性承担更多家务和抚育子女的责任，积极鼓励广大青年讲好新时代的美好爱情、和谐家庭、幸福生活的中国故事。

B.5
江西青年家庭教育研究报告

戴彩云 夏 燕 廖雪霏*

摘 要: 改革开放以来,江西青年家庭教育观念大致经历了"审视与变革""整合与发展"等重要转变。调查发现,当前江西青年家庭教育观念整体走向科学化,但仍有较大的优化空间。家长对于儿童的信任仍需提高、家长对某些家庭教育问题的看法仍需调整、不同家庭之间的教育质量差距较大、父亲在家庭教育中发挥的作用不明显等问题仍存在。新时代,进一步提升江西青年家庭教育观念,应坚守家庭教育使命,进一步落实家庭教育法;推动家长和孩子共同成长,建立"学习型家庭"新模式;构建"学校-家庭-社会"协同育人机制;筹建家庭教育资源共享平台。

关键词: 青年 家庭教育 观念 江西

家庭是人生的第一所学校,家庭教育奠定人生成长的根基。习近平总书记曾多次强调,无论时代如何变化,我们都要重视家庭建设,注重家庭家教、家风。党的二十大报告中也提到,要"加强家庭家教家风建设,加强和改进未成年人思想道德建设"。家国命运相连,中国梦就是家国梦。作为国家未来发展的主力军,青年群体的家庭教育观念及其现状,非常值得关注。

---

* 戴彩云,江西青年职业学院党委委员,教授,主要研究方向为思想政治教育;夏燕,教育学硕士,江西青年职业学院讲师,主要研究方向为儿童教育与发展;廖雪霏,江西青年职业学院副教授,主要研究方向为儿童青少年心理发展与教育。

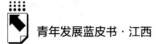

本研究通过对江西省青年家庭教育观念与行为的调研，了解掌握江西青年家庭教育观念与现状，考察分析家庭教育中存在的主要问题及其原因，并提出相关政策建议，旨在推进家庭教育并创造美好生活。

一 改革开放以来江西青年家庭教育观念的变迁进程

改革开放以来，随着我国政治、经济、文化等领域的发展与转型，家庭教育在社会变迁的大背景下，也发生了深刻的变化。江西教育事业快速发展，教育普及水平和教育内涵建设取得突破，青年家庭教育观念经历了重要转变。

（一）审视与变革：改革开放春风吹进家庭教育领域

改革开放以来，我国社会由传统社会向现代社会转变，随着社会生产力的发展、科学技术的革新，人们的生活方式发生了巨大的变化。同时，随着国门的打开，国外的文化思潮大量涌入，人们的思想观念也发生了变化。在内外交互影响下，中国传统的家庭结构和教育观念也面临巨大的冲击。在热烈推动社会主义现代化建设的进程中，在教育事业迎来新发展的局面下，重视和研究家庭教育的热潮随之涌动起来，人们开始重新审视"家庭"和"家庭教育"，家庭教育观念也在不断变革与发展中。

1.家庭的教育功能不断强化

改革开放以来，经济的变革和社会的发展，使得家庭功能发生了重大变化。例如，家庭的生育功能逐步减弱，特别是20世纪70年代末，随着计划生育政策的推行，家庭的生育功能不断削弱。而家庭教育功能不断分化与强化，随着家庭的核心化、家庭关系的单一化，父母对子女的关注增多，家庭教育的投入不断加大。

2.家庭观念更加注重"人本位"

改革开放以来，我国传统文化与外来文化以及本土新文化发生碰撞、交流，人们的思想观念和心理状态发生了许多新的变化。在文化的转型与观念的更新中，人们的家庭观念也发生了急剧的变化，家庭观念逐渐由"家本位"向"人本位"转移。随之，择偶观、生育观、性观念、离婚观、亲子观、教育观都发生了变化。有研究表明，和过去相比，现代父母的子女教育观念已经发生了明显的变化（见表1）。

表1　传统与现代父母的教育观比较

传统的父母	新一代的父母
信念：	信念：
以子女为中心，愿意为子女牺牲	父母自我本位，不打算为子女牺牲
希望子女杰出	不处罚子女
喜欢干涉，替孩子作决定	放任的态度，孩子能自作主张
尊重权威	怀疑权威
不许纵容	纵容
男孩女孩不同的教养	男孩女孩同样的教养
相信旧式养育方法最好	子女对父母无未来责任
养育子女是很重要的价值	养育子女是选择，非社会责任

3. 家庭教育问题与发展机遇同在

改革开放以后，江西大部分农村家庭主要收入靠外出务工，青壮年到浙江、广东、上海等沿海发达地区务工，由此就出现了一大批留守儿童。在江西，基于历史的缘故，绝大多数老人是文盲或者半文盲，隔代教育往往力不从心。

困惑与机遇并存，问题与发展机遇同在。家庭教育过程中出现的各种问题亟待解决，家庭教育的重要性越发凸显。首先，国家全面介入儿童教育。1986年，颁布实施了《中华人民共和国义务教育法》，规定家庭（父母）有保障适龄儿童、青少年接受义务教育的权利和义务。1991年，颁布实施了《未成年人保护法》，明确指出父母或监护人应当以健康的思想、品行和适当的方法教育未成年人。此外，为满足家庭教育研究的需要，从全国到地方相继成立了家庭教育研究会。1989年，全国妇联牵头成立了中国家庭教育学会，以开展家庭教育相关问题及政策研究。江西省家庭教育研究会于

1985 年成立（2019 年更名为江西省家庭教育学会）。对于家庭教育问题的探讨与研究，进一步引发了社会对家庭教育的重视。

（二）整合与发展：重视家庭教育日益成为共识

家庭教育观念和时代发展息息相关，不仅受到家庭相关因素的影响，更受到时代背景、社会环境的影响。进入 90 年代后，我国改革开放进程不断深入，社会变迁加速，随着家庭教育理论与实践的发展，人们的家庭教育观念发生了新的变化，有了明显的改善。总体而言，现代家庭教育的内涵更加丰富，家庭教育的观念也更加积极，重视家庭教育日益成为社会共识。

1.家庭教育政策逐步法制化

1992 年，《九十年代中国儿童发展规划纲要》颁布，其中明确指出，"建立起学校（托幼园所）教育、社会教育、家庭教育相结合的育人机制，创造有利于儿童身心健康、和谐发展的社会和家庭环境"。2001 年颁布的《中国儿童发展纲要（2001—2010 年）》，继续指出并深化了家庭教育育人的要求。2010 年，全国妇联联合其他部门颁布《全国家庭教育指导大纲》，按照年龄阶段提出了有针对性的家庭教育指导内容，同时对特殊儿童、特殊家庭以及灾害背景下的家庭等提出了教育指导的任务和方法。2015 年，《教育部关于加强家庭教育工作的指导意见》颁布，系统阐释了家庭教育的意义，并进一步明确了家长在家庭教育中的主体责任。2021 年 10 月，全国人大常委会表决并通过了《中华人民共和国家庭教育促进法》，于 2022 年 1 月 1 日起正式实施。家庭教育政策的相继出台，目的在于解决未成年人健康成长过程中的"问题"，这代表了决策层面的政治关注，也代表了社会民众对未成年人的关注和期待。

2018 年 12 月，《江西省家庭教育促进条例》正式实施，从而填补了江西省家庭教育法律法规空白。条例中明确指出，父母或者其他监护人应当学习家庭教育知识，树立正确的家庭教育观念，掌握科学的家庭教育方法。

2. 现代与传统家庭教育观念冲突与融合

我国社会转型与发展的特点，决定了我国现代家庭教育观念，无法完全割舍传统观念的影响，现代家庭教育观念总是在与传统家庭观念的冲突与融合中不断整合、发展、创新。这种冲突与融合表现在：在儿童观上，"自主型"与"依附型"的冲突与融合，一方面承认儿童拥有个体的权利与地位，另一方面又总是试图支配子女；在教育观上，一方面肯定儿童的发展离不开教育的作用，相信"养不教父之过"，另一方面又抱有"树大自然直"的思想；在人才观上，一方面非常重视"成人"教育，另一方面又十分注重"成才"教育，强调"知识教育重于一切"；在亲子观上，一方面希望将孩子培养成为国家栋梁、社会有用之人才，另一方面又抱有"养儿防老"的思想，把孩子看成家庭将来的保障。① 由此可见，现代家庭教育观念的演变，经历了一个复杂矛盾的过程。当然，也正是在这种矛盾的冲突与融合中，现代家庭教育观念不断发展与更新。

3. 科学的儿童教育观正在逐步形成

现代的家庭教育内涵更加开放，家庭教育发展成为关乎全社会的事情，更加强调家庭成员之间的相互影响，更加注重家庭成员的身心健康、全面发展，终身教育成为一种必然趋势。我国现代的家庭教育观念体现出更加明显的时代进步性和积极性，科学的儿童观、发展观和教育观正在逐步形成。例如，有调查表明：83%的家长认为应根据孩子的兴趣和个性对孩子进行教育，77.5%的家长认为幼儿家庭教育的内容应以品德教育为主。②

当然，除了这些积极倾向之外，现代家庭教育观念尚未完善，不同群体对于家庭教育的认识和看法依然有不同之处，甚至对于个别问题的看法存在明显偏差。例如，许多家长存在不同程度的养育焦虑，过于关注孩子文化学习，忽视家庭家风教育，对孩子身心健康、德体发展关注较少，存在重智轻

---

① 孟育群主编《中小学生亲子关系与家庭德育研究》，教育科学出版社，2004，第61~63页。
② 刘秀丽、刘航：《幼儿家长家庭教育观念：现状及问题》，《东北师大学报》（哲学社会科学版）2009年等5期。

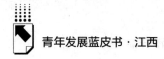

德的倾向。① 因此，江西青年的家庭教育观念依然在不断发展中，科学的家庭教育观念的建立仍需大家的共同努力。

二　江西青年家庭教育观念现状及其特征

2018 年 12 月 1 日，江西省正式开始实施《江西省家庭教育促进条例》，进一步调动了各方面的积极性，各项普及家庭教育的活动热烈开展起来。条例实施几年来，对青年的家庭教育观念的积极发展，对提升家庭教育水平、促进未成年人健康成长，都起到了重要的积极作用。

为全面掌握江西青年家庭教育观念基本情况，本课题组于 2022 年 9~12 月，采用随机抽样的调查方法，以江西省 11 个地市 22 个区县作为调查点，对 18~35 岁青年开展了问卷调查。此次调查共发放问卷 2159 份，收回有效问卷 2051 份，有效问卷回收率为 95%。在全部调查对象中，父亲占比 26.63%，母亲占比 68.6%，无孩人员占比 3.15%；独生子女家庭占比 28.58%，非独生子女家庭占比 71.42；年收入 5 万元以下家庭占比 31.36%，年收入 5 万~10 万元家庭占比 38.95%，年收入 10 万~20 万元家庭占比 22.93%，年收入 20 万元以上家庭占比 6.76%。

根据我国学者陈帼眉教授的观点，我们从家长的人才观、儿童观、亲子观、教育观等四个方面设计了家庭教育调查问卷。调查数据梳理如下。

（一）关于人才观

家庭教育当中的人才观，与儿童的发展息息相关，是指家长对人才价值的认识和理解。它直接影响家长对于孩子成才问题的价值取向，影响家庭教育的重点指向，包括家庭教育内容的选择、时间以及精力的投入等。

---

① 朱华：《江西发布家庭教育问卷调查报告》，《信息日报》2022 年 12 月 27 日。

相较于传统的"望子成龙""望女成凤"的人才观，在本次调研中，关于"您最希望孩子将来成为什么样的人？"，选择较多的依次是"正直善良的人""身心健康的人""有一技之长的人"；关于"您是否同意孩子有健康的身体、良好的情绪比学习成绩更重要？"，有85.23%的家长选择了"非常同意"和"同意"。但受几千年封建文化的影响，部分家长认为子女负有彰显家庭、荣耀父母的责任，因此，非常想要将孩子培养成"龙"成"凤"，希望他们能够"出人头地"，关于"你希望孩子将来的最终学历是什么？"，96.81%的家长选择了大学、研究生及以上学历；关于"您希望孩子将来的职业是什么？"，25.10%的家长希望孩子"成为某方面的专家"，有61.14%的家长希望孩子是一个"有稳定工作和收入的平常人"；关于"您最希望孩子将来哪一方面更突出？"，51.23%的家长希望孩子将来"事业"。（见图1至图4）

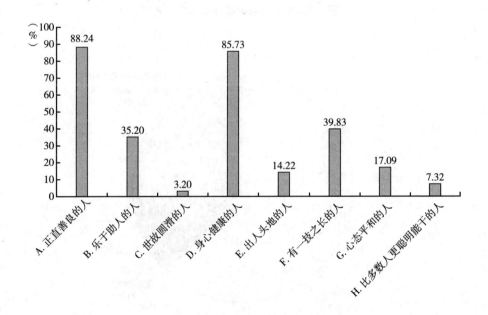

图1 家长最希望孩子将来成为什么样的人

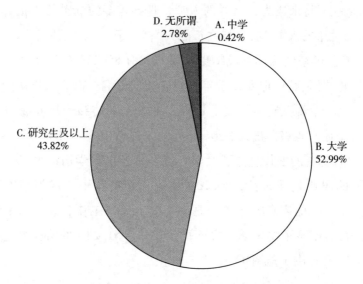

图2 对孩子将来的最终学历的希望

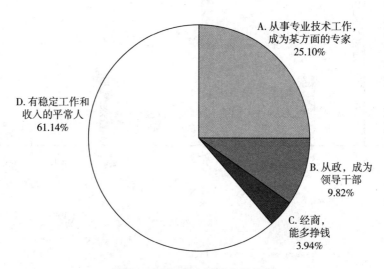

图3 对孩子将来的职业的希望

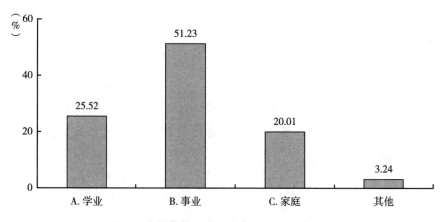

图4　家长最希望孩子将来哪一方面更突出

可见，家长对子女普遍怀有较高的期望值，既希望他们受到良好的高等教育、获得理想的职业，又希望他们成为有良好品质与健康心理的人。固然，父母良好的希望有助于为子女营造良好的家庭教育环境，但如果超过了孩子的实际能力，则会造成孩子无法承受之"重"。实际上，家长在重视对孩子的智力培养、重视学习的同时，更应关注孩子的个性形成、全面发展的过程。若父母对孩子有过分期望，带有较强的功利心，则易忽视对孩子本身的尊重以及智慧等素质的开发。

（二）关于儿童观

所谓儿童观，主要是指家长对儿童的特点、权利和地位以及儿童发展规律的看法和认识。科学的儿童观与科学的发展观是相辅相成、互为基础的。科学的儿童观与发展观包括：以儿童为本，尊重儿童发展的独立性，尊重儿童的权利主体地位，尊重儿童发展的差异性。我国传统的儿童观受到"封建礼教"、"家长制"以及"小大人"等思想的影响，曾经主要以家长意愿为核心、以满足家长的愿望为基准。但是本次调研中，我们发现传统的儿童发展观正在逐渐消失。例如，关于"孩子犯错时，您经常采取的态度是？"，有88.47%的家长采取的是"允许犯错，教孩子自己改正错误";关于"您会当众呵斥孩子,揭孩子的短吗?",有67.81%的家长"很少"或"从不"当众揭短;关于"在孩子面临选择,与家长的观点不一致时,您会坚持自己的观点,替孩子做选择吗?",有43.63%的家长选择"从不"或"很少",在孩子面临选择的时候会尊重孩子自己的意见,不会盲目地替孩子做选择。这说明,现代家长大多能够尊重孩子的真实感受,给予孩子选择的权利,他们已经意识到,应尊重和保护孩子的人格尊严,让孩子充分发挥自身的主体作用。但同时我们也发现,关于"是否相信孩子有能力独立解决问题?",只有35.71%的家长选择"经常"相信(见图5、图6)。

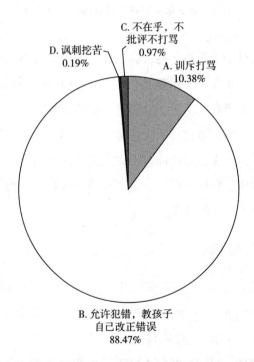

C. 不在乎,不批评不打骂 0.97%
D. 讽刺挖苦 0.19%
A. 训斥打骂 10.38%
B. 允许犯错,教孩子自己改正错误 88.47%

图5 孩子犯错时,家长经常采取的态度

此外,经过交叉分析发现,父亲的文化程度与经常训斥打骂孩子显著负相关(见图7)。

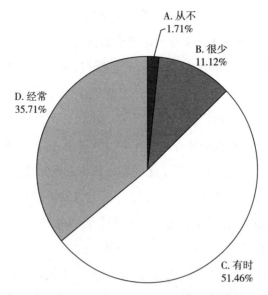

图6 是否相信孩子有能力独立解决问题

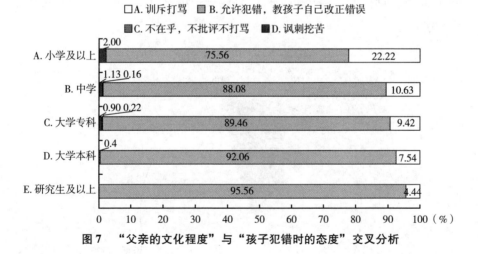

图7 "父亲的文化程度"与"孩子犯错时的态度"交叉分析

（三）关于亲子观

亲子观主要是指，家长对于子女和自己的关系这一问题的基本看法。平等的亲子观，是科学家庭教育观念的首要条件。平等的亲子观，建立在家长和孩子互相尊重的基础之上，以孩子和父母的彼此了解、相互沟通为前提。平等的亲子观集中体现在，父母承认孩子是独立的社会成员，孩子不是父母的缩影，不是父母意愿的反映者，更不是父母的梦想和希望的实现者。

本次调研中发现，关于"和孩子相处您能经常保持愉快的心情吗？"，有64.8%的家长选择了"经常能"与孩子愉快地相处；关于"您经常会抱抱孩子、摸摸他的头、拍拍他的肩吗？"，有74.11%的家长表示和孩子有亲昵的肢体动作；关于"您认为父母与孩子之间形成代沟是因为什么？"，有81.89%的父母认为，父母与孩子之间形成"代沟"是因为缺乏理解和沟通（见图8）；关于"孩子是否愿意跟您分享他在学校或生活中的事？"，大部分家长表示，孩子会经常和父母分享在学校的事情，当然，这一比例随着孩子年龄的增大有所降低（见图9），而"只是偶尔分享，只报喜不报忧"的比例则随着孩子年龄的增大而增大。此外，关于"您平时和孩子交流的话题是什么？"，有89.72的家长选择了·"学习和前途"，这也进一步说明，家长对孩子有较高的成才期望。

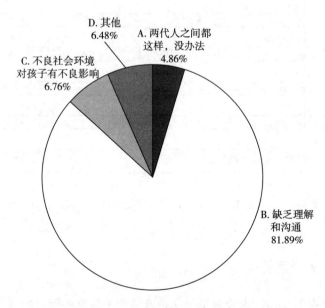

图8　关于父母与孩子之间代沟的形成原因

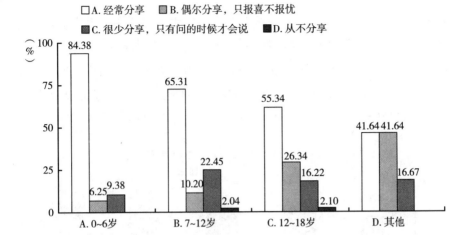

图9　孩子是否愿意与家长分享他在学校或生活中的事

（四）关于教育观

教育观主要指家长对教育的作用，以及身在教育过程中的角色与职能的看法。本次调查中，关于"您认为孩子的教育问题主要应依靠谁？"，有76.89%的家长认为"教育应该是家校共育"，但也有22.60%的家长认为孩子"上学以前靠家长，上学以后靠学校"，这个比例跟母亲的学历也有一定关联（见图10）。在"您认为家庭教育谁是第一责任人？"这个问题上，有97.78%的家长选择了"父母"；关于"是否赞同孩子的问题本质上是家长的问题，家长的问题本质上是自我成长的问题？"，有58.03%的家长选择了"非常赞同"或"赞同"，认为孩子的问题主要是家长的问题，是家长自我成长不够导致的。这说明绝大部分青年家长都有"家庭是孩子的第一个课堂、家长是孩子的第一任老师"的责任意识，能够承担起家庭教育中的主体责任。

调查显示，现代青年普遍赞同家庭要尽量给孩子有质量的陪伴，更加注重对孩子的有效陪伴、促膝交流等方面的心理抚养，也注重对孩子的坚持性等方面性格的培养。例如，关于"您最关心孩子的哪个方面？"，身心健康、道德品质、学习成绩是家长普遍关心的三大方面；关于"孩子有无坚持一项运动或技能达 1 年以上?",有 64.89% 的孩子至少有一项坚持了一年以上的运动或技能。此外,现代家庭教育方式更加民主,例如,关于"您通常用哪种方式和孩子沟通?",85.04% 的人选择了"共同商量";关于"您的家庭教育方式是?",68.27% 的人选择了"经常鼓励夸奖孩子";关于"您认为父母应当怎样对待孩子?",89.67% 的人选择了"父母经常以身作则,做到言传身教"。

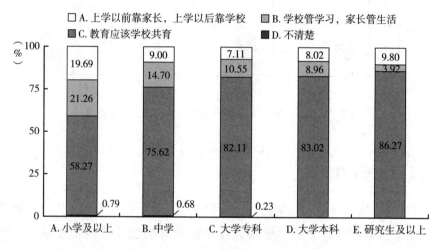

图 10 "母亲的教育程度"与"教育问题主要依靠谁"交叉分析

但是,在家庭教育现实中,我们也应清醒地认识到,家长们对自己家庭教育的满意度并不高,例如,关于"您在孩子的成长过程中,在家庭教育方面存在哪些问题?","缺少家长一方或双方的关爱"(51.69%)、"不允许孩子忤逆或者反驳自己"(42.75%)、"对子女过分溺爱"(37.15%)、"只注重学习成绩,不关注身心健康"(19.41%)排在前四位,可见,家庭教育中,与孩子的有效沟通仍是一大问题,因学习问题导致亲子冲突现象仍然突出(见图 11)。

此外,98.42% 的人认为子女教育是家庭的头等大事,却有 19.45% 的人苦于没有合适的学习渠道,可见,家庭教育专业指导走进普通家庭的任务,仍然任重道远。

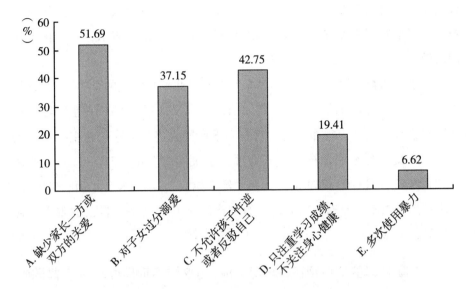

图 11　在孩子的成长过程中家庭教育中存在的问题

三　江西青年家庭教育观念存在的问题及其原因分析

调查显示，江西青年普遍重视家庭教育，对家庭教育价值的认识逐步提升，对家庭教育的相关知识和方法的需求也在不断加大。当然，在调查过程中，我们也发现一些不足甚至令人担忧的问题，主要表现在以下几个方面。

（一）平等的亲子观逐渐成为主流，但对于儿童的信任仍需提升

亲子关系是人生的第一种人际关系，是家庭教育得以实施和实现的重要载体，甚至影响着每个人人格的形成与发展。与传统观念中的"权威型""专制型"家庭教养方式相比，在现代良好的亲子关系中，家庭成员之间界限清晰、角色明确、互相关爱、彼此尊重，亲子关系自然融洽，儿童自尊、自信，健康成长。当代青年群体中，平等的亲子观念逐渐成为主流。例如，

被问及"家庭教育方式"时，68.27%的人表示会"经常鼓励、夸奖孩子"；被问及"通常用哪种方式和孩子沟通"时，85.04%的人表示会"与孩子共同商量"。

但是，调查还发现，仍有一部分人缺少"儿童是独立的个体"的意识，也表现出对儿童能力的不完全信任，因此，亲子关系中的"平等"与"尊重"在家长与儿童出现矛盾时，仍是不平衡的，仍是以家长为主导的。例如，被问及"是否相信孩子有能力独立解决问题"时，51.46%的人选择"有时相信"，只有35.71%的人选择"经常相信"；当"在孩子面临选择时，与家长的观点不一致时"，51.09%的人选择"有时会坚持自己的观点，替孩子做选择"。

（二）科学的教育观正在全面形成，但对个别问题的看法仍需调整

2019年3月12日，教育部部长陈宝生接受媒体采访时提出：家长要有科学的教育理念，对孩子要有一个合理的预期，要孩子做到的，家长首先要做到；要孩子不做的，家长首先不做。家长做不到的，绝不强迫孩子做；孩子想做的，理性引导孩子做。毫无疑问，只有家长树立起科学的教育观，尊重儿童自身发展规律，因材施教，才能与学校、社会共同形成教育合力。当前，青年一代普遍持有积极的家庭教育观。例如，被问及"最希望孩子将来成为什么样的人"时，选择次数最多的分别是"正直善良的人"（占比88.24%）、"身心健康的人"（占比85.73%）、"有一技之长的人"（占比39.83%）；被问及"最好的教育是让孩子成为什么样的人"时，82.96%的人选择了"成为他自己想成为的人"。

但是，调查还发现，部分人对于孩子的成人、成长问题仍然存在较为片面的看法，或者说家长仍然最为看重传统意义上的学业、事业问题。例如，关于"最希望孩子将来哪一方面更突出？"，51.23%的人选择了"事业"，25.52%的人选择了"学业"；关于"家庭教育上存在的问题是因为什么？"，有71.65%的人选择了"学习是最大的问题，不知怎么帮助他提高成绩"。正如钟焦平所说："当前家庭教育存在的突出问题是，一些家长重智轻德、

重知轻能、过分宠爱、过高要求等现象，影响了孩子的健康成长和全面发展。一些家长缺乏基本的教育常识，对孩子的成长规律缺乏基本尊重，把家庭变成了第二课堂，以分数作为评价孩子的唯一标准，导致家庭教育应有的独立价值被抽空。"[1]

（三）家庭教育质量整体提高，但不同家庭之间存在较大差异

习近平总书记指出，"家庭是人生的第一个课堂，父母是孩子的第一任老师……广大家庭都要重言教、重身教、教知识、育品德，帮助孩子扣好人生的第一粒扣子，迈好人生的第一个台阶。"[2]《江西省家庭教育促进条例》《中华人民共和国家庭教育促进法》实施以来，传统的"家事"上升为"国事"，我们看到，人们对家庭教育的认识越来越科学，科学实施家庭教育的意识越来越明显，教育效果也越来越好。调查显示，72.16%的人目前的家庭模式是"父母孩子生活在一起"，97.78%的人认为"家庭教育中父母是第一责任人"，98.42%的人认为"家庭教育非常需要学习，子女教育是家庭的头等大事"。

但是，调查中我们发现，不同家庭对于家庭教育的认识和实施状况，存在较大差异。例如，76.89%的人认为"教育应该是家校共育"，但是仍有13.43%的人认为"学校管学习，家长管生活"，22.60%的人认为"上学以前靠家长，上学以后靠学校"，可见，对于家庭教育的责任，仍有小部分家庭没有正确的认知。又如，被问及"孩子犯错时，您采取的态度是什么？"时，仍有10.38%的人选择了"训斥打骂"，可见，仍有小部分家庭，缺乏科学施教的意识，缺乏正确的施教手段和方法。不同家庭之间表现出来的差异，与数字鸿沟、城乡差异有关，也与家庭经济水平、家庭结构的稳定性有关，更与家长个人的整体素质、年龄、文化程度有关。

---

[1] 钟焦平：《减负呼唤科学教育观》，《中国教育报》2019年3月15日。
[2] 习近平：《在会见第一届全国文明家庭代表时的讲话》，《人民日报》2016年12月16日，第2版。

（四）父亲在家庭教育中的作用不可替代，但当前发挥作用不明显

理想的家庭教育父母都应参与其中，并且发挥各自的优势。有研究发现，"父亲与母亲在教育观念上存在一定的差别，现代型的父亲较母亲稍多，而传统型的父亲比母亲要少"。[①] 这与我国"男主外、女主内"的传统家庭分工有关，但客观上父亲接受社会变革的影响要比母亲更为直接。也有儿童教育专家指出，"孩子的成长需要不同的模仿对象，作为男性，父亲会更多展现出冷静、理智、勇敢、坚强等品质。这些都是孩子成长中不可缺少的营养品"。[②] 父亲积极参与到孩子的教育中，父母和孩子的互动将更加丰富，孩子的情感体验将更加充实、更加完整，从而心理更加踏实，安全感由此增强。

但是，在问卷调查和访谈中发现，父亲在家庭教育中的优势并没有明显体现出来，父亲在家庭教育中的参与程度整体较低，在家庭教育过程中的耐心不足。由母亲单独进行家庭教育的占比达一半以上，由父母共同进行家庭教育的只占一小部分。当前母亲仍是家庭教育的主要实施者，父亲实施家庭教育的责任意识还不强。

四　促进江西青年家庭教育观念发展的政策建议

（一）牢记家庭教育使命，全面落实家庭教育法

立法为解决家庭教育问题迈出了至关重要的一步，而抓好落实，让问题得到妥善解决，仍需各方协同发力。全社会家庭教育法治意识正在不断增强，但是，仍有不少家长对家庭教育、家庭教育法的认识不到位，家庭教育角色仍有缺位。《中华人民共和国家庭教育促进法》《江西省家庭教育促进

[①] 李洪曾（执笔）：《上海市中小学、幼儿园家长教育观念的现状调查报告》，《上海教育科研》1999年第2期。

[②] 丛中笑：《父亲在家庭教育中的作用至关重要》，《中国妇女报》2020年6月22日。

条例》颁布实施后落地见效，才能真正为未成年人健康成长保驾护航。

1. 强化政府作用，依法落实教育责任

目前，我国家庭教育指导机构以妇联和一些专业学会为主，尚未实现各类资源的有机整合。按照《中华人民共和国家庭教育促进法》的要求，市县政府要加快建设家庭教育指导中心，统筹指导区域家庭教育。因此，理应率先建设专门的、专业的、权威的机构，负责全省家庭教育的方案研发、推行、评估与指导，引领全省范围内家庭教育实践。

2. 完善监督机制，推进家庭教育长效发展

完善监督机制是推进家庭教育长效发展的必要手段。一方面，要健全家庭教育责任机制，建立长效监督机制，将家庭教育工作纳入年度重点工作任务，做好监督考核。另一方面，要建设并完善家庭教育绩效评价机制，科学的反馈有利于家庭本身的良性成长，奖优罚劣的措施也有利于推动政府和社会组织提供更好的服务，促进良性循环。

（二）共同成长，形成"学习型家庭"新模式

所谓"学习型家庭"，是一种亲子互为教育主体的，通过自主学习、全员学习、生活化学习，实现家庭成员之间共同分享、共同成长的新的家庭形态。随着终身学习的思想逐渐变为教育行动，建设学习型社会成为人类社会发展的主旋律，家庭教育不仅仅被赋予更大的作用，也应当自觉地担负起更多的责任。建立"学习型家庭"新模式，不仅有利于推动全省家庭教育的繁荣与发展，还有利于提高全省人民的文化道德素质，提升全省人民的生存和发展能力。"学习型家庭"的建设是一个持续的、动态的、发展的过程。

1. 更新家庭教育观念，促进父母增强学习意识

学习型家庭中，时时、处处、事事皆学习，父母必须认识到，不断学习是现代人生活中不可缺少的内容，也是个人生存的基本条件。此外，向孩子学习，是成年人在终身学习环境中首先应跨出的一步。在知识经济社会的今天，父母不再是知识、能力的权威，父母与孩子处于同一起跑线上。父母向

孩子学习，可以更好地了解孩子，善于发现孩子的闪光点，只有向孩子学习，才能跨越"代沟"，营造共同学习、共同成长的家庭氛围。

2. 充分挖掘家庭教育资源，倡导良性的亲子互动

学习型家庭中，创建有助于学习的物质环境和精神环境，至关重要。每个家庭都可以根据实际情况，配置一定的学习设施，如书房、书架、书柜、图书、电脑等。家庭成员之间，应是相互尊重、彼此分享的，可以开展个人的自主学习，如看书、读报等，也可以开展良性有益的团体学习，如进修、亲子共读、亲近大自然、亲子志愿服务等。

（三）协同育人，构建"学校-家庭-社会"协同机制

党的二十大报告中提出，要"健全学校家庭社会育人机制"。家庭、学校、社会协同育人的重要性再次彰显。让家庭教育和学校教育、社会教育同向而行、协同发力、协作育人，越来越迫切。

1. 全面加强学校教育的引领作用

学校家庭社会协同育人，学校是主体、是"主心骨"，学校要充分建设好学校社区教育理事会、家长委员会。通过学校社区教育理事会组织协调社区内的教育资源，为学生的校外教育特别是社会实践教育提供支持和保障。通过学校家长委员会把广大家长组织起来、调动起来，学习家庭教育知识、分享家庭教育经验、参与学校教育和学校治理，积极建设美好的家庭生活和教育生活。

2. 全面发挥社会、社区教育的价值

全社会特别是舆论宣传阵地要深入开展社会主义核心价值观教育，各行各业要大力弘扬劳动、奋斗、奉献、创造、勤俭节约精神，为青少年的健康成长提供积极向上的社会氛围和榜样引领。市县民政、妇联、教育部门要合力推进建设社区家庭教育指导中心，让人民群众在社区就能接受良好的家庭教育指导。

3. 构建全面和谐的协同育人机制

在教育理念上协同，围绕培养什么人、怎样培养人、为谁培养人，以及

什么是好的教育、什么是好的学生，观念上要达成共识。在教育行动上协同，要让广大家长掌握和实践科学的、理性的、民主的、积极的家庭教育。学校、家庭和社会在教育目标上一致的，最终都是为了促进儿童全面而有个性的发展，构建全面和谐的协同育人机制，共同为儿童提供良好的环境、高质量的课程、实践活动等。

（四）资源共享，筹建家庭教育资源共享平台

2015 年初，江西省全面启动了教育资源公共服务平台建设，积极构建人人可享有优质教育资源的信息化学习环境，推动信息技术与教育教学深度融合。这一举措，大力促进了优质教育资源均衡配置，努力缩小了区域、城乡、校际"数字鸿沟"。为积极推进全省家庭教育资源共享，真正实现教育公平，应积极筹建家庭教育资源共享平台。

1. 构建覆盖城乡的家庭教育指导服务体系

分级分层实施"家庭共同成长计划"，建立由相关专家组成的家庭教育智库，打造专业素养过硬的家庭教育志愿者队伍，遴选并打造家庭、家教、家风建设教育基地，建设家长学校、亲子阅读体验基地，开发网上家教资源，整合家庭教育类公共文化服务和产品，积极探索并构建覆盖城乡的家庭教育指导服务体系，因地制宜开展教育培训、咨询服务、亲子读书等活动，促进省、市、区县的家庭教育水平不断提升。

2. 筹建统一的省级家庭教育资源共享平台

建设家庭教育信息化共享服务平台，整合相关资源，分类发布相关政策法规、教材资料、培训课程，组织专家讲座、经验交流、心理辅导，形成危机干预响应等，一方面有助于全省家长学习提高，另一方面也有利于各级政府、各部门协同育人，让家庭教育回归育人本位。不断推进教育公平与优质教育资源供给，满足人民群众对优质教育资源的共同需求，健全服务保障，落实经费保障，将家庭教育纳入政府民生项目，通过政府购买服务，从而推动优质家庭教育资源在线辐射到农村和边远学校。

参考文献

中共中央党史和文献研究院编《习近平关于注重家庭家教家风建设论述摘编》，中央文献出版社，2021。

江西省卫生和计划生育委员会、江西省社会科学院编著《江西家庭发展报告（2016）》，江西人民出版社，2016。

梅国平主编《江西省教育发展报告（2019）》，江西人民出版社，2020。

邹强：《中国当代家庭教育变迁研究》，华中师范大学博士学位论文，2008。

马强：《习近平青年教育观研究》，新疆大学硕士学位论文，2020。

谢霞：《〈江西省家庭教育促进条例〉实施情况研究——以江西省 A 市 b 县为视角》，贵州民族大学硕士学位论文，2020。

霍鑫一：《多源流理论视角下我国家庭教育政策变迁研究》，《赤峰学院学报》（汉文哲学社会科学版）2022 年第 5 期。

张志勇：《统筹学校、家庭、社会教育协同育人》，《中国教育报》2022 年 10 月 31 日。

B.6
江西未婚青年性观念与性行为报告

丁艺龙*

摘　要： 当代青年的性观念和性行为呈现了显著的分化特征和多元趋势，"性"在中国传统道德观念中是隐晦话题、在现代观念中是私域话题，围绕性观念和性行为主题持续开展实证研究，积累和更新关于青年性观念和性行为的截面数据意义重大。研究发现，江西未婚青年的性观念表现出了对传统的坚守和对开放的犹豫的总体特征，呈现了明显的年龄、性别和城乡差异；江西未婚青年的性知识主要来源是网络和同辈的朋友，其首次性行为多数有感情基础、整体较理性，且具有较高的性行为安全意识。基于此，提出完善未婚青年的性教育应深刻认识性文化对群体健康和社会结构的双重意义，构建系统性、一体化、阶梯式的性教育体制机制，持续强化群团组织引领性文化发展的作用。

关键词： 青年　未婚　性观念　性行为　江西

在中国社会文化经历传统与现代、保守与开放的叠加转型中，当代青年的性观念和性行为呈现了显著的分化特征和多元趋势，引起了社会关注和国家重视。这种关注与重视也发生着从群体健康视角到社会结构视角的叠加转换。群体健康视角关注青年性观念和性行为的原因在于，青年的性观念直接影响其首次性行为发生的时间以及今后的性活动，而这些性活动正是判断青年人是否暴

---

* 丁艺龙，江西青年职业学院青少年教育系副主任，共青团理论研究中心研究人员，讲师，主要研究方向为青年发展、社会工作理论与实务。

露于诸多潜在健康风险，诸如早孕、人工流产、性传播疾病等的重要指标。①

社会结构视角关注青年性观念和性行为的原因则是，性观念和性行为反映了青年婚恋观，影响着青年的婚姻择偶和生活方式，并对整个社会的婚姻和生育制度有着重要影响②。因此，即使受到"性"在中国传统道德观念中是隐晦话题、在现代观念中是私域话题的双重限制，学者们依然围绕性观念和性行为主题开展了大量研究。

一 青年性观念和性行为的基本特征

回顾已有研究文献，关于当代中国青年性观念和性行为的基本特征，可以得出以下三个基本判断。

一是青年的性观念和性行为是随着经济、社会和文化的发展而变化的。潘绥铭和杨蕊合著的《性爱十年：全国大学生性行为的追踪调查》一书，证实了相比20世纪90年代，21世纪初的大学生性观念和性行为发生了变化；程化琴课题组发表的论文《中国当代大学生性观念现状及影响机制分析——基于2014年全国大学生性观念调查数据》，则证实了相比21世纪初，大学生的性观念和性行为也发生了变化。

二是青年的性观念和性行为的变化机制是由时期效应而非世代效应驱动的③。即从整个年龄群体看，要打破年轻世代比年长世代性观念和性行为更加开放的刻板印象；从青年群体来看，要打破"00后"比"90后"性观念和性行为更加开放的刻板判断，就要考察当前时代背景下性观念和性行为的转型。

三是青年的性观念和性行为在性别、受教育程度、城乡和地域等维度存在差异，且这种差异在历次研究结果中并没有出现一致性结论。如程静对中

---

① 潘绥铭、曾静：《中国当代大学生的性观念与性行为》，商务印书馆，2000。

② 陈光金主编《中国青年发展报告（No.4）——当代青年婚恋状况、关联政策和服务供给研究》，社会科学文献出版社，2020。

③ 吴炜：《青年性观念的十年变迁及其发生机制——基于CGSS2005和CGSS2015数据的分析》，《中国青年研究》2019年第4期。

国大陆 5 个省市 4565 名 17~24 岁青少年的抽样调查结果显示，大专以上青少年发生婚前性行为的比例最低，为 28.74%，初中/高中/中专毕业的青少年性行为发生率最高，达到 55.2%[①]。而郭末等人基于中国青少年首次生殖健康调查数据的分析结果显示，更高受教育程度是促进婚前性行为这种问题行为发生的危险因素[②]，大专及以上受教育程度受访者婚前性行为的发生比值是 1.222，而高中/中专受教育程度受访者婚前性行为的发生比值是 1.183。

从已有研究文献的整体来看，我国学术界关于青年性观念和性行为的研究取得了不容置疑的积极成果，但在实证数据的积累上仍有一些不足。从实证数据的覆盖范围来看，地级市范围的调查数据虽然较多，但全国性数据和省域范围的调查数据较少。作为我国最早的全国性、综合性、连续性学术调查项目，中国综合社会调查关于性观念的调查也主要是关于"婚前性行为"、"婚外性行为"和"同性间性行为"的态度，仅在 2005 年和 2015 年开展的调查中，额外增加了 4 个深度问题。从实证数据的调查主体来看，30 余年来关于性观念和性行为的调查仍然是以大学生，特别是本科大学生为主要调查群体，较少涉及社会青年。这既与我国推动落实新中国第一个青年发展规划的实践要求不相符，也难以适应我国公共政策制定和施行的地域层级特征。

综上所述，以省域为范围定期积累和更新关于青年性观念和性行为的截面数据，既是科学描述和分析青年性观念和性行为基本状况和特征、推动理论研究的需要，也是制定公共政策、推动倡导科学性观念和健康性行为的需要。

二 江西未婚青年的性观念

考察分析中国综合社会调查历年居民问卷和已有相关研究文献，基于江

---

① 程静：《当前青少年婚前性行为现状及影响因素实证研究》，《中国青年研究》2015 年第 5 期。

② 郭末等：《中国城市青少年问题行为考察》，《城市问题》2013 年第 1 期。

西省高校人文社科重点研究基地共青团理论研究中心 2022 年组织开展江西青年恋爱婚姻家庭状况调查时收集的 6143 份青年问卷调查数据，我们认为，青年对待婚前性行为、同性恋、婚外性行为、未婚先孕、花钱满足性需求等的态度是反映青年性观念的主要指标。

（一）青年性观念表现出对传统的坚守和对开放的犹豫

青年的性观念由传统向开放的转型，并不是"全方位"的，而是"有选择的"。调查结果显示，青年对婚外性行为和多人性关系等颠覆性冲击传统观念的行为主要持反对态度，认为婚外性行为是错误或完全错误的比例高达 90.9%，认为"同时和多人保持性关系"是错误或完全错误的比例高达 90.2%，表现出了青年在原则上的坚守。与此不同的是，青年对婚前性行为和同性恋等表现出相对宽容态度，认为"没什么错"的占比分别是 33.3% 和 29.6%。但同时也表现出了一种犹豫的态度。这种犹豫态度，表现为对婚前性行为和同性恋的回答是"或许有错"／"说不清"的占比分别达到了 33.9%、22.7%。这种犹豫态度还表现在，虽然分别有 71.9%、49.9% 的认为"花钱满足性需求"和"未婚先孕"是完全错误或错误的，但依然分别有 21.9% 和 35.4% 的青年回答"说不清"／"或许有错"。这真实地反映了青年的性观念还需要得到进一步的引导和教育。

（二）年龄越小对同性恋接受度越高，对未婚先孕接受度越低

调查结果显示（见表1），青年对婚前性行为、同性恋、未婚先孕和花钱满足性需求等的态度与年龄变量显著相关。这种相关性，在青年对婚前性行为的接受度上没有线性特征。但是，青年群体内部呈现了年龄与对同性恋的接受度的明显负相关，即年龄越小，对同性恋的接受度越高，认为同性恋"没什么错"的占比越高，认为同性恋是"错误/完全错误"的占比越低。同时，青年群体内部呈现了年龄与对未婚先孕的接受度的明显正相关，即年龄越小，对未婚先孕的接受度越低，认为未婚先孕是"错误/完全错误"的占比越高，认为未婚先孕"没什么错"的占

比越低。这反映了青年性观念的转型和发展，在时期效应的推动下，展现了对不同年龄阶段人群的差异化影响。

表1 青年性观念的年龄差异

单位：频次，%

选项			年龄			
			16~20 岁	21~25 岁	26~30 岁	31~35 岁
			855	1741	808	162
婚前性行为	错误/完全错误	计数	343	560	219	49
		占比	40.1	32.2	27.1	30.3
	或许有错/说不清	计数	341	596	230	42
		占比	39.9	34.2	28.5	25.9
	没什么错	计数	171	585	359	71
		占比	20	33.6	44.4	43.8
同性恋	错误/完全错误	计数	345	797	446	114
		占比	40.3	45.8	55.2	70.4
	或许有错/说不清	计数	223	407	152	27
		占比	26.1	23.3	18.9	16.6
	没什么错	计数	287	537	210	21
		占比	33.6	30.8	26	13
未婚先孕	错误/完全错误	计数	470	895	348	65
		占比	55.0	51.4	43.1	40.1
	或许有错/说不清	计数	308	633	272	49
		占比	36.0	36.4	33.7	30.2
	没什么错	计数	77	213	188	48
		占比	9.0	12.2	23.3	29.6
花钱满足性需求	错误/完全错误	计数	604	1254	590	114
		占比	70.6	72.0	73.0	70.4
	或许有错/说不清	计数	202	382	161	36
		占比	23.6	21.9	19.9	22.2
	没什么错	计数	49	105	57	12
		占比	5.7	6.0	7.1	7.4

（三）女性比男性更加接受婚前性行为和同性恋

以往的研究结果显示，男性较女性对"婚前性行为"持更加包容、接受的态度。但是，从本次调查结果（见表2）来看，这一差异发生了变化。这一变化主要表现为女性对婚前性行为和同性恋均表现了更高的接受度。从青年对婚前性行为的态度这一指标来看，女性回答婚前性行为"没什么错"的占比为35.7%，比男性回答婚前性行为"没什么错"的占比高出5.7个百分点。综合男性和女性认为婚前性行为"错误/完全错误"的回答占比，女性对婚前性行为的接受度也比男性高。这一变化是否可以推导至其他省份甚至全国范围，有待进一步的研究成果予以佐证。从青年对同性恋的态度这一指标来看，一方面认为同性恋是"错误/完全错误"的女性比男性在占比上少28.2个百分点，另一方面认为同性恋"没什么错"的女性比男性在占比上多29.6个百分点，女性比男性展现了对同性恋更高的接受度。

表2 青年性观念的性别差异

单位：频次，%

性行为	性观念	样本数	性别	
			男	女
			1535	2031
婚前性行为	错误/完全错误	计数	491	680
		占比	32.0	33.5
	或许有错/说不清	计数	583	626
		占比	38	30.8
	没什么错	计数	461	725
		占比	30	35.7
同性恋	错误/完全错误	计数	979	723
		占比	63.8	35.6
	或许有错/说不清	计数	361	448
		占比	23.5	22.1
	没什么错	计数	195	860
		占比	12.7	42.3

性行为	性观念	样本数	性别	
			男	女
			1535	2031
未婚先孕	错误/完全错误	计数	654	1124
		占比	42.6	55.3
	或许有错/说不清	计数	595	667
		占比	38.8	32.8
	没什么错	计数	286	240
		占比	18.6	11.8
花钱满足性需求	错误/完全错误	计数	1055	1507
		占比	68.7	74.2
	或许有错/说不清	计数	382	399
		占比	24.9	19.6
	没什么错	计数	98	125
		占比	6.4	6.2

从青年对未婚先孕的态度来看，调查结果显示，女性比男性更排斥未婚先孕。其主要原因可能是女性比男性承担了更多未婚先孕的直接后果。在青年对花钱满足性需求的态度上，女性也比男性呈现了更低的接受度，这与以往的研究成果以及社会普遍认知是一致的。

（四）青年性观念与受教育程度无正相关关系

调查结果显示（见表3），青年的受教育程度与性观念并无正相关关系。一是虽然大专及以上受教育程度的青年，其受教育程度与对婚前性行为和同性恋的接受度呈正相关，且比大专以下的青年对婚前性行为和同性恋的接受度更高；但是高中及中专受教育程度的青年比初中及以下受教育程度的青年对婚前性行为和同性恋的接受度更低。二是初中及以下和研究生对未婚先孕的接受度较高，回答未婚先孕"没什么错"的占比分别为25.0%和25.8%；大专受教育程度的青年对未婚先孕的接受度最低，回答未婚先孕"没什么错"的占比为11.5%，其背后的影响机制有待进一步的研究补充解释。三

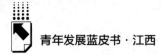

是不同受教育程度的青年对花钱满足性需求的接受度均很低，其中初中及以下受教育程度的青年对此接受度最高，回答花钱满足性需求"没什么错"的占比为8.3%。

表3　青年性观念的受教育程度差异

单位：频次，%

选项			受教育程度				
			初中及以下	高中及中专	大专	本科	研究生
			72	539	1279	1521	155
婚前性行为	错误/完全错误	计数	29	255	449	412	26
		占比	40.3	47.3	35.1	27.1	16.8
	或许有错/说不清	计数	27	193	471	478	40
		占比	37.5	35.8	36.9	31.5	25.8
	没什么错	计数	16	91	359	631	89
		占比	22.2	16.9	28.1	41.5	57.4
同性恋	错误/完全错误	计数	51	300	650	636	65
		占比	40.3	55.7	50.9	41.8	23.9
	或许有错/说不清	计数	14	128	295	335	37
		占比	37.5	23.7	23.1	22	23.9
	没什么错	计数	7	111	334	550	53
		占比	22.2	20.6	26.1	36.2	34.20
未婚先孕	错误/完全错误	计数	30	297	667	730	54
		占比	41.7	55.1	52.2	48.0	34.8
	或许有错/说不清	计数	24	175	465	537	61
		占比	33.3	32.5	36.4	35.3	39.4
	没什么错	计数	18	67	147	254	40
		占比	25.0	12.4	11.5	16.7	25.8
花钱满足性需求	错误/完全错误	计数	44	386	936	1085	111
		占比	61.1	71.6	73.2	71.3	71.6
	或许有错/说不清	计数	22	118	274	331	36
		占比	30.6	21.9	21.4	21.8	23.2
	没什么错	计数	6	35	69	105	8
		占比	8.3	6.5	5.4	6.9	5.2

（五）城市户籍青年比农村户籍青年性观念更加包容、开放

调查结果显示（见表4），城市户籍青年比农村户籍青年对婚前性行为、同性恋、未婚先孕、花钱满足性需求的接受度更高，既表现为回答"错误/完全错误"的占比更低，也表现为回答"没什么错"的占比更高，双向说明了城市户籍青年比农村户籍青年持有更加包容和开放的性观念，说明青年的性观念受环境影响较大。

表4　青年性观念的户籍差异

单位：频次，%

选项			户籍类型	
			农村	城市
			2186	1380
婚前性行为	错误/完全错误	计数	789	382
		占比	36.1	27.7
	或许有错/说不清	计数	755	454
		占比	34.5	32.9
	没什么错	计数	642	544
		占比	29.4	39.4
同性恋	错误/完全错误	计数	1122	580
		占比	51.4	42.0
	或许有错/说不清	计数	494	315
		占比	22.6	22.8
	没什么错	计数	570	485
		占比	26.1	35.1
未婚先孕	错误/完全错误	计数	1106	672
		占比	50.6	48.7
	或许有错/说不清	计数	768	494
		占比	35.1	35.8
	没什么错	计数	312	214
		占比	14.3	15.5

续表

选项			户籍类型	
			农村	城市
			2186	1380
花钱满足性需求	错误/完全错误	计数	1576	986
		占比	72.1	71.4
	或许有错/说不清	计数	480	301
		占比	22.0	21.8
	没什么错	计数	130	93
		占比	5.9	6.7

其中，青年对婚前性行为和同性恋的接受度城乡差异较大，城市青年回答婚前性行为"没什么错"的占比为39.4%，比农村青年回答婚前性行为"没什么错"的占比高10个百分点；城市青年回答同性恋"没什么错"的占比为35.1%，比农村青年回答同性恋"没什么错"的占比高9个百分点。然而，青年对未婚先孕和花钱满足性需求的接受度城乡差异较小。其中，城市青年比农村青年更加接受未婚先孕的调查结果与社会普遍认知有所不一致。一般认为，农村青年较早结束学业走向社会并进入婚姻家庭，甚至"早婚"（未达到法定婚龄的事实婚姻）现象依然存在，更甚至有男方父母会以儿子的对象未婚先孕"自豪"。

三 江西未婚青年的性行为

（一）性知识的主要来源是网络和同龄的朋友

调查结果显示，江西未婚青年获取性知识的主要来源排在前二的依次是网络和同龄的朋友（见表5），分别有64.78%和59.14%的未婚青年选择对应来源。江西未婚青年在性知识获取来源上的性别差异主要体现在家长和同龄的朋友这两个途径上，即相比男性青年，女性青年从家长和同龄的朋友那里获取性知识的比例更高，有33.8%的女性青年选择了家长选项，而只有

24.6%的男性青年选择此项；有62.4%的女性青年选择了同龄的朋友选项，而男性青年选择此项的占比为54.8%。

表5 青年性知识的主要来源

单位：个，%

主要来源	响应个案数	响应百分比	响应个案百分比
学校课程	1387	14.2	38.90
家长	1063	10.9	29.81
同龄的朋友	2109	21.6	59.14
网络	2310	23.7	64.78
广播/电视/电影	1658	17.0	46.49
图书、报刊	1124	11.5	31.52
其他	115	1.2	3.22

从对未婚青年获取性知识的年龄差异分析来看，虽然年龄越小的未婚青年选择学校是其获取性知识的主要来源的比例越高，反映了江西省学校性教育课程建设和推广活动取得的发展和进步，但即使是调查对象中最低年龄段（16~20岁）的未婚青年，选择学校课程是性知识获取来源的占比也仅有41.40%，反映了江西未婚青年从制度化渠道获取性知识的比例还较低，学校性教育的推广开展活动有待进一步加强，需要尽快推动性教育在全省各级学历教育中实现全覆盖。

分析未婚青年获取性知识的地域差异发现，相较于农业户籍的未婚青年，非农业户籍的未婚青年从家长、同龄的朋友、网络、广播/电视/电影以及图书报刊获取性知识的比例均较高。由此可见，非农业户籍的未婚青年相较于农业户籍的未婚青年获取性知识的渠道更加多元。

（二）未婚青年首次性行为呈现低龄化趋势

调查结果显示，江西未婚青年第一次与异性的亲密接触，包括接吻、抚摸，在14岁以前的比例为2.52%，在15~18岁的比例为16.71%，在18岁以上的比例为43.21%。在与异性有亲密接触的2227个样本中，该比例为

123

52.13%，其中首次性行为在 18 岁以前的比例为 6.86%。加入未婚青年年龄段的变量后进一步分析发现，16~20 岁的未婚青年的首次性行为在 18 岁以前的比例最高，为 11.24%，远高于其他年龄段首次性行为的比例 4%。如果从未婚青年回答了已与异性发生性行为的 1161 个样本来看，未婚青年首次性行为年龄在 18 岁以下的比例更高，达到了 13.18%，而 16~20 岁年龄段未婚青年回答首次性行为在 18 岁以下的比例则更高，达到了 43%。这一数据可能由于新时代青年更加不避讳谈论自身性行为等原因导致了一定程度的失真。但是综合以上调查数据来看，未婚青年首次性行为呈现低龄化，并存在年龄越小、发生越早的特点，这是毋庸置疑的，需要引起高度重视。这也是因为，在回答"回想第一次性交经历，现在您怎么看"这一问题时，有 23.08%的未婚青年选择了"有点早，应该等年龄更大些"。这再次证明了，积极开展性教育，帮助青年获取科学的性知识，促使青年慎重发生性行为十分重要。

（三）未婚青年首次性行为多数有感情基础、整体较理性

在稳定恋爱关系基础上，在合适的年龄和时机，自然地发生性行为是江西未婚青年发生性行为的多数情景。调查结果显示，未婚青年在发生首次性行为时，与对方处在稳定的恋爱关系中的比例为 64.77%，再加上与对方处在同居关系和订婚或者结婚关系的 3.53%和 5.94%，未婚青年在稳定关系基础上发生首次性行为的整体比例为 74.24%。与此同时，认为发生首次性行为时，年龄时机都合适的未婚青年比例是 43.58%；认为首次性行为是两个人随着关系发展自然发生的未婚青年比例是 39.45%。

但是，在未婚青年发生首次性行为时，双方是第一次见面的比例有 4.91%，双方属于认识不到 3 个月的比例为 10.51%，双方认识 3 个月以上但没有稳定的恋爱关系比例是 8.27%；这三组数据值得关注和重视。从关于"您第一次性行为的状况符合下列哪一个描述"的调查结果来看，其背后的原因有以下四个：一是对性行为很好奇，想知道到底是什么感觉，选择此项的未婚青年占 18.52%；二是一时冲动，跟着感觉走，选择此项的未婚

青年占 11.8%；三是沉溺在爱情之中，没想那么多，选择此项的未婚青年占 6.8%；四是身边同龄人也有相似的经历，选择此项的未婚青年占 2.07%。

（四）未婚青年具有较强的性行为安全意识

江西未婚青年多数具有性安全意识，在第一次发生性行为时会采取一定的安全措施，且无明显的户籍类型差异。调查结果显示（见表6），在第一次性行为中，未婚青年表示"双方都没有任何防备措施"的比例仅占 6.72%，表示"我没有任何防备措施，不知道对方有没有"的比例仅为 2.58%，两项相加亦仅有 9.3%。在性行为安全措施的选择上，避孕套是多数未婚青年的选择，此项比例最高，为 76.83%；其后依次是体外排精、避孕药、选择生理安全期，但此三项比例均在 7%以下。

表6 未婚青年首次性行为所采取的安全措施

单位：个，%

安全措施	个案数	个案百分比	农业户籍百分比	非农业户籍百分比
避孕套	892	76.83	76.17	77.78
避孕药	45	3.88	3.22	4.82
其他避孕工具	18	1.55	1.61	1.47
体外排精	74	6.37	7.31	5.03
选择生理安全期	24	2.07	2.49	1.47
我没有任何防备措施,不知道对方有没有	30	2.58	2.49	2.73
双方都没有任何防备措施	78	6.72	6.73	6.71

四 开展未婚青年性教育的建议

（一）深刻认识性文化对群体健康和社会结构的双重意义

在当今社会，性健康依然是全社会共同、持续关注青年性观念和性行为的第一出发点。虽然随着医疗技术的快速提升发展，治愈性疾病的方式和手段日益完善，性健康对人们的威胁有一定程度的降低；但是伴随着性观念的日益开放和性行为日益多样，特别是同性间性行为现象的增多，新的性健康问题也在层出不穷。因此，从青年群体健康出发，深刻认识性文化的发展变迁趋势、传播科学的性知识、倡导健康的性行为依然有重要的意义。同时，新时代青年受新型性观念和性行为影响，单身主义、不婚主义、虚设婚姻等社会现象，以及网络上支持同性婚姻合法化、嫖娼合法化的不合宜声音，对传统婚姻家庭模式产生威胁，对社会结构稳定性产生冲击，对此进行认知和研究，是当今社会不可回避的时代任务。无论是群体健康视角，抑或社会结构稳定视角，深刻认识青年性观念和性行为的时代变迁，既是学术研究的重要主题，也是政府和社会面对的重要议题。

（二）构建系统性、一体化、阶梯式的性教育体制机制

现代社会发展的成果之一就是个体获得越来越高的自由度，加之在网络信息时代，全球范围内各国各类社会文化的交流碰撞更加强烈且不可遏制，其他国家和地区出现的各类正向或负向的新的性观念和性行为不可避免地会冲击和影响中国青年的性观念和性行为。面对这一客观现实，最好的选择便是面向青年倡导科学的性观念和健康的性行为，这必然依赖于一套行之有效的系统性、一体化、阶梯式的性教育体制机制。性教育的系统性是指面向未婚青年的性教育应具备性知识的全面性、性观念的导向性、性行为的规范性和性热点话题的包容性，注重性教育主体的多元化，发挥家庭、学校和社会的协同作用。性教育的一体化则主要是指性教育的多元主体要注重性观念和性行为的双向影响作用，要注重性教育方式的多样性和差异性。性教育的阶梯式则主要是指性教育活动的开展要充分结合未婚青年的年龄特点和时代特点，从性知识到性观念再到性行为安全意识依次进行，具有连续性和持续性。

（三）持续强化群团组织引领性文化发展的作用

医疗卫生系统从群体健康角度保障青年群体性健康的实践成就有目共睹，运行模式和体制机制建设相对成熟。教育系统建设性教育体制机制的职责任务亦十分明确。青年健康和青年婚恋都是青年发展的重点领域，共青团作为纵深推进落实青年发展规划的主要力量，既需要党和政府赋予充分的合法性地位，也要主动作为，敢于担责，破除职责不清、任务不明的困境，以引领青年性文化的变迁发展作为主要抓手，结合助力青年婚恋难题解决、促进青年发展的职责任务，强化联系与服务青年，引领青年树立科学的性观念，内化健康的性行为。在人类历史进化发展过程中，女性逐渐在性关系中处在了弱势地位，甚至出现了"工具化""污名化"等社会问题，妇联从保障女性合法权益、全方位提高女性地位的角度出发，需要以增强女性自我保护意识、救助失足女性、强化女性两性关系赋权等为抓手，在性文化的发展变迁中发挥应有作用。

专题篇
Special Report

B.7
江西大龄未婚青年现状及成因分析研究

王小军*

摘　要： 目前，江西省的大龄未婚青年正呈逐年增长之势，主要特点有：在性别分布上，男性多于女性；在区域分布上，正在发生从"男性以农村为主，女性以城镇占多数"到"男女性都以城镇地区为主"的转变；在职业分布上，男女都以务工、服务为主，但女性中的专业技术人员正在快速增长；在教育分布方面，男性在低文化水平青年中占比超过女性，而女性则在中高水平青年中占比超过男性；在婚姻观方面，希望走进婚姻的占多数，坚持不婚主义为少数。江西大龄未婚青年的快速增长及其呈现的特点是在多种因素共同作用下形成的：初婚年龄的提高是大龄未婚现象产生和发展的表面原因，而性别及地域方面形成的梯度婚配模式、区域内的性别比例失衡、结婚成本持续走高以及现代青年婚恋观念的变化则是江西大龄未婚青年快速增多的深层次原因。

---

* 王小军，博士，江西师范大学社会学系教授，主要研究方向为基层社会治理。

关键词: 江西　大龄未婚青年　梯度婚配模式　社会支持

引　言

　　2021 年底，江西省宜黄县出台一份题为《宜黄县鼓励大龄女青年干部职工择偶成家的若干政策》的文件，称"当前，我县大龄女青年干部职工单身现象已成为一个十分突出的社会问题，迫切需要全社会的关心、帮助和支持"，并提出了"搭建婚恋服务平台""就业政策保障""安居政策保障""困难帮扶保障"等举措，文件一出便引起各方关注。其中文件中"对于非公企业务工单身男青年与本县大龄女青年干部职工办理结婚登记手续的，可向县人社局、县工业园区等相关部门提交申请，县人社局、县工业园区将协调相关用人单位优先安排工作岗位；对于失业、无业的单身男青年与本县大龄女青年干部职工办理结婚登记手续的，经本人申请，县人社局适时组织人员参加职业技能培训和创业培训，对于符合条件的在同等条件下优先安排在本县公益性岗位工作，有创业意向的个人给予创业担保贷款"等内容更是引爆网络，以至于"促大龄剩女嫁失业无业男""城镇剩女配农村剩男""鼓励未婚女干部找扶贫对象结婚"等讨论喧嚣尘上，使得一份严肃认真的关爱大龄女青年干部职工婚姻问题的文件遭遇了从头到尾的恶意曲解。为什么会出现如此境况？究其原因还是普通民众对我国大龄未婚青年现状的认识出了偏差。在以往，无论是学术研究还是媒体讨论，呈现的对我国大龄未婚青年现状的认识都是"北上广深等大城市的剩女多，偏远地区农村的剩男多"，"剩女"和"剩男"相距遥远，所谓的"剩女配剩男"几乎是不可思议的事情。而这个文件的出现则改变了之前"剩女在北上广"的传统认识，大家发现原来中西部欠发达地区的县城也有大量"剩女"存在，她们与"农村光棍"其实并不遥远，文件中出现的"无业失业男与女干部结婚"更是将以往大家不可想象的"搭配方式"摆上了台面。如此一来，相关话题形成网络热点也就不足为奇了。

在这场网络热点讨论的背后，有一个不容置疑的事实呈现在所有人面前，那就是大龄未婚现象在我国正不分性别不分地区而广泛存在，且还在快速发展，江西省也不例外。但是，作为经济发展相对滞后且乡村人口比重达42.6%的江西省，大龄未婚青年的具体现状怎样？最近10年间发展趋势呈现什么特点？背后成因又是什么？在我国普婚文化背景下如何缓解"大龄未婚"这一现象？这些问题显然值得进一步探讨，也有开展研究的必要性。

"大龄未婚青年"是由"青年"和初婚登记中的"大龄"两个关键词构成的。世界卫生组织在2017年界定"青年"是15~44周岁的人口，联合国教科文组织的界定是16~45周岁的人口，我国国家统计局的界定则是15~34岁的人口。初婚登记中的"大龄"概念具有较强的区域性、地方性，并没有形成明确的共识，如少数民族地区及经济欠发达农村地区对此的看法和城镇地区有着明显差异。因此，学术界对"大龄未婚青年"的看法也存在明显区别，如王晓慧等人就将农村大于25岁（含）而小于34岁（含）的男女青年视作大龄青年，[1] 姜全保等将26岁之后仍然没有成婚的男性视为大龄未婚男性，[2] 唐利平、赖志杰则以28岁为界限，将超过28岁没有结婚的称为大龄未婚青年，[3][4] 刘爽等基于我国人口的初婚年龄特点将30~44岁设为"大龄未婚"人口的年龄范围，这其实也是以往研究中较多学者采用的标准，[5] 果臻等则基于第七次全国人口普查数据给出农村大龄未婚男性年龄界定标准，即35岁及以上。[6] 在本研究中，将采用世界卫生组织关于

① 王晓慧、刘燕舞：《农村大龄青年婚配困难问题研究——社会剥夺的视角》，《中国农村观察》2017年第2期。

② 姜全保、果臻、李树茁、〔美〕Marcus W. Feldman：《农村大龄未婚男性家庭生命周期研究》，《中国人口科学》2009年第4期。

③ 唐利平：《社会变迁与"剩女"现象——当代大龄女青年婚嫁困境探究》，《中国青年研究》2010年第5期。

④ 赖志杰：《后脱贫时代农村大龄未婚男性群体的贫困治理——基于可行能力的视角》，《中国公共政策评论》2021年第2期。

⑤ 刘爽、蔡圣晗：《谁被"剩"下了？——对我国"大龄未婚"问题的再思考》，《青年研究》2015年第4期。

⑥ 果臻、杨柳清、李树茁：《中国农村大龄未婚男性的年龄界定研究》，《中国人口科学》2022年第3期。

青年的界定，在充分考量已有研究成果的基础上，结合江西省近些年的平均初婚年龄发展特点，以及地方民政、统计工作中的相关表述，将"大龄未婚青年"界定为 30~44 岁的人口群体，即他们虽然超过了社会一般所认为的适婚年龄，但仍有较多的结婚机会。

本文的资料除本蓝皮书采用的统一问卷调查资料外，还有我国及江西省 2000 年以来的人口统计数据，包括 2011~2021 年《江西统计年鉴》、江西省 2000 年第五次人口普查资料、江西省 2010 年第六次人口普查资料、江西省 2020 年第七次人口普查资料、《中国人口普查年鉴-2020》、《中国人口普查分县资料-2020》等，以及作者围绕本主题展开的实地调研、深度访谈等调查资料。需要说明的是，文中采用的人口普查婚姻信息方面的具体数字如无特殊说明均为 1% 抽样的长表数据。

一　江西大龄未婚青年群体的发展现状

（一）江西大龄未婚青年群体发展趋势：持续增长

随着社会经济的发展，我国大龄未婚青年的数量正呈逐年增长之势，这在我国历年的人口普查资料中有着明显的反映。在 2000 年第五次人口普查中，我国 30~34 岁年龄组的未婚人口占同组人口的比重为 4.43%；2020 年第七次人口普查中，该比重提高到 15.08%，是 20 年前的 3.40 倍。而 35~39 岁年龄组的未婚人口在 2000 年占同组人口的比重为 2.34%，到了 2020 年则增长到 6.82%，是原来的 2.91 倍。

在全国大龄未婚青年群体日益扩大的背景下，江西省也不例外。从 2000 年以来，江西省大龄未婚青年在同龄人口组的比重在横向上比全国要低一些，但是从纵向看可以发现该省大龄未婚青年群体正在快速增大，最典型的就是 20 年间江西省 30~34 岁和 35~39 岁两个年龄组的未婚人口增速都要高于国家层面，其中 30~34 岁这个年龄组，2020 年的未婚人口比重是 2000 年的 4.19 倍，远高于国家的 3.40 倍，而 35~39 岁这个年龄组的数据则是 3.52 倍，也明显高于国家的 2.92 倍。而且还有一个不容忽视的现象，那就是江西省 40~44 岁这个年龄组的未婚情况也越来越严重，在 2010 年和 2020 年的增速要明显高于前十年。从这些数据可以看出，江西省大龄未婚现象要比国家层面更为严重，如果不进行适当干预，必将愈演愈烈。

表 1   江西省近三次人口普查中部分年龄组的未婚率

单位：%

年龄组	2000 年五普	2010 年六普	2020 年七普
30~34 岁	3.10	7.79	12.98
35~39 岁	1.49	3.56	5.24
40~44 岁	1.20	1.92	3.32

资料来源：根据江西省 2000 年第五次人口普查资料、江西省 2010 年第六次人口普查资料、江西省 2020 年第七次人口普查资料的数据计算所得。

江西省大龄未婚青年快速增长也可以从江西省历年 15 岁及以上人口的未婚率看出端倪。表 2 显示，自 2011 年以来，江西省 15 岁及以上人口未婚率虽然在有些年份有些回调，但总体呈现增长态势。这组数字虽然展现的是 15 岁及以上未婚人口的变动情况，但背后在一定程度上反映了江西省大龄未婚青年人口的变动，毕竟总体数据的提高，也标志着各年龄段数据提高，尤其是在初婚年龄逐渐提高的背景下。更为重要的是，江西省 2020 年的三组数据，都已经超过国家层面的数据，据《中国人口普查年鉴-2020》数据计算显示，2020 年全国 15 岁及以上人口中，未婚男性占同组总人口的 11.44%，未婚女性占同组总人口的 7.77%，两者合计占 19.21%。结合前面提到的江西省 2020 年大龄未婚比重高于国家整体水平的现实，可以发现江西省非大龄青年的未婚比重高于要高于全国整体水平，如果这些青年的婚姻问题没有及时解决，那么未来江西省的大龄未婚比重将会很快超过国家平均水平，这也预示着江西省的大龄未婚现象在日后将进一步加剧。

表 2   江西省历年 15 岁及以上人口分性别未婚率

单位：%

年份	男	女	合计
2011	10. 25	7. 13	17. 38
2012	10. 37	7. 21	17. 58
2013	10. 54	7. 24	17. 78
2014	10. 49	7. 20	17. 69
2015	10. 86	7. 38	18. 24
2016	11. 08	7. 83	18. 91
2017	10. 93	7. 77	18. 70
2018	10. 82	7. 68	18. 50
2019	10. 83	7. 70	18. 53
2020	13. 09	8. 78	21. 87

资料来源：根据《江西统计年鉴 2021》《中国人口普查年鉴-2020》数据计算所得。

（二）大龄未婚青年的性别分布：男性多于女性

以往青年大龄未婚多由人口结构性因素或身体原因导致，单身人群以低教育程度、低收入、男性为主。随着社会经济的发展，受婚恋观念及其他因素的影响，大龄未婚女青年人口数量急剧增加，其增速甚至高于男性。尤其是在一些经济发达城市地区，大龄未婚群体中的女性显著多于男性。不过需要明确的是，在这种背景下虽然江西省的大龄未婚女性也一直在持续增加，但江西省大龄未婚青年在性别分布上还是男性数量明显多于女性。

在 2000 年的第五次人口普查中，江西省 30~34 岁年龄组的未婚青年中，男性是女性的 8 倍，在 35~39 岁年龄组中，男性是女性的 10 倍，而在40~44 岁年龄组中，男性是女性的 17 倍之多。从这些数字中可以得出这样一个结论：大龄未婚男青年不仅在数量上远高于女青年，而且随着年龄的增长，男性的未婚情况相对于女性会越来越严重。

到了 2010 年第六次人口普查中，江西省大龄未婚男青年相对于女青年的比例有所降低，但整体情况并未改观，通过表 3 可以发现前文所说的两点依旧：第一，无论是城镇地区还是乡村地区，大龄未婚青年中的男性数量都明显高于女性，但两者所形成的比例有了明显的差别。在农村地区，大龄青年中的男女未婚人数之比高达5.78∶1，而城镇地区两者之比为2.71∶1，因此可以推断出农村地区的大龄未婚青年以男性为主，而在城镇地区，虽然女性的数量也不容忽视，但男性仍在大龄未婚青年群体中占据了较大部分。第二，在大龄青年的各个年龄组的比较中，随着年龄的增长，无论是城镇还是农村，男性的未婚情况相对于女性会更严重，尤其以农村更为突出。

表3　2010年"六普"中江西大龄未婚青年分年龄组的区域分布情况

单位：人，%

区域	年龄组	男	女	男女比例
城镇	30~34 岁	7398	3118	2.37∶1
	35~39 岁	3758	1169	3.21∶1
	40~44 岁	1860	511	3.64∶1
	合计	13016	4798	2.71∶1
乡村	30~34 岁	12251	2949	4.15∶1
	35~39 岁	7806	958	8.15∶1
	40~44 岁	4318	312	13.82∶1
	合计	24375	4219	5.78∶1

资料来源：江西省2010年第六次人口普查资料。

到了2020年第七次人口普查时，随着江西省大龄未婚女青年群体的快速增长，全省大龄未婚青年的性别比发生了较大变化，但在绝对数量分布上男性多于女性的特点并未发生改变。不过通过表4可以发现有几个新情况值得注意：一是大龄未婚女青年虽然在绝对数量上低于男性，但其增长的速度已然超过男性；二是在城市、镇和乡村三种地域当中，虽然大龄未婚男青年数量都高于女性，但不同区域之间存在明显差别，即经济越发达的区域大龄未婚男女的性别比越低。

表4　2020年"七普"中江西大龄未婚青年分年龄组的区域分布情况

单位：人

区域	年龄组	男	女	男女比例
城市	30~34 岁	9929	5256	1. 89：1
	35~39 岁	3623	1619	2. 24：1
	40~44 岁	1969	958	2. 06：1
	合计	15521	7833	1. 98：1
镇	30~34 岁	8938	3538	2. 53：1
	35~39 岁	2949	1017	2. 90：1
	40~44 岁	2149	582	3. 69：1
	合计	14036	5137	2. 73：1
乡村	30~34 岁	16122	4013	4. 02：1
	35~39 岁	6055	1037	5. 84：1
	40~44 岁	5491	528	10. 40：1
	合计	27668	5578	4. 96：1

资料来源：江西省2020年第七次人口普查资料。

（三）大龄未婚青年的区域分布：从"男性以农村地区为主，女性以城镇地区占多数"转变到"男女性都以城镇地区为主"

当前，大龄未婚是江西城乡地区都普遍存在的现象，但在区域分布上还是具有明显的特点，即早期呈现"男性主要以农村地区为主，而女性则以城镇地区占多数"的特点，正在逐步转变到"男女性都以城镇地区为主"了。

从表5可以发现，2010年江西大龄未婚青年的区域分布呈现以下特征：第一，在未婚大龄男青年中，农村地区占比达到了65.19%，近乎2/3，说明江西省当时的大龄未婚男青年主要分布在农村地区；第二，在大龄未婚女青年中，城镇和乡村的分布差别虽然没有男性那么大，但也可以发现城镇的比重高于农村，说明城市的大龄女青年未婚情况要比农村严重。这两个结果也印证了既有研究"男性大龄未婚者主要分布在农村，女性大龄未婚者主要分布在城镇"的看法。[1]

表5　2010年"六普"中江西大龄未婚青年的区域分布情况

单位：人，%

区域	男		女	
	人数	比重	人数	比重
城镇	13016	34.81	4798	53.21
乡村	24375	65.19	4219	46.79
合计	37391	100.00	9017	100.00

资料来源：通过江西省2010年第六次人口普查资料计算所得。

随着社会经济的发展，加上青年婚恋观念的改变，江西省男女大龄未婚的现象进一步加剧，其区域分布特点也有了一定的变化。通过表6的数据可以看出：第一，无论是城市、镇还是农村，大龄未婚青年群体正在急剧扩大，其中女性未婚群体增长更快。利用表6的数据计算可以发现，城市大龄未婚男青年占同组人口比重达到9.86%，女性比重达到4.90%，而在镇一级区域，大龄未婚男女青年占同组人口的比重分别是9.05%和3.16%，乡村的两组数据分别达到13.29%和3.02%，这些数据与2010年"六普"比较均有明显提升，其中女性数据的提升尤为突出。第二，大龄未婚青年的地域分布发生了明显变化，即"男性以农村地区为主，女性以城镇地区占多数"正在逐步演变成"男女性都以城镇地区为主"，其中城镇地区的男性未婚比重合计达到51.14%，已经超过农村地区，而城镇地区女性的未婚比重已然超过70%，远远高于农村地区。

江西省大龄未婚青年"男女性都以城镇地区为主"这种格局显然与民众的感受不太一样，毕竟在多数人的感觉里面还是"男性以农村地区为主，女

---

[1] 石金群：《大龄未婚青年现状及成因分析》，载陈光金主编《中国青年发展报告（No.4）——当代青年婚恋状况、关联政策和服务供给研究》，社会科学文献出版社，2020。

性以城镇地区占多数",为什么会出现这种错觉?究其原因主要有以下两点:第一,虽然江西省男女性的未婚比重在区域分布上都以城镇为主,但两者又有明显的区别,那就是从性别比较来看,女性无论是在城市还是在镇,其未婚的比重都要高于男性,其中城市尤甚;而男性则在农村地区的比重要远远超过女性。第二,男女大龄未婚青年的高年龄组在不同的区域分布不同,如35岁以上的大龄未婚女青年主要集中在城镇地区,而35岁以上的大龄未婚男青年主要集中在农村地区,这使得旁观者很容易出现局部代替整体的错误认知。

表6 江西省2020年"七普"大龄未婚青年的区域分布情况

单位:人,%

区域	同组总抽样人口		未婚人口			
	男	女	男	比重	女	比重
城市	151276	159795	14921	26.35	7833	42.35
镇	155037	162552	14036	24.79	5137	27.77
乡村	208233	183345	27668	48.86	5528	29.88
合计	514546	505692	56625	100.00	18498	100.00

资料来源:通过江西省2020年第七次人口普查资料计算所得。

(四)大龄未婚青年的职业分布:男性以体力劳动职业为主,女性中专业技术人员占比值得关注

江西省的大龄未婚青年不仅在城乡分布中具有较大的差异性,而且在职业分布中也具有明显的区别。并且,随着时间的推移,大龄未婚青年的职业分布呈现一定的变化。通过表7可以发现,江西省2010年的男性未婚人口中,"农、林、牧、渔、水利业生产人员"和"生产、运输设备操作人员及有关人员"这两个职业类别超过了75%,也就是说,未婚男性以务农、务工等体力劳动职业为主体;在女性未婚人口中,虽然农、林、牧、渔、水利业生产人员和生产、运输设备操作人员及有关人员这两个职业类别的占比也不小,但明显低于男性,与此同时,专业技术人员和商业、服务业人员两个

职业类别的比重则明显高于男性，达到了男性的 2 倍左右。其中特别值得关注的是专业技术人员类别，在女性未婚人口中占比达到 9.11%，即每 10 个未婚女性中就有一个是专业技术人员。

表 7　江西省 2010 年"六普"中未婚人口的职业分布

单位：人，%

职业大类	男		女	
	人数	比重	人数	比重
国家机关、党群组织、企业、事业单位负责人	1720	0.79	784	0.55
专业技术人员	10789	4.97	13049	9.11
办事人员和有关人员	7783	3.58	4552	3.18
商业、服务业人员	32495	10.35	29907	20.88
农、林、牧、渔、水利业生产人员	67542	31.09	39904	27.85
生产、运输设备操作人员及有关人员	96581	44.45	54871	38.31
不便分类的其他从业人员	355	0.17	179	0.12
合计	217265	100.00	143246	100.00

资料来源：江西省 2010 年第六次人口普查资料。

到了 2020 年，江西省未婚人口的总体特征虽然保持了"男性以体力劳动职业为主，女性中专业技术人员比重值得关注"这个特点，但从表 8 可以看出，在具体的职业分布上已经发生了明显变化：第一，在男性未婚人口的职业分布中，"生产、运输设备操作人员及有关人员"仍是第一类别，但原来排第二的"农、林、牧、渔、水利业生产人员"降到了第四位，下滑了近 23 个百分点，而原来排第三的"商业、服务业人员"上升到第二位，增长了近 27 个百分点。这种变化显然与农村剩余劳动力转移有直接关系。第二，女性中"生产、运输设备操作人员及有关人员""商业、服务业人员"两个职业类别的比重虽然也保持在较高位置，但是相对 2010 年来说有了明显下降，取而代之的是"专业技术人员"和"办事人员和有关人员"的比重大幅上扬，尤其是"专业技术人员"的未婚比重更是达到了25.98%，成为未婚女性第二大职业类别，即每 4 个未婚女性中就有一个是专业技术人员。对于大龄未婚女青年中"专业技术人员"比重超过 1/4 这一现象,笔者特意进行了有关调查,发现主要集中在教师、医生及科研人员等群体方面,这种职业一般都要求接受过系统的专业教育,有的甚至要求拥有硕士、博士等高层次的教育经历。当这个教育经历完成时,年龄就已经不小了。加上随着教育层次的提高,婚恋观念、择偶条件也发生了变化,多种因素一综合,很容易进入"大龄未婚"行列。这也是为什么很多人发现高校中大龄未婚女性现象更为突出的原因。女性中同样值得注意的还有"办事人员和有关人员"这个职业类别,女性在这个职业类别的未婚率也非常高,达到了8.12%,不仅比原来有了大幅提升,而且其未婚比重也超过了男性。笔者也就该现象在一些县域社会开展调查,发现县域基层女干部的大龄未婚现象比较严重,不仅乡镇女干部大龄未婚现象突出,而且县城机关女干部大龄未婚也屡见不鲜。访谈中了解到造成这种现象的原因主要有两个:一是现在省、市每年都有大量遴选机会,很多女性为了在遴选过程不受家庭拖累主动选择了晚婚,在调查中有位乡镇女干部就直言"至少要遴选到市内上班才会考虑结婚问题,否则就会困在这里了";二是县域中能够与女干部"门当户对"的男性少,难以找到心仪的结婚对象。如此一来,就不难理解为什么有研究者指出县域大龄未婚女青年具有明显的"体制"特点,即"县域大龄未婚女青年主要出现在县乡党政机关和事业机关内,其中女教师是主体",[1] 也能够很好地理解本文开篇提到的《宜黄县鼓励大龄女青年干部职工择偶成家的若干政策》这个文件的出台背景。

表8 江西省2020年"七普"中未婚人口的职业分布

单位:人,%

职业大类	男		女	
	人数	比重	人数	比重
国家机关、党群组织、企业、事业单位负责人	2981	1.34	1172	1.05
专业技术人员	19329	8.70	28941	25.98

---

① 欧阳静、马海鹏:《县域体制内的"剩女"——基于中部D县的调查》,《中国青年研究》2019年第10期。

续表

职业大类	男		女	
	人数	比重	人数	比重
办事人员和有关人员	12431	5.59	9046	8.12
商业、服务业人员	82399	37.07	43068	38.66
农、林、牧、渔、水利业生产人员	19033	8.56	5058	4.54
生产、运输设备操作人员及有关人员	83458	37.54	22533	20.22
不便分类的其他从业人员	2671	1.20	1594	1.43
合计	222302	100.00	111412	100.00

资料来源：江西省 2020 年第七次人口普查资料。

（五）大龄未婚青年的教育水平分布：男性在低文化水平中占比超过女性，女性在中高水平中占比超过男性

江西省的大龄未婚青年在教育水平分布上也存在明显的男女区别。通过表 9 可以发现江西省 2010 年的大龄未婚青年的文化程度分布特点，那就是以高中作为分水岭，在"未上过学""小学""初中"三个教育层次上，男性的未婚比重要超过女性，而在"高中""大学大专""大学本科""研究生"四个教育层次上，女性的未婚比重要超过男性，其中"大学大专""大学本科""研究生"三个层次女性未婚率几乎是男性的两倍。这样的状况形象地展现了江西省大龄未婚男女青年在教育上的分布特点，即"男性在低文化水平中占比超过女性，女性在中高水平中占比超过男性"。

表 9 江西省 2010 年"六普"中大龄未婚青年的教育水平分布

单位：人，%

文化程度	男		女	
	人数	比重	人数	比重
未上过学	1652	4.38	302	3.35
小学	9701	25.74	1569	17.40
初中	19336	51.30	4290	47.58

续表

文化程度	男		女	
	人数	比重	人数	比重
高中	4485	11.90	1647	18.27
大学专科	1496	3.97	769	8.53
大学本科	827	2.19	361	4.00
研究生	194	0.52	79	0.88
合计	37691	100.00	9017	100.00

资料来源：通过江西省 2010 年第六次人口普查资料计算所得。

再来看 2020 年江西省大龄未婚青年的教育分布情况。通过表 10 可以发现：第一，虽然大龄未婚青年不同性别在教育分布比重上的分水岭从"初中"提升到了"高中"，即在"高中"之前的四个教育层次上，只有"学前教育"这个层次女性略微高出男性一点，其他三个主要层次都是男性显著高于女性，尤其是在小学和初中阶段，而"高中"及以后的层次，女性的未婚比重明显高于男性，其中"本科"层次的女性未婚率俨然已经是男性的约两倍，而"专科"和"硕士"层次也比男性高出不少。第二，虽然大龄未婚男、女青年在高学历教育层次的比重有了明显提升，但女性的增长明显高于男性，如大龄未婚男青年教育程度在大专及以上的比重只有 21.13%，但女性则超过了 36%，为所谓的"高知出剩女"说法提供了一个注脚。[1] 2020 年数据同样说明了一个事实，即虽然江西省大龄未婚青年群体的教育程度都得到了比较大的提升，但文化程度分布的特点仍然是"男性在低文化水平中占比超过女性，女性在中高水平中占比超过男性"，不过需要注意的是，未婚女性在高文化水平中占据的比重正逐渐扩大。其实，这种教育水平分布特点也在一定程度佐证了大龄未婚青年群体的职业分布特点。

---

[1] 康敬群：《社会生态学视域下高知"剩女"现象的成因与对策研究》，《阜阳师范学院学报》（社会科学版）2016 年第 3 期。

表 10　江西省 2020 年"七普"中大龄未婚青年的教育分布

单位：人，%

文化程度	男		女	
	人数	比重	人数	比重
未上过学	824	1.46	196	1.06
学前教育	23	0.04	13	0.07
小学	5485	9.69	972	5.24
初中	26792	47.31	6568	35.41
高中	11535	20.37	4085	22.02
大学专科	6999	12.36	3433	18.51
大学本科	4399	7.77	2805	15.12
硕士研究生	445	0.79	421	2.27
博士研究生	123	0.21	55	0.30
合计	56625	100.00	18548	100.00

资料来源：通过《中国人口普查统计年鉴–2020》计算所得。

（六）大龄未婚青年婚恋观特点：希望走进婚姻的占多数，坚持不婚主义者仍为少数

面对我国大龄未婚青年越来越多的情况，有研究指出这与我国出现的单身浪潮有关，认为我国以前很多青年单身是被动的，而现在很多青年单身则是主动的，即相当一部分青年（尤其是女性）的婚恋观念发生了改变，在经济独立、个体化意识强且社交方式和生活方式多元化的情况下，不再把婚姻看作人生的唯一选择，从而主动选择了单身。[①] 江西省的大龄未婚青年是否也存在这种特点呢？经过调查发现，江西省的大龄未婚青年虽然逐渐增多，且不分性别和区域，但在这些青年人当中，希望拥有婚姻的还是多数，奉行不婚主义的人仍然为少数。

2019 年针对江西省大龄青年单身原因的调查显示，只有 3% 的大龄青年选择了"崇尚单身主义"，在所有 11 个原因中位居第 10，仅仅高于"其他"

---

① 陈卫民、李晓晴：《晚婚还是不婚：婚姻传统与个人选择》，《人口研究》2020 年第 5 期。

选项。① 在本蓝皮书编写过程中开展的调查也呈现同样的结果，笔者选取该次调查中 31~35 岁的未婚青年数据，有 45.06% 的人认为结婚对人生"非常重要"，有 27.16% 的人认为"重要"，有 13.58% 的人认为"比较重要"，认为"不太重要"的占 8.02%，只有 6.17% 的人认为"不重要"。从这个结果可以发现，江西省大龄未婚青年虽然在增多，但他们在婚姻观上不是"不婚"，而是"晚婚"。

二 江西大龄青年未婚现象成因分析

通过前面的分析可以发现，江西大龄未婚青年不仅在各个阶层、各个区域都存在，而且还在快速发展当中。当前，江西的大龄未婚青年群体在整体上表现出了一些明显特征：男性由早期主要集中在农村地区转变到以城镇为主，但农村青年未婚形势仍然严峻；职业则集中于务工务农等领域，且教育程度也偏低。女性则主要集中在城镇地区，虽然务工务农的比例较高，但专业技术人员、办事人员和有关人员的比重正快速增长，成为一个新的特征，同时她们的教育程度也较高。大龄未婚青年形成的原因是多方面的，既有社会性的，也有个体性的，既有表面上的，也有深层次的。

（一）初婚年龄的提高

大龄未婚现象的出现和持续发展与我国男女初婚年龄的整体提高有着密不可分的关系。随着越来越多的人选择了晚婚，我国大龄未婚现象越来越严重。初婚年龄的提高既是大龄未婚现象的原因，也是其结果。因此，我们可以把初婚年龄提高看作大龄未婚现象产生和发展的表面原因。

《中国人口普查年鉴-2020》的数据显示，我国 2010 年平均初婚年龄为 24.89 岁，其中男性为 25.75 岁，女性为 24 岁；到了 2020 年，平均初婚年

---

① 李东风：《2020~2021 年江西青年的恋爱、婚姻和家庭发展报告》，张雪黎主编《江西青年发展报告（2020~2021）》，社会科学文献出版社，2021。

龄提高到 28.67 岁，其中男性为 29.38 岁，女性为 27.95 岁。也就是说，10 年间，我国的平均初婚年龄提高了近 4 岁，其中男性提高了 3.63 岁，女性提高了 3.95 岁。而女性的平均初婚年龄上升得更多，也在一定程度上印证了女性大龄未婚现象发展更快。

作为内陆省份的江西省，在经济发展水平较低的时候，其初婚年龄要比国家层面的数据低一些。如根据江西省 2010 年第六次人口普查数据，当年江西省平均初婚年龄为 23.16 岁，其中男性为 24.34 岁，女性为 22.01 岁。但是当江西省经济进入快速发展阶段时，其平均初婚年龄短时间内有了大幅提高。如在 2020 年，全省适龄青年平均初婚年龄上升到 29.5 岁，其中男性为 30.6 岁，女性为 28.3 岁，横向比明显高于国家数据，纵向比 2010 年有了非常大的提升，男女的初婚年龄都增长 6 岁以上。

随着初婚年龄的提高，大龄未婚青年尤其是 30~34 岁这个年龄段未婚人口数量有了比较明显的增长。如 2000 年，江西省 30~34 岁年龄段未婚男性占同组人口的比例是 5.69%，女性是 0.67%；到了 2010 年，这两项数据分别上升到 12.07% 和 3.59%，分别增长了 6.38 个和 2.92 个百分点。到了 2020 年，这两组数字再度上升到 18.87% 和 7.01%，相对于 2010 年又分别增长了 6.8 个和 3.42 个百分点。由此可以表明，大龄未婚青年人数的增加跟初婚年龄的推迟有密切的关系。

初婚年龄提高的原因是多方面的，既有受教育水平的提升和结婚成本上升的原因，也有职业竞争加大的原因，更有婚姻观念变化的原因。而这些原因，其实也构成了大龄未婚青年增多的深层次原因。其中最明显的当属受教育水平的提升，现在越来越多的人选择大学毕业后读研、考博，尤其是女性群体。受教育年限在不断延长，这自然就推迟了结婚年龄。前文提到的2020 年大龄未婚青年中的高学历比重比 2010 年有明显增长就是一个典型例证。

（二）梯度婚配模式的影响

梯度婚配模式首先表现在性别方面。我国一直以来有"男高女低"的传统婚配观念，从而形成了"男高女低"的梯度婚配模式。在这种模式下，如果按婚姻条件的高低把男性分为甲、乙、丙、丁4个等级，女性也分为甲、乙、丙、丁4个等级，在婚配方面如果甲男和甲女结婚、乙男和乙女结婚等对等结婚，很容易形成"男女互不相让"或者是"女强男弱"等婚姻关系，从而与传统观念冲突导致不和谐，于是就形成了在婚配方面一般是甲男和乙女结婚，乙男和丙女结婚，丙男和丁女结婚，这样一来，剩下的甲女和丁男就很容易找不到对象了。而江西省宜黄县鼓励大龄女青年干部职工与非公企业务工或失业、无业的单身男青年结婚，颠覆的就是这种梯度婚配模式，也就不难理解为什么会引发网络热议了。

近年来，女性的受教育水平和社会地位不断提高，在某些方面甚至超过男性，进一步加剧了甲女和丁男找不到对象结婚的情况。通过表8就可以发现，在"专业技术人员"职业类别中，女性的未婚率不仅远远高于男性，而且绝对人数也大幅超过男性，而在"农、林、牧、渔、水利业生产人员"和"生产、运输设备操作人员及有关人员"等职业类别中，男性的未婚率和绝对人数要远远高于女性。在这种情况下，如果在婚配中仍然坚持"男高女低"，势必会导致大量受过高等教育的女性找不到合适的对象。表10的大龄未婚青年的教育分布数据就说明了这种情况。

梯度婚配模式还表现在区域方面。区域既包括城、镇及乡村的分类，也包括经济发达地区、经济一般地区和经济落后地区。通常情况下，同区域的男性一般和同区域的女性婚配，即城市男一般娶城市女，经济发达地区的女性一般嫁经济发达地区的男性。但是，在性别梯度婚配模式等因素的影响下，有些区域等级比较高的男性在自己区域找不到合适的婚姻对象时，就会转向区域等级比较低的地区寻找婚姻对象，从而形成了区域上的梯度婚配模式。

所谓水往低处流、人往高处走，现在农村人口普遍向城里流动，农村女青年很少留在乡下，大多进城经商或务工并选择嫁到城镇或经济更发达的外地。同时，在婚姻市场上，男性仍然居于主动地位，地域方面占据优势地位的男性自然拥有较大的选择权，反之那些处于劣势区域的男性选择的机会就会减少，甚至失去选择权。这样一来，在城乡二元发展和区域经济发展不平衡的情况下，"剩男"问题更多地出现在边远、贫困的农村。笔者2022年暑期在江西中部一个乡村调研时就发现，这个村庄在改革开放之前曾有一些"男光棍"的现象，而在20世纪80年代末到2010年这些时间里，这个村庄的光棍现象神奇地消失了。而村委会主任在解释原因时就说："当时村庄里其实也有一些男孩子按照条件是比较难找到老婆的，但他们在出去务工时认识了贵州、广西那边的女孩子，那些女孩子家乡比我们这里穷，她们就乐意嫁过来，因此这些男孩子就很好地解决了这个问题。"而2010年以后，这个村庄的"光棍"又出现了，而且还比改革开放之前严重多了，村委会统计发现，在这个人口不足两千人的行政村里，居然有超过30个已过35岁却还未结婚的男性，这成为"村委会的一大要紧事"，而村委会主任对"光棍重现"也给出了自己的解释："现在农村的女孩子也有机会读书了，很多读书出去了，自然不会嫁回来，那些没有读大学的有的在外务工时嫁到发达地区去了，有些在家的也嫁到县城或乡镇上去了，能够留在农村的女孩子就很少了。另外，现在贵州、广西这些地方的经济发展得比较快，那里跟我们这里经济也差不多了，所以人家那里的女孩子也不愿外嫁了，最明显的就是2010年后，我们村民娶外省女孩子的就只有两个，跟之前形成了鲜明对比。"

因此，在性别和区域双重梯度婚配模式的作用下，城镇中有一些婚姻条件好的女性成为大龄未婚女，而农村则有很多婚姻条件差的男性成为大龄未婚男，形成了"县域体制内出剩女""落后农村出光棍"的现象。

（三）现代青年婚恋观念的变化

以前，一旦到了成婚年龄，如果没有结婚，女性就会被认为没人要，男性就会被认为找不到老婆，甚至还会被污名化，冠之以"老姑婆""光棍"等称呼。所以，一般人到了成婚年龄，即使没有找到心仪的结婚对象，也会抱着将就的心态，找一个对象结婚，最后剩下的只是个别人。同时，成年后如果不结婚，要么只能选择和原生家庭及其他兄弟姐妹在一起，要么单独一个人过。继续住在原生家庭容易引发各种矛盾，而自己一人过又很艰难，迫于现实压力只好凑合着组建家庭。

随着社会文明程度的不断提高，人们的婚恋观念发生了非常大的变化。现在的年轻人自我意识日益增强，越来越重视婚姻的自主选择和质量，婚姻在他们眼中不再是凑合着过日子了，而是需要两人精神的契合，即婚姻更强调精神需求满足。同时，对于那种没有经济基础或影响自身发展的婚姻，他们也会敬而远之。因此，现在的年轻人寻求婚姻时会考虑更多的因素，例如自身的学历和事业发展是否达到了某个高度，是否真正遇到了自己深爱的对象，自己结婚后是否能够真正幸福，等等。本次调查访谈结果显示，大龄未婚青年谈及自己未婚的原因时，近30%的人认为自己"还没有遇到合适的人"，在所有原因中高居第一位。在这种婚恋观念的影响下，年轻人不仅初婚年龄节节高升，而且每年的初婚人数总体也呈现下降的态势。根据《中国统计年鉴2021》数据，2010年初婚人数多达2200.9万人，2020年则降低到了1200多万人。表11中也显示，江西省的婚姻登记对数、初婚登记人数近年来都呈现明显的下降趋势，2011年，江西初婚人口达到703739人，2020年，该数字下降到431297人，十年间下降了38.7%。与此同时，在这十年里，江西的离婚率反倒呈明显的上升趋势，十年间增长了101.8%。这种结果，显然是现代青年婚恋观念发生变化的结果，同时又进一步深刻影响当下青年的婚恋观念。笔者与大龄未婚青年交流时，很多人就表示"现在大家都不结婚，我何必着急呢""你看现在离婚率这么高，结婚还是要谨慎""与其到时离婚，不如结婚时稳妥一点"，等等。

表11　2011~2020年江西省婚姻登记情况

单位：对，人

年份	结婚登记情况			离婚
	登记	初婚	再婚	
2011	373001	703739	42263	54360
2012	421144	781537	60751	60006
2013	393733	713803	73661	70247

续表

年份	结婚登记情况			离婚
	登记	初婚	再婚	
2014	371233	658658	83808	72909
2015	306158	527676	84640	79099
2016	302014	508278	95750	86405
2017	358601	593777	123425	102568
2018	330641	543471	117811	107456
2019	295407	468118	122696	115492
2020	273026	431297	114755	109680

资料来源:《江西统计年鉴 2021》。

同时,随着婚姻观念的改变,加上生活便利性提高,很多年轻人对家庭的渴望和依赖也越来越小,觉得如果有缘组建家庭当然是好事,如果不行也不勉强自己,反正一个人生活也挺舒适,婚姻并不是个人生活和发展的唯一归宿。这尤其体现在大龄未婚女青年上,特别是那些高知单身女性。她们在摆脱传统家庭、社会和性别角色限定的同时,也弱化了原有社会关系对她们的支持和庇护,进而形成了去传统化、进取的自我、独立的自我、欲望的自我四种特征混合的多面形象。因此她们会在职业上投入更多精力,同时也注重自我欲望的满足;会在生活中非常独立,又常常在社交中处于被动地位;能接受"男主外、女主内"的传统家庭分工,同时又十分重视自己在家庭中的话语权。就其婚恋特征而言,她们不会因为情感需要而随意将就,更不会把婚姻视为"必需品",对很多人来说,婚姻只是"锦上添花"。① 因此,在这种观念的加持下,虽然很多人不崇尚单身主义,但也绝对不盲目走进婚姻,"不拒绝,不盲目""有当然好,没有也不刻意"等就是她们对待婚姻的态度。与这种态度相对应的就是大龄未婚现象越来越突出。

---

① 侯静、李雨欣:《传统与现代的张力:个体化理论视角下高知单身女性群体的特征》,《中国青年研究》2020 年第 8 期。

（四）区域内的性别比例失衡

自 20 世纪 80 年代开始，在中国的市场经济发育、城市化进程推进、计划生育政策实施的背景下，中国人口性别结构已出现整体失衡，并由此造成"婚姻挤压"，致使在人口结构中占多数的男性相当一部分无法走入婚姻。有研究团队以 20 世纪 80 年代初我国的出生人口性别比为参照，对我国 1980 年到 2010 年间出生人口的性别情况进行分析，推算出这 30 年间，出生的男性为 2.9 亿人，女性为 2.54 亿人，男性比女性多出大约 3600 万人，并据此判断：从 2010 年开始，中国还将经历长达几十年的"男性婚姻挤压"，"80 后"的男性中，将有 10%～15% 的人找不到或不能如期找到配偶。[1]

这种出生人口性别失衡的状况在江西省也存在，且在一段时期还极为严重。在 20 世纪 80 年代以前，江西省的出生人口性别比基本正常，之前三次人口普查时人口性别比分别为 103.39（1953 年）、104.58（1964 年）和 106.93（1982 年），均属于国际公认的出生人口性别比正常水平（103～107）。20 世纪 80 年代中期之后，江西省的出生人口性别比开始明显呈现上升态势，1990 年第四次人口普查时是 110.82，2000 年第五次人口普查时居全国首位，达到 138.01。此后，江西省出生人口性别比虽有大幅下降，但仍然在高位运行，2010 年第六次人口普查时是 122.95，与全国平均水平的差距相比 2000 年有所缩小。到了 2020 年，虽然数字进一步回落，但仍然在高位运行，为 120.31。这种出生人口性别失衡预示着江西省目前仍然处在"男性婚姻挤压"期，以后相当长的一段时间里这个现象将难以缓解。

当前阶段江西省的大龄未婚青年正是在出生人口性别正常迈向失衡这个阶段出生的，因此"男性婚姻挤压"并不是导致大龄未婚青年增多的主要原因，区域内的性别比例失衡才是主要原因。所谓区域内的性别比例失衡，

---

[1] 靳小怡、郭秋菊、刘利鸽、李树茁：《中国的性别失衡与公共安全——百村调查及主要发现》，《青年研究》2010 年第 5 期。

就是指在全省层面某一个年龄段的男女性别处于平衡状态或者一定的失衡状态，但是具体到城市、镇和乡村，其性别就会出现失衡或者是加剧失衡的状态。我们不妨来看看江西省 2020 年大龄青年分区域的性别人数对比情况，通过表 12 可以发现：虽然从江西全省整体层面来说，大龄青年每个年龄段的性别比相对处于均衡状态，但是到了具体区域，这种均衡就被打破。无论是城市还是镇，大龄青年的每一个年龄段，都是女性人数明显高于男性人数；而在乡村地区，则是完全相反的情况，即大龄青年的每一个年龄段，都是男性人数显著高于女性人数。不妨以 30~34 岁这个年龄组为例来看看，全省的男女性别比是 101.13，在城市区域却是 95.20，而乡村地区却达到了 115.97，不同区域形成了明显的反差。在这样的区域性别比例失衡的状态下，"城镇大龄未婚女青年多、乡村大龄未婚男青年多"这种现象出现就不足为奇了。

表 12　江西省 2020 年大龄青年分性别、年龄段及区域分布情况

区域	性别	30~34 岁	35~39 岁	40~44 岁
城市	男	564022	451029	504025
	女	592488	474143	517882
镇	男	511504	431188	527294
	女	546450	467473	553714
乡村	男	595756	468104	595393
	女	513700	418521	540139
总计	男	1671282	1350321	1626712
	女	1652638	1360137	1611438

资料来源：《中国人口普查统计年鉴-2020》。

（五）结婚成本持续走高

随着社会发展，青年人提出的结婚要求和条件也在不断增加，致使结婚成本持续走高。很多人为了达到结婚的前提条件，需要花更多时间准备，这必然导致大龄未婚青年越来越多的现象。

结婚成本上升的第一个主要原因是住房问题。无论城乡，结婚都要考虑住房等因素。而房价不断上涨，使得结婚成本一直增加，导致结婚的准备期也在不断拉长。更为重要的是，往往男方被要求单独提供住房或者是以男方为主，而面对高高在上的房价，许多男青年束手无策，只能"望房兴叹"。因此，高房价如今已经成为年轻人结婚的"绊脚石"，甚至是无法逾越的鸿沟。在这样的背景之下，年轻人只能花更多时间准备房子，或者不买房、暂时不结婚。笔者 2022 年暑期调研时发现江西城乡的年轻人都面临这个问题，城市青年结婚买房似乎成了一个必选项，而很多农村青年则表示，现在要结婚，家里有了新建自住房都不行，还需要进城买房，因为女方说"城里有房方便，以后小孩读书也有优势"。更为严重的问题是，江西虽然还属于经济欠发达地区，但全省综合房价在全国的排位并不滞后，甚至还有点超前。

结婚成本上升的第二个主要原因是彩礼问题。彩礼影响青年婚姻由来已久，早在 20 世纪 80 年代，全国妇联基于福建省清流县的调查对这个问题进行了探讨。[①] 然而随着时间的推移，这个问题不但没有得到有效解决，反而愈演愈烈了，不仅彩礼数目在持续提高，而且还蔓延到了城市，有些地方甚至出现了所谓的天价彩礼。笔者在 2022 年暑期调研中遇到一个江西中部县的农村大龄青年，他说自己今年结婚，对象是一个二婚无孩女性，两家商议后给了 18.8 万元的彩礼。而本次蓝皮书调查结果也显示，162 名 31～35 岁的未婚青年谈及自己未婚的原因时，有 32 个直接表示"彩礼太重，结婚开销目前还负担不起"，占比近 20%，在所有原因中排第二位。

结婚成本的持续走高，必然导致家庭经济条件差的男青年无法支付结婚费用而推迟结婚或者是无法结婚，这被视为婚姻中的经济排斥现象。婚姻中的经济排斥表明，即使不考虑性别失衡状况，大龄未婚青年现象依然存在，而且，不仅男性光棍存在，还会存在剩女，因为女性的不愿意"下嫁"而

---

① 全国妇联联合调查组：《农村婚姻彩礼上升的社会成因——福建省清流县婚姻彩礼情况调查分析》，《福建论坛》（经济社会版）1987 年第 4 期。

又无法"上嫁"就会导致初婚年龄不断推迟。[①] 这其实也很好地说明了为什么 2020 年江西省人口统计中的大龄青年性别其实比较平衡但却出现了大量"剩男""剩女"的原因。

三 推动大龄未婚青年走进婚姻的建议

鉴于多数大龄未婚青年"不是不婚而是晚婚",因此,推动大龄未婚青年走进婚姻需要在社会环境及制度层面作出相应调整,除去影响青年恋爱成婚的羁绊,让有婚姻意愿的青年早日成婚。这项工作不仅能够有效提升青年工作、生活质量,而且能够有效推进人口结构的优化。

(一)构建支持大龄青年走进婚姻的社会大环境

我国目前整体上仍然属于一个普婚普育的国家,绝大多数民众对婚姻的态度都是积极的。因此,面对着不断扩大的大龄未婚青年群体,需要在社会层面构建一个支持婚姻的大环境,让他们愿意结婚、能够结婚。

第一,倡导积极的婚姻观。在社会层面,积极倡导婚姻是人生幸福的重要砝码,确立婚姻关系在家庭系统中的核心地位,明确家庭建设首先是婚姻建设的逻辑关系,进而充分认识和宣传婚姻关系的家庭意义和社会作用,形成人人善待和维护婚姻关系的家庭文化与社会意识,让所有的人相信婚姻,积极走进婚姻,让进入婚姻的人呵护婚姻,不轻言"离婚"。同时,社会舆论也需要改变婚配条件一定要"男高女低"的传统观念,既需要提倡男女平等,也需要包容婚配条件"女高男低"的家庭。让"女高男低"的婚配不再异类。在个人层面,也要确立良好的婚姻观。有些大龄未婚青年一直没结婚,是因为自己的婚姻观和择偶标准脱离实际。在这种情况下,就需要加强婚恋观的指导和教育,引导他们正确面对婚恋问题。

第二,提倡节俭婚嫁风气。要降低结婚成本,必须移风易俗,改变高价

---

① 刘燕舞:《农村"光棍"问题研究:回顾与前瞻》,《中国青年研究》2019 年第 6 期。

彩礼、婚前男方必须有房有车等不合理婚嫁风气，让年轻人尽量都能相对轻松地谈婚论嫁，不用为结婚犯愁。有关部门需要探索建立健全长效机制，指导基层自治组织把抵制高价彩礼、大操大办等纳入村规民约、居民公约，同时发挥农村红白理事会在婚庆中的组织、引导和监督作用，坚决摒弃相互攀比和铺张浪费的陋习，杜绝超出家庭经济能力的婚嫁行为，使高价彩礼、大操大办等社会不良风气得到有效抑制。

（二）健全大龄未婚青年婚恋的社会支持体系

大龄未婚青年的婚恋问题，需要各级党委和政府的重视，要将其纳入人口吸纳、人才留用和社会治理等中心工作，凝聚全社会关心和解决青年婚恋问题的合力，从而健全大龄未婚青年婚恋的社会支持体系。

第一，加快农村经济建设，从根本上化解大龄男青年的择偶难题。作为农村经济发展较为滞后的省份，江西各级政府必须高度重视农村大龄未婚男青年婚恋问题，通过不断壮大县域经济，解决大龄未婚青年的就地就业问题，一来可以让更多的农村姑娘留在本地打工、增加收入，实现一方水土养一方人，避免地区性别比例失衡情况的发生，解决"内忧"问题；二来也能够有效解决农村男青年的经济增收和事业发展问题，"栽上梧桐树、招来金凤凰"。同时，结合乡村振兴的契机，进一步加大对农村基础设施建设的投入力度，着力改善农村生产生活条件，改善人居环境，加快城乡一体化进程，逐步改变农村的落后面貌，美化农村环境，缩小城乡差别。这是防范大龄未婚男青年持续增多的固本策略。

第二，团委、妇联、工会等组织要搭建公益性青年交友平台，积极提供婚恋社会服务。可以在全省范围内打造信息真实安全、资源共享的地区性适龄青年网络交友平台，充分合理地利用互联网为适龄青年创造安全可信的交友环境，定期为适龄青年开展丰富多彩、喜闻乐见的"面对面"活动。同时，民政、教育和卫生等部门，要根据青年心理和生理特征，通过政府购买社会服务等方式，组织社会服务专业机构为广大青年提供专业的婚恋、医疗和健康咨询服务。

（三）警惕对大龄未婚群体的标签化和问题化，同时建立被迫失婚群体的各种保障机制

第一，当前大龄青年被普通民众抑或媒体甚至是研究者冠之以诸如"剩男""剩女""光棍"等名称，在某种程度上被标上了"另类"的标签。如城镇大龄未婚女青年，正遭遇传统观念中"一定要结婚才是一个完整的女人"等话语的伤害，甚至成为被歧视的对象；而农村大龄未婚男性则在遭遇成婚困难的同时，也被社会视为潜在的风险群体，认为他们会对社会安全产生影响，[1] 从而成为被社会排斥的对象。其实，这是一种非常不正确的认知和行为，需要高度警惕。对于大龄未婚青年，需要给予充分的理解和尊重，不要贴"剩男""剩女""光棍"等标签，更要抵制这些带有污名化的歧视倾向，无论他们的最终选择是什么，都要对他们的选择给予尊重、理解和支持。

第二，不管是因为时代因素还是因为个人遭际，不可避免地终究会有一些人终其一生都无法走入婚姻，对于这些被迫失婚的群体，各级政府应该未雨绸缪，建立各种保障机制，尤其是需要尽快建立全面、有效的养老保障体系，让他们有尊严有保障地老去。有学者在陕西安康地区调查发现，有51.5%的大龄未婚男性对于养老没有明确打算。[2] 虽然我国农村地区对于老龄单身人群有五保供养的制度，但这只是一个基本的养老保障措施。实际上，与之前单纯在家务农的终身未婚人群相比，现在很多大龄未婚人士早就离开农村来到城市成为农民工，他们也积累了一定的物质财富，养老能力有所提升，但是他们觉得迷茫、无奈、命运未知、没有安全感等。因此，对于那些被迫失婚的群体，政府应该立足多元养老服务，动员社会、企业、个体多方力量，秉承自助与互助相结合、生活服务与精神服务相结合的原则，从细处着眼为这一群体建立综合性的保障机制。

---

① 刘利鸽、靳小怡、〔美〕费尔德曼：《婚姻挤压下的中国农村男性》，社会科学文献出版社，2014。
② 刘慧君、谢晓佩：《农村大龄未婚男性养老选择的代际差异及其养老脆弱性》，《人口与社会》2017 年第 3 期。

B.8
江西青年结婚成本与优化策略研究

余玉荣 汤地华 徐雨凡*

摘　要： 在主流的社会观念里，成家立业是人生中的头等大事，尤其是
　　　　 "成家"。"成家"的前提是结婚，结婚是男女之间的契约，是一
　　　　 种社会制度，它不仅关乎个人幸福，还关乎社会的稳定与可持
　　　　 续发展。近年来，江西青年结婚成本的提高对青年的婚恋意愿
　　　　 产生了重大的影响。因此，探讨江西青年结婚成本的概念、特
　　　　 征、构成以及偏高的原因非常重要；同时，本文就如何使江西
　　　　 青年结婚成本处于较为合理的水平提出相关优化策略。

关键词： 江西　青年　结婚成本　婚恋意愿

　　《中国婚姻家庭报告 2022 版》显示，我国结婚率从 2000 年的 6.7‰上
升到 2013 年的 9.9‰，随后逐年下降，2020 年结婚率下降到 5.8‰；我国初
婚人数在 2013 年达到 2385.96 万人的峰值后持续下降，2020 年下降到 1200
多万人，比 2013 年下降 48.5%。2013 年，我国结婚登记对数为 1346.93 万
对，2021 年结婚登记对数下降到 763.6 万对，连续八年下降。该报告指出，
我国近年来初婚人数连续下降预示了极低的生育率，在适婚人数减少、结婚
生育成本过高、性别比失衡、社会竞争压力大和婚育观变化等多重因素影响

---

* 余玉荣，哲学博士，硕士生导师，江西科技师范大学计划财务处处长、教授，主要研究方向
为教育管理、青年发展、财务管理与实务；汤地华，江西科技师范大学研究生，主要研究方
向为财务会计理论与方法；徐雨凡，江西科技师范大学研究生，主要研究方向为审计理论与
实务。

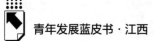

下，未来我国初婚人数仍将呈下降态势。因此，为了提高江西青年的结婚意愿、营造稳定的社会环境，研究江西青年结婚成本以及探讨其优化策略势在必行。

一　江西青年结婚成本的定义及特征

（一）青年结婚成本的定义

结婚成本居高不下，对青年的结婚意愿产生了一定的影响。目前，人们对于结婚成本的概念仍然比较模糊。广义上的结婚成本是指完成婚姻形式的过程中所付出的时间、情感、金钱、机会等一系列物质与精神消耗的总和。狭义上的结婚成本是指完成婚姻形式过程中所付出的物质成本总和。一般而言，结婚成本是指狭义的结婚成本，它比较注重青年在整个结婚过程中的金钱支出，对时间、情感、机会等难以用货币衡量的支出关注较少。

（二）江西青年结婚成本的特征

1.结婚成本偏高
（1）高成本的恋爱

在当代社会，恋爱的具体含义是：两个人基于一定的物质条件和共同的人生追求，形成二者相互爱慕，维持稳定、忠诚的亲密关系的阶段。恋爱不仅需要爱情，还需要面包。改革开放以来，中国的经济已经发生巨大的变化。与此同时，人们的收入水平提高、生活方式改善、消费观念改变。在物质更加充足、婚姻观念变迁的当代，青年恋爱消费的内容和形式发生了极大的变化。低水平的恋爱消费已经比较稀少，恋爱消费水平不断提高。

所谓恋爱消费，是指因发展和维系恋爱关系及在恋爱的过程中为满足双方恋爱生理和心理上的需求而产生的消费，简而言之，即因恋爱而产生的消费。恋爱消费是很多情侣在恋爱过程中不可避免的一项支出。随着物价上涨，诸如情侣之间的通信费、交通费、吃饭、购物和外出旅游等恋爱消费支出不断提高。大学生是当代青年的主要组成部分之一，而大学生的生活费用主要来自家庭，每个家庭的收入参差不齐。消费观念不成熟的大学生容易产生攀比心理，盲目跟风高消费的同学。这种不良心理一旦产生，即使在大学毕业之后，仍会对他们的恋爱消费观产生不利的影响。总而言之，不管是父母提供生活费的大学阶段，还是有经济能力的就业阶段，青年的恋爱消费都深深地受宏观经济环境以及攀比心理的影响。此外，当代青年的自主性不断增强，渴望对金钱的自由支配以及消费的幸福感，会使恋爱消费支出只增不减。

中国社会调查事务所对 100 对新人和恋人进行的一次婚恋专项调查显示：以恋爱开始到领证结婚为一周期，除去买房、装修等金额较大的消费支出外，72%的新人恋爱全过程的花费在 12000~35000 元，66%的恋人恋爱花费在 1000~15500 元。在不同的恋爱阶段，恋爱支出存在明显的差别。在恋爱初期，男女之间一般会通过互赠礼轻情意重的礼物互通心意，比如鲜花、巧克力、项链、图书等，各项花销支出占总花费的 25%，这一阶段基本上由男性买单。在恋爱中期，男女双方开始赠送价值较为昂贵的礼物，比如实用小皮件、皮包、香水、情侣对表、情侣对戒、饰物等；同时，在穿着和旅游方面的开销会增加，而在娱乐方面的支出则相对减少，逛商场、吃烛光晚餐、携手出游等成为主要选择，各项花销占总花费的 40%。在恋爱后期，从恋爱走向结婚，男女双方开始准备目标性较强的人生大事，日常的饮食、娱乐等消费减少，各项花销支出占总花费的 35%。

（2）高昂的结婚费用

为了探讨江西青年结婚成本的具体情况，江西省 2022 年进行了"初婚有配偶青年调查问卷"调研，共收回有效问卷 2165 份，被调研对象的基本情况表 1 所示。从表 1 可知，被调研对象的性别比例、年龄范围、户籍类型等具有较强的代表性；政治面貌、受教育程度方面涉及多个群体，被调查对象具有全面性。

表1 调查样本的基本情况

单位：人，%

		人数	占比
性别	男性	937	43.28
	女性	1228	56.72
年龄（周岁）	21~25 岁	191	8.82
	26~30 岁	813	37.55
	31~35 岁	1161	53.63
政治面貌	党员	850	39.26
	团员	411	18.98
	民主党派	5	0.23
	群众	899	41.52
教育程度	专科及其他	988	45.45
	本科	1042	48.13
	研究生及以上	135	6.42
户籍类型	农村	1154	53.30
	城镇	1011	46.70

资料来源：根据调查数据整理而得。

关于调研对象的结婚费用构成的基本情况如表2所示。由表2可知，江西青年结婚的成本主要产生于购（建）婚房、婚礼及喜宴、装修房屋、购买汽车、彩礼、添置家具家电、金银等首饰、嫁妆、蜜月旅行等方面。其中，选择购（建）婚房与婚礼及喜宴的占了问卷人数的一半以上；其次是装修房屋、购买汽车、彩礼、添置家具家电等方面；最后是金银等首饰、嫁妆和蜜月旅行。

由安居客平台公布的2022年江西平均房价排名来看，南昌房价11912元/米^2，赣州房价9530元/米^2，吉安房价8456元/米^2，抚州房价7842元/米^2，宜春房价7769元/米^2，上饶房价7687元/米^2，景德镇房价6981元/米^2，九江房价6910元/米^2，鹰潭房价6419元/米^2，新余房价5807元/米^2，萍乡房价5366元/米^2，江西各个城市的房价每平方米5300~12000元不等，在此区间取中位数，每平方米房价假定为8900元，一套房子90平方米，购房的总费用是 80.1 万元。

根据婚礼纪平台公布的数据，不同档次的婚庆收费标准是不一样的，实惠基础型婚庆的价格一般在 5000~10000 元，中档品质型婚庆的价格一般在 1 万~3 万元，豪华定制型婚庆的价格一般在 3 万~10 万元。喜宴的价格也随档次而变化，每桌 1300~5000 元，根据调查可知，普通家庭一般选择每桌 1500 元的喜宴，共有 15 桌，那么喜宴的成本为 2.25 万元。假定婚礼选择实惠基础型，婚庆价格是 1 万元，那么婚礼和喜宴的成本共计 3.25 万元。

表 2　初婚结婚成本构成情况及具体费用

项目	人数（人）	占比（%）	具体费用（万元）
购（建）婚房	1253	57.88	80.10
婚礼及喜宴	1221	56.40	3.25
装修房屋	1030	47.58	15.00
购买汽车	933	43.09	15.00
彩礼	919	42.45	10.00
添置家具家电	882	40.74	2.00
金银等首饰	829	38.29	3.00
嫁妆	572	26.42	5.00
蜜月旅行	280	12.93	1.00
其他	70	3.23	1.00
总计	2165	—	135.35

资料来源：人数、比例数据根据调查数据整理而得，具体费用根据上述有关数据推论。

房屋装修的价格根据档次不同也有很大的差异，简单装修一般是 5 万~10 万元，中等装修一般是 10 万~20 万元，高档装修一般是 20 万~50 万元。房屋装修的成功对居住的幸福感非常重要，因此将装修费用根据中等装修金额的中位数假定为 15 万元。

汽车的价格透明度较高，汽车的价格由 3 万元至上百万元不等，根据调查可知，普通家庭购买汽车的支出为 15 万元。

新房添置家具家电也是一笔大的支出，新房一般要添置床、沙发、餐桌、茶几、空调、电视、洗衣机、冰箱等家具家电，通过调查得知这项支出一般为 2 万元。

调查得知，结婚时金银等首饰支出是 3 万元，女方嫁妆的支出是 5 万元，一般的家庭度蜜月的资金储备为 1 万元，其他费用一般为 1 万元。

在调研中，关于调研对象的结婚彩礼金额问题的调查结果显示：有效填写者 2165 人，有 309 人是无彩礼，占比 14.27%；有 963 人的彩礼是 10 万元以下，占比 44.48%；有 708 人的彩礼是 10 万~20 万元，占比 32.70%；有 142 人的彩礼是 21 万~30 万元，占比 6.56%；有 33 人的彩礼是 31 万~50 万元，占比 1.52%；有 10 人的彩礼是 51 万元及以上，占比 0.46%。由作答情况可知，有 80% 以上的人结婚都会有彩礼；彩礼为 20 万元及以下的占比为 77.18%；20 万元以上的高价彩礼占比 8.54%，占比较少。根据问卷结果，假定江西青年结婚的彩礼支出是 10 万元。

江西青年结婚时，关于购（建）婚房、婚礼及喜宴、装修房屋、购买汽车、彩礼、添置家具家电、金银等首饰、嫁妆、蜜月旅行等方面的所有支出加总起来约 135.35 万元（见表 2）。

在调研中，关于调研对象过去一年的月收入水平的调查结果显示：有效填写人次是 2165 人，收入为 1500 元以下的人数为 101 人，占比是 4.67%；收入为 1500~2500 元的人数为 328 人，占比是 15.15%；收入为 2501~4000 元的人数为 850 人，占比为 39.26%；收入为 4001~6000 元的人数为 483 人，占比为 22.31%；收入为 6001~10000 元的人数为 293 人，占比为 13.53%；收入在 10001 元及以上的人数为 110 人，占比为 5.08%。根据调研数据计算，过去 12 个月中调研对象月平均收入约为 4300 元。受疫情的影响，该月收入水平较低。江西省 2022 年公布的省平均年收入约为 78182 元，折合每月为 6515 元。

结婚是两个人的事情，也是两个家庭的事情。如果青年结婚的支出全由新婚夫妇承担，即便两代人都按照江西平均收入水平计算，那么大概要花费两人各 8.7 年的积蓄。如果双方父母在结婚时给予青年大力帮助，大概要花费六人各 2.9 年的积蓄。在量化了江西青年结婚成本的情况下，可以清晰直观地看到结婚成本对新组建的家庭是一项沉重的压力。

2.结婚成本的城乡差异显著

根据 2022 年江西各市彩礼价格表可知，南昌市的彩礼一般为 15 万~20 万元；赣州市的彩礼一般在 20 万元左右，18.8 万~22.8 万元；九江市的彩礼 10 万元左右，前提是男方必须有房以及三金购置齐全；萍乡市的彩礼一般在 20 万元左右；上饶的彩礼一般是 18 万~20 万元，结婚的前提是有房有车；抚州的彩礼一般是 10 万~20 万元，前提是有车、有房、有三金；景德镇市的彩礼一般是 10 万元左右，前提是有房、有三金，女方会回礼；宜春市的彩礼一般是 18 万元；鹰潭市的彩礼一般是 15 万~18 万元；新余市的彩礼一般是 8 万~10 万元；吉安市的彩礼一般是 10 万元左右。以上所述都是各个城市的彩礼，而农村的彩礼一般会高于各市彩礼的平均水平。以部分赣南农村地区为例，彩礼普遍在 25 万~30 万元，有的甚至高达 50 万元。经济越发达的地区，彩礼相对越少；经济越落后，且家庭里男孩多女孩少的家庭的彩礼一般越多。可见，城乡经济水平的差异导致城乡之间的结婚成本也存在非常显著的差别。

3.男青年是结婚成本的主要承担方

关于调研对象的结婚费用的分担情况如表 3 所示。由表 3 可知，全部由男方承担的比例为 30.21%，远远高于全部由女方承担的比例 0.37%；男方承担大部分的比例为 42.73%，远远高于女方承担大部分的比例 1.48%；男女双方各占一半的比例为 25.22%。总而言之，结婚成本主要由男青年承担，其占比高达 72.94%。

表 3　结婚成本的分担方式

单位：人，%

方式	人数	占比
全部由男方承担	654	30.21
男方承担大部分	925	42.73
男女双方各一半	546	25.22
女方承担大部分	32	1.48
全部由女方承担	8	0.37

资料来源：根据调查数据整理所得。

4. 初婚与再婚结婚成本不同

江西省"再婚有配偶青年调查问卷"的有效填写者 43 人，关于调研对象的结婚费用构成的基本情况如表 4 所示。由表 2 和表 4 对比可知，初婚与再婚结婚成本构成存在差异。结婚成本的前六个方面的选择比例发生了变化，按占比从大到小排序，初婚结婚成本依次为购（建）婚房、婚礼及喜宴、装修房屋、购买汽车、彩礼、添置家具家电，再婚结婚成本依次为婚礼及喜宴、添置家具家电、购买汽车、购（建）婚房、彩礼、装修房屋。而江西青年对金银等首饰、嫁妆、蜜月旅行需求偏低。

表 4　再婚结婚成本构成情况

单位：人，%

项目	人数	占比
婚礼及喜宴	23	53.49
添置家具家电	23	53.49
购买汽车	21	48.84
购（建）婚房	20	46.51
彩礼	16	37.21
装修房屋	16	37.21
金银等首饰	16	37.21
嫁妆	11	25.58
蜜月旅行	6	13.95
其他	2	4.65

资料来源：根据调查数据整理所得。

5. 农村彩礼金额与形式的变化明显

自改革开放以来，彩礼的金额与具体形式经历了四个阶段的变化：第一阶段是 1978~1990 年，第二阶段是 1991~2000 年，第三阶段是 2001~2010 年，第四阶段是 2011 年至今。

1978~1990 年，实物彩礼转为现金彩礼。在改革开放的背景下，家庭的温饱问题逐渐得到解决，每个家庭的现金收入也逐渐增加，青年结婚的彩礼由实物彩礼转为现金彩礼。该阶段实行农村家庭联产承包制，农村劳动力仍然是扎根在土地上。城市经济体制改革的中心环节是扩大企业自主权，这对市场的发展具有重大意义。但是，该时期城市对农村的影响仍然较小，城乡之间的人口流动相对较少。该阶段，彩礼仍处于对劳动力偿付的阶段，处于每个家庭可负担的范围内。

1991~2000年，自由择偶与现金彩礼。中国逐渐推行市场经济，城市对农村的影响日益增大，农村劳动人口逐渐向城市流入。农民外出务工的比例不断增加，他们的收入水平也在提高。社会物资更加丰富，消费欲望更加强烈。在内外因素的共同作用下，彩礼也越来越高，同时现金支付的能力越来越强。自由与平等的观念日益普及，"父母之命，媒妁之言"传统观念的主流地位逐渐被动摇，自由恋爱越来越受到江西青年的青睐。

2001~2010年，彩礼的增长与"三金"的盛行。城镇化进程加快、税费改革不断推进，越来越多的农民参与到打工经济之中，农民的现金收入增加。随着市场经济的发展，市场上婚礼首饰越来越多，例如"三金"和"五金"。"五金"是指金项链、金手镯、金耳环、金戒指以及金吊坠，而"三金"就是从"五金"中任选三件，这些都是男方家庭赠予女方的新婚礼物，代表了对女方的尊重。"三金"和"五金"以实物的形式增加了彩礼的实际金额，但这仍然在江西农民通过短期的努力可以负担的范围内。

2011年至今，高彩礼婚姻市场最终形成。在重男轻女的观念下，20世纪90年代以来，男女比例失衡问题凸显。城镇化进程不断加快，越来越多农村人口为了享受更好的教育、医疗等资源，选择背负房贷在城市买房。有房有车等条件好的男生在婚恋市场具有优势，而条件差的男生会选择支付高价的彩礼来成婚。

二　江西青年结婚成本高的成因

改革开放以来，人们的物质水平得到巨大的提升，思想观念也发生了巨大的变化。人们对生活的追求不再仅是温饱，更多的是幸福、尊重与自我价值实现。人们不再只是为了生存繁衍而结婚，当代青年更多的是基于你情我愿而结婚。一般而言，从相识到结婚的过程，需要的时间越长，青年需要付出的成本也就越大。江西青年结婚成本变高的因素可以从主客观两方面探讨，客观因素有物价上涨、家庭经济的全力支持，主观因素主要有青年婚姻消费观念的转变，以及普遍存在的攀比心理。

（一）物价的上涨

问卷调查显示，江西青年认为结婚成本的五个重要组成部分是：购（建）婚房、婚礼及喜宴、装修房屋、购买汽车以及彩礼。物价的整体上涨导致江西青年结婚成本的五个主要方面的费用也在增加，尤其是购房成本增加。因此，分析购房成本的增加十分必要且非常具有代表性。

1.以购房成本为代表的物价上涨

房地产业是改革开放后非常引人注目的产业，它逐步壮大为国民经济的支柱产业。住房是人民幸福的保障之一，是百姓的刚需。自 2000 年至 2020 年，江西住宅商品房的价格由 854 元/米² 涨至 7560 元/米²，大约增加 8 倍，房价的持续上涨给百姓带来了沉重的负担（见图1）。

2.购房成本持续上涨的原因

江西房价持续上涨主要可归因于土地使用权、供求关系、房地产商的炒作三个方面。江西省城镇化率大大提高，由 2011 年的 45.7%提高到 2021 年的 61.46%，提高了 15.76 个百分点。在城镇化进程中，土地资源越来越少，土地供给量的减少导致土地使用价格的上涨。地产是房产建造的基础，土地的价格直接影响房产价格。党的十八大以来，江西省常住人口总体呈现增长态势，人口规模持续扩大。全省常住人口总量由 2012 年末的 4475.49 万人增加到 2021 年的 4517.40 万人，增加 41.91 万人，增长 0.94%；年均增加 4.66 万人，年均增长 0.10%。人口的增加会加大对住房的需求。根据供求原理，百姓住房需求上升，住房价格会上涨。当住房需求量大于房屋供给量时，房屋价格会居高不下。企业始终以利润最大化为目的，部分不良房地产商过分追逐利润，以谎报虚假楼市消息、囤积住房等手段操纵市场、哄抬房价。这些不良行为给百姓造成恐慌，让百姓以高于实际成本的价格购买住房。总而言之，在可供土地减少、住房供小于求、房地产商的炒作三个因素共同作用下，房屋价格上涨，从而导致青年结婚成本增加。

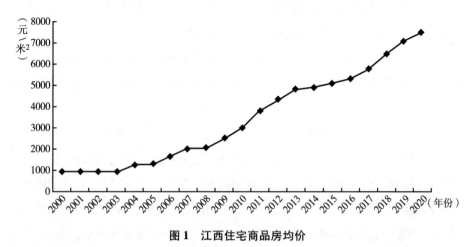

图 1　江西住宅商品房均价

资料来源：《江西省历年房价（2000 年～2020 年）》，数据基地网，2022 年 9 月 24 日，https：//www.shujujidi.com/hangye/506.html。

（二）家庭经济的全力支持

根据国家统计局公布的 2022 年全国各省 GDP 数据，江西省的 GDP 是 32074.7 亿元，在全国排名第 15 位；江西省的人均收入是 32419 元，在全国排名第 15 位；但江西省的经济增速是 4.7%，与福建省并列第一。由此可见，江西的经济发展水平越来越高，每个家庭的经济能力越来越强。家庭为青年结婚提供经济支持的原因主要有三个：一是家族生存繁衍的需要，二是父母具有高度的责任感，三是青年自有的结婚储蓄少。

1.家族生存繁衍的需要

结婚是每个适婚青年的人生大事，更是每个家庭的头等大事。青年结婚生子关乎家族的兴盛衰败，所以当青年步入适婚年龄时，父母会催促他们择偶并尽最大的努力给予青年经济支持，根本目的就是希望可以子孙绵延。出于生存繁衍的目的，家庭会给予青年结婚巨大的支持，他们不惜花光大部分

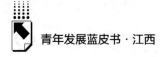

的人生积蓄，帮孩子娶妻生子。

2. 父母具有高度的责任感

江西的父母都有比较强的责任感，一般而言，他们都不允许小孩"打光棍"。一方面，如果青年选择不结婚，父母会担心孩子老无所依。另一方面，孩子没有结婚对父母来说是一件非常丢脸的事情，这一点在农村尤为突出。注重面子的父母会想尽各种办法帮助孩子找对象，给孩子创造良好的结婚条件。

3. 青年自有的结婚储蓄少

在适婚年龄时，青年刚步入社会不久，工作初期的各项花销都比较大，比如住房的租金、购买家具以及生活用品等。同时，由于工作经验比较少，工作初期的工资相对处于比较低的水平。在收入较低、花销较高的工作初期，适婚青年的存款一般不多，仅凭他们个人的经济能力很难承担起全部的结婚成本。在生存繁衍原则、高度责任感的驱使下，父母愿意拿出积蓄弥补青年结婚资金的缺口。家庭条件较差的情况下，部分父母会通过举债的方式支付青年结婚成本。这对江西青年结婚成本的增加产生了推波助澜的作用。

（三）婚姻消费观念的转变

物价上涨、家庭经济的全力支持是江西青年结婚成本变高的两大重要客观因素，婚姻消费观念转变这一主观因素的作用也不容忽视。

1. 婚礼形式的变化

在传统观念中，无论贫富程度如何，中国人都愿意在结婚这件人生大事上花钱。当"90后""95后"逐渐成为结婚的主力军，随着其消费观念和消费方式的转变，新一代年轻消费群体已经不满足传统模式、单一、烦冗的婚礼形式，更加追求个性化、多样化、简便化、时尚潮流的婚礼形式。艾媒咨询2021年中国婚礼形式的调查结果显示，青年结婚大摆筵席的比例为37.5%，与相熟的亲戚朋友小范围庆祝结婚的比例为41.9%，旅行结婚的比例为18.5%，结婚没有任何仪式的比例仅为2.1%。简而言之，大约98%的人愿意为婚礼花钱，去记录结婚的幸福、美好的时刻。从婚礼的形式可以看出，青年结婚从单一追求仪式感，转向对仪式感、浪漫感的双重追求。旅行结婚，就是青年既追求仪式感又追求浪漫感的表现。这是不同于父辈的结婚形式，父辈结婚一般是邀请亲朋好友办结婚酒席，这体现了当代青年更加追求浪漫，也反映了婚姻消费观念的代际差异。

2. 婚姻消费观念变化

与老一代人相比，青年的婚姻消费观念发生了较大的变化，他们更加享受生活，对生活品质的要求提高。一方面，随着经济发展和人民收入水平逐渐提高，家庭更加关注子女生活的质量，竭尽全力为他们提供丰厚的物质生活保障。这使得部分青年缺乏勤俭节约的意识，在结婚大事上往往倾向于选择最隆重、最豪华、最浪漫的形式。另一方面，青年更加自主、果断，预防不确定性和储蓄的动力减小。随着国家社会保障水平的提高，义务教育不断普及、医疗保障制度不断完善，未来的义务教育成本、医疗不确定性逐渐降低。此外，随着互联网金融的迅速发展，以蚂蚁花呗、蚂蚁借呗、京东白条等为代表的金融借贷产品，已经广泛地存在于人们的生活当中，尤其对互联网的主力军——青年而言。互联网金融产品的门槛非常低，青年可以轻而易举地获得借款。家庭以及国家都为当代青年提供了一个相对较好的物质保障，加上互联网时代信贷产品的盛行，使得青年人的消费更加冲动。在婚姻大事上，青年的消费无疑更加冲动，从而导致青年结婚成本增加。

（四）攀比心理

青年或许都有攀比心理，只是程度深浅不一。社会环境和家庭环境对青年的攀比心理会产生重大影响。在社会方面，青年主要受到社交媒体的影响；在家庭方面，青年主要受父母育儿观念的影响。

1. 社交媒体将婚姻浪漫化

在互联网时代，抖音、快手、小红书、B站等短视频平台逐渐为人们所接受，特别是遨游在互联网世界中的当代青年。当代青年越来越热衷于在社交平台上分享生活，分享的同时他们也看到了很多新鲜的事物，敢于尝试的青年会倾向于体验这些新鲜事物。在婚礼短视频中，剪辑者往往会把婚礼最浪漫、最幸福的时刻保留，再加上合适的背景音乐、高超的剪辑技巧，使婚礼显得浪漫无比。视频观看者看完后往往会产生羡慕之情，如果是未婚者，他们一般都会期待拥有如此浪漫的婚礼。但是，短视频往往过于美化现实，忽略了人们背后付出的时间以及精力。有时青年的攀比心理会超越理性思考，使他们在能力范围之外筹办婚礼这一重大活动。

2. 家庭对子女过度宠爱

改革开放以来，我国经济取得了跨越式发展，特别是进入新时代，物质生活极大丰富。20 世纪 80 年代实施计划生育，每对夫妻只能生一个小孩，致使当代很大一部分青年是独生子女。许多家长对孩子过于呵护与宠爱，尽最大的能力满足孩子的需求。每个家庭的收入水平多少存在差异，收入水平高的父母可以轻易地满足孩子的需求，收入水平低的父母则相反。孩童时期的欲望得不到满足，会在他们心里种下"攀比"的种子。在适婚年龄，他们会倾向于尽最大的努力满足自己的物质欲望，从而导致结婚成本的增加。

三　结婚成本的差异分析

（一）城乡结婚成本差异分析

当前农村青年结婚花费多用于彩礼，而城市青年结婚花费多用于购买婚房。造成城乡成本差异的原因主要有三个方面：一是婚俗观念，二是城乡经济及消费水平差异，三是受教育程度。

1. 婚俗观念

农村家庭受传统观念的影响，对成家立业的重视度大于城镇家庭，因此当农村青年到了适婚年龄，男方父母更愿意出高额彩礼帮助儿子成婚。而农村女方家庭把彩礼多少看作面子问题，认为彩礼少了就是男方家庭看轻自己家庭，可能因此不愿意将女儿嫁给对方。而城镇青年及其父母想法更加多元化，对彩礼的要求没有农村高。而城镇对婚礼的支出普遍高于农村，农村大多在自己家里筹办婚宴，而城镇青年由于场地限制，以及出于面子考虑等，对于婚礼的仪式及档次有一定要求，长期以来的城镇婚俗就是在酒店筹办婚宴，并且城镇青年大多会花钱请婚庆公司为自己筹办婚礼。最后，农村结婚大多有请媒人的风俗，因此农村结婚成本比城镇多出媒人费用这一部分。

2.城乡经济及消费水平差异

根据前文提到的问卷调查，购置及装修婚房是大多数青年结婚成本的主要部分。城镇近年房价上升较多，而农村多为自建房，同时城镇装修房屋大多是请装修公司。因此城镇青年在购置、装修婚房方面成本比农村青年高。同时城市经济发达程度远远高于农村，更多适婚女青年纷纷流动到城市，而不愿意再返回到农村，长此以往，男性资源的过剩与女性资源的不足必然会导致农村内出现一定的竞争，留在农村中的女性认识到如此现状可能会"抬高"自己的身价，为自身争取更多的利益，从而在农村出现"天价"彩礼。

3.受教育程度

城镇教育水平比农村教育水平要高，城镇青年从小接受道德教育，学习核心价值观，青年在不断接受教育的熏陶过程中，会摆脱传统婚姻观念的影响，受教育程度越高的青年，越容易反对一些高价彩礼等不良婚俗现象，农村中大龄未婚的多为学历层次较低的青年，并且受到农村传统婚俗的影响，不会反对高价彩礼，而这也是导致城乡婚姻成本差异的原因之一。

（二）男女承担婚姻成本差异分析

问卷调查显示，男青年承担了大部分结婚成本，造成这一现象的原因主要有：一是传统观念，二是男女性别失衡，三是存在适婚女性就业困境。

1.传统观念

毛泽东于1955年便提出了"妇女能顶半边天"的口号。改革开放40多年来，中国不断强化男女平等的法治保障。然而在家庭中男权传统观念依然存在，大多数人认为男性是家庭的顶梁柱，男性应该承担家庭大部分经济负担，否则就是无能，这一传统观念导致男青年承担大部分结婚费用。

随夫居这一传统观念是导致男性青年承担大部分结婚成本的另一个主要

原因。传统观念认为从夫居使得男方家庭得到了生育的手段和劳动力，农村婚配一般遵守社会交换论，认为彩礼是"抚育女儿和女儿成为别人家的人"的回报，婚姻偿付以及婚姻资助两种观点认为彩礼是把一个女人的生育能力和劳动力从娘家"转让"到夫家的回报，也就是指男方家庭必须为迎娶女方向女方家庭提供补偿，同时将女方在家庭中的地位与彩礼等联系在了一起。

2. 性别长期失衡

2020年第七次全国人口普查数据显示，20～40岁男性人口比女性多1752万人。根据《江西省常住人口数据》，2022年末全省常住人口中，男性人口2339.75万人，女性人口2188.32万人，男性人口比女性人口多151.43万人。从市场规律看，青年女性拥有更多的选择，而青年男性之间的竞争更加激烈，关于未婚青年调查问卷中问题"您认为下面这些条件在择偶时有多重要？"，21.84%的青年认为收入非常重要，37.2%的青年认为"收入"重要；13.35%的青年认为"家庭条件好"非常重要，30.29%的青年认为"家庭条件好"重要。从中可以看出经济条件是择偶的重要标准之一，因此在男女比例失衡、男比女多的情况下，女性可能会考虑选择彩礼更高、拥有新房、购买三金等条件的男性，男性青年可能会为了结婚付出更多的成本。特别是在农村地区，部分适龄女性选择离开家乡前往经济更加发达的城市发展，导致农村适婚女性人数更少，这往往使得农村男性青年为了成家而给予女方更高的彩礼。

3. 适婚女性就业困境

受性别角色社会化和传统观念的影响，女性就业面临不同程度的困难。据相关机构统计，应届毕业生男性的签约率是女性的两倍。结婚生育对于女性就业和职业发展具有一定程度的影响，经济压力使得部分适婚女性不敢结婚。客观上，婚后生育和抚育孩子要消耗女性大量的时间和精力，从降低用工成本、追求利益最大化的角度出发，用人单位更愿意招用男性员工，因此在考虑婚恋时，女性青年会顾虑自己职业生涯可能会受到影响，并且会对自己因为结婚而影响工作的成本进行衡量，此时女性青年会认为男性青年承担结婚大部分成本是理所应当的事情。

（三）初婚与再婚结婚成本异同

通过对比江西省"初婚有配偶青年调查问卷"及"再婚有配偶青年调查问卷"，可以发现青年初婚与再婚结婚成本之间存在较大差异。再婚青年在房屋及彩礼花费上远低于初婚，在汽车、家具家电上的花费略高于初婚青年。初婚与再婚青年在结婚花费主要构成上有所差异，首先，57.88%的初婚青年将结婚花费主要用于购（建）婚房，47.58%的初婚青年将结婚花费主要用于装修房屋，而在再婚青年中这两项占比分别为46.51%及37.21%，再婚青年结婚成本中房屋花费比初婚青年要低，其中的原因是再婚青年大多已经拥有自己的产权房，而初婚青年大部分没有自己的产权房，再婚青年对婚房的需求没有初婚青年大。其次，43.09%的初婚青年结婚花费主要用于购买汽车，而48.84%的再婚青年将结婚花费主要用于购买汽车，再婚青年购置汽车的比例略高于初婚青年，其中部分原因是因为再婚青年可能育有孩子，对汽车的需求大于初婚青年。最后，40.74%的初婚青年将结婚花费主要用于添置家具家电，而53.49%的再婚青年将主要结婚花费用于添置家具家电，再婚青年购买家具家电的结婚花费高于初婚青年。再婚青年彩礼花费低于初婚青年，42.45%初婚青年将结婚花费主要用于彩礼，而37.21%的再婚青年结婚花费主要用于彩礼；同时62.79%的再婚青年彩礼在10万元以下，而初婚青年中44.48%的彩礼在10万以下，再婚青年彩礼花费远低于初婚青年。其背后原因与中国传统观念及青年经历有关，首先，中国传统观念对初婚的重视度要高于再婚；其次，再婚青年经历过一次婚姻，他们比初婚青年更加注重婚姻实质而不是形式。

尽管初婚青年与再婚青年在结婚花费上有较大差异，但是两者结婚成本均大多由男方承担。根据上述问卷调查，27.91%的再婚男青年承担全部结婚费用，48.84%的再婚男青年承担大部分结婚费用；在初婚青年中，30.21%的男青年承担全部结婚费用，42.73%的男青年承担大部分结婚费用。造成这一现象的原因正如上文所述，与中国传统观念、性别失衡、女性就业困境有关。

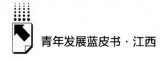

四 优化策略

2017 年,《中共中央 国务院印发〈中长期青年发展规划(2016~2025年)〉》中有关青年婚恋明确提出:倡导结婚登记颁证、集体婚礼等文明节俭的婚庆礼仪。结合相关文件精神以及江西青年结婚成本特点,提出以下优化策略。

(一)转变观念,加强正确婚恋观教育及宣传

《中共中央 国务院关于优化生育政策促进人口长期均衡发展的决定》指出:"要弘扬中华民族传统美德,尊重生育的社会价值,提倡适龄婚育、优生优育,鼓励夫妻共担育儿责任,破除高价彩礼等陈规陋习,构建新型婚育文化。"这些重要论述为新时代婚育观的构建和倡导指明了方向。我们要加强对学生、适龄青年、父母等关于婚育观、家庭观的教育引导,弘扬主旋律、汇聚正能量,树立正确婚恋消费观。

1. 树立正确结婚消费观

部分青年没有树立正确消费观,在婚恋过程中容易落入消费主义陷阱。青年应当量入为出、量力而为、理性消费。要避免好面子、讲排场导致铺张浪费,应当强调婚姻的本质,注重婚姻的实质而不是婚礼的形式。要加强适龄婚育青年独立自主能力,根据自己的能力选择适当的结婚消费,不应该过分依赖父母。

2. 倡导男女平等,改变传统观念

《中华人民共和国宪法》第 48 条第 1 款就针对男女平等问题明确指出:中华人民共和国妇女在政治的、经济的、文化的、社会的和家庭的生活等各方面享有同男子平等的权利。2012 年 11 月中国共产党第十八次全国代表大会中,首次将男女平等作为基本国策写入报告。如果传统的从夫居模式和生育、养老观念没有变化,仅仅提倡移风易俗、婚事简办,不会从根本上消除婚姻高消费问题。因此应当通过各种途径倡导男女平等,强调男女双方在婚

恋中的平等地位，改变传统观念。

3. 针对不同人群运用不同宣传方法

学生时代是树立正确价值观的重要时期，学校应该引导学生树立正确的恋爱、婚姻、家庭观。建议将恋爱、婚姻及家庭观相关教育纳入小学、中学及各高校，分别针对不同阶段的学生开设恋爱、婚姻及家庭相关价值观课程。可以通过趣味课堂等形式，通过课堂积极讨论等方式使每个学生都参与活动，引导学生树立文明、健康、理性的婚恋观、家庭观。

引导社会青年树立正确的婚恋观、家庭观。对于适龄婚育主体，有必要强化其对情感生活的尊重意识、诚信意识和责任意识，通过社区、单位及大众传媒等，引导青年形成积极健康的婚恋观。

加强对青年父母的思想道德引导。婚姻不仅是男女双方个人的结合，也是两个家庭的事情。一方面，父母对子女的婚恋观、家庭观有着重大影响；另一方面，父母不应该过度干涉子女的婚恋。父母应当正确看待子女婚恋，不应持有攀比心理，呼吁做父母的为子女的未来幸福摒弃"高彩礼"等老旧观念，不应对子女结婚开支进行过度帮扶，避免助长不良风气。

4. 积极宣传正确的婚恋观，整顿不良网络风气

政府和相关传播媒体应加大舆论宣传力度，积极宣传正确婚恋观，树立典型形象。要依法治网、营造清朗网络环境，近年来，随着网络的快速发展，大量自媒体作品中包含许多价值导向不正确，宣传消费主义、炫耀高价彩礼及豪华婚礼等的有害信息。政府有关部门应当加强对网络环境的监督。

（二）移风易俗，遏制婚俗不正之风

习近平总书记强调："要弘扬新风正气，推进移风易俗，培育文明乡风、良好家风、淳朴民风，焕发乡村文明新气象。"江西部分乡村地区结婚成本高与高价彩礼等陈规陋习密不可分。要培育文明乡风、良好家风、淳朴民风，改善农民精神风貌，提高乡村社会文明程度。江西省第十五次党代会提出提升乡村治理能力，持续推进移风易俗，推动形成文明乡风、良好家风、淳朴民风；2022年江西举行推进移风易俗乡风文明三年专项行动。政

173

府及社会相关部门应该协力加大移风易俗改革力度，重塑乡风文明，整顿高价彩礼、大操大办、铺张浪费等陋习，强调婚事新办。

首先，政府部门应该健全相关工作机制、形成思想共识，传承发展中华优秀婚姻家庭文化，倡导全社会形成正确的婚姻家庭价值取向，由政府牵头前期深入开展调查研究，摸清全省移风易俗乡风文明工作现状，以乡县为单位细化目标任务，明确责任分工，压实工作责任，充分发挥基层村级"婚俗理事会"等村民组织的作用，积极倡导婚事新办、婚事简办的良风优俗，通过宣传、劝导等方式引导村民摒弃相互攀比和铺张浪费的陋习。同时在移风易俗的过程中，应该坚持依法依规、德治教化。注重从理法入手，晓之以理、规之以法，合理合法运用公权力，推动移风易俗工作制度化、规范化。充分依靠村民自治组织，注重发挥村规民约约束作用，广泛发动群众参与，不搞强制命令，不搞"一刀切"。其次，坚持敢为人先、先行先试、常态长效、力戒反弹。坚持常抓不懈、绵绵用力、久久为功，力戒形式主义，坚决防止反弹，不断巩固提升工作成效。

（三）推进行业自律，促进婚恋市场健康发展

首先，加强婚恋行业自律。各级民政、市场监管部门加强婚恋行业协会建设，强化行业自律，提升行业服务水平，发挥行业协会作用，大力宣传普及新颖省钱的婚礼形式，加强对婚庆公司的指导服务，推动其规范运作。应当强化对婚庆承办机构的管理。

可由各地政府相关部门牵头，由婚恋行业协会协助进一步对婚介机构、婚庆公司等进行摸排登记，并依托行业协会将其纳入日常管理。规范婚介机构牵线流程，对"媒婆"进行培训，避免在婚介过程中出现哄抬彩礼等行为；推动婚庆承办公司制定服务项目、收费标准、服务内容、服务程序、服务承诺"五公开"制度，杜绝不按规定明码标价、价格欺诈、服务欺诈；不得违规销售高价婚庆用品，不得提供与文明办事相违背的服务。反对酒店宾馆迎合铺张浪费，推动酒店宾馆推出平价套餐，引导群众婚事简办；加大监督检查力度，依据有关法律法规，对迎合或纵容铺张浪费现象的酒店宾馆予以惩处。

（四）多方帮扶，完善青年婚恋社会支持体系

加强政府帮扶。首先，政府可以为经济困难的青年提供婚后公租房，给予部分经济困难新婚青年夫妇租房补贴，为青年缓解结婚住房压力。其次，各地政府可以定期牵头举办集体婚礼，集体婚礼既隆重又经济实惠，不仅可以降低青年结婚成本，同时还可以避免铺张浪费，有利于宣扬符合核心价值观的正确婚恋观。最后，政府可以对无业、失业新婚夫妇进行就业指导，给予适当就业优惠政策。

倡导社会帮扶。贯彻落实好团省委、省委宣传部、省民政厅等九个部门联合印发的《关于深化全省青年婚恋工作的实施意见》，从各地各单位工人文化宫、工人疗养院、青年空间、青少年宫、妇女儿童活动中心等公共文化场馆，具备条件的高等级旅游景区及条件成熟且热心公益的民营机构中，命名一批青年婚恋工作合作基地，为单身青年开展联谊活动提供场地便利和优惠服务。

鼓励企业让利。加强与婚恋服务企业、社会机构等专业平台深度沟通，对为青年婚恋让利的婚恋服务企业给予适当的税收优惠。为让利的婚恋服务企业提供宣传服务等，激励婚恋服务企业让利。

（五）权益保障，提升青年婚恋持续幸福感

保障青年自由婚恋权利，公安部门要严厉打击包办、买卖婚姻、骗婚等不法行为，切实保障青年婚恋自由权益。针对农村地区包办婚姻换取高价彩礼等行为，当地村委会及妇联应当予以劝解，尊重男女双方意愿，维护青年自由婚恋权益。

市场监督部门应当监督当地市价，及时处理哄抬市价的行为，避免当地有关婚庆行业就婚姻大事抬高相关价格导致青年结婚成本升高，维护青年夫妇消费利益。

维护女性青年相关利益。贯彻执行《江西省女职工劳动保护特别规定》，全面落实女性青年在婚期、孕期、产期、哺乳期依法享有的各项劳动

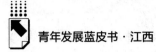

保护权益。相关部门应当加大对用人单位在劳动合同中对女性青年婚恋、生育进行限制的处罚力度，同时政府应该出台相关政策消除用人单位对适龄结婚女性的歧视，为女性创造更加公平的就业环境。

参考文献

朱考金、杨春莉：《当代青年的婚姻成本研究》，《中国青年研究》2007 年第 4 期。

程习：《我国房价持续上涨的根本原因及合理性建议》，《现代经济信息》2011 年第 4 期。

战平、王红君：《当代大学生恋爱消费现状与原因分析》，《湖北函授大学学报》2016 年第 10 期。

盖苗苗：《陇东赵村农民的爱情与婚姻（1978-2018）》，华中师范大学硕士学位论文，2020。

张毅、丘睿晨：《农村大龄青年婚恋困境的原因分析和对策研究》，《龙岩学院学报》2022 年第 4 期。

江西育龄女性二孩、三孩生育
意愿及影响因素研究

张雪黎　詹天甜*

摘　要： 生育意愿主要体现在生育数量偏好、生育性别偏好、生育年龄和
间隔偏好四个方面，是人们对生育行为的看法和态度。本研究立
足于江西实践，通过问卷调查和深度访谈，剖析育龄女性生育意
愿的现状及影响因素，准确把握江西省当前育龄女性生育意愿的
新状况。研究发现，大部分育龄女性理想子女数量为2个；多数
育龄女性希望"儿女双全"，且女孩偏好大于男性；多数育龄女性
理想的一孩二孩年龄间隔为3~4岁；传宗接代、养儿防老等传统
的生育观念正在淡化。抚养成本高、孩子照料问题、个人发展与
完善、教育资源分配不均等因素对育龄女性生育意愿影响明显，
针对江西育龄女性生育意愿现状和影响因素，提出六条政策建议：
完善补贴和保险政策、修订完善产假政策、改革现行教育政策、
完善托幼服务、加大就业支持力度、加强宣传教育。

关键词： 江西　青年　育龄女性　二孩三孩　生育意愿

一　研究背景

我国在实现中华人民伟大复兴的中国梦的伟大征程中面临着人口的重大

---

* 张雪黎，共青团江西省委二级巡视员，教授，主要研究方向为共青团理论与实践、青年发展
等；詹天甜，教育学硕士，江西青年职业学院经济管理系团总支书记、助教，主要研究方向
为青少年心理健康。

转变。自 2000 年起，我国进入持续低生育水平阶段。我国采取了生育政策调整策略，以渐进式的方式来面对高度复杂和不稳定的生育环境，从最初生育间隔限制的取消到单独二孩、全面二孩政策的落实，再到实施三孩政策，不同生育人群的个性化需求逐步得到满足。但我国人口出生率依然呈现波动下降趋势。第七次全国人口普查数据显示育龄妇女总和生育率为 1.3，中国进入极低生育水平时期。国家统计局发布的数据显示，2022 年新生人口为 956 万人，人口出生率为 6.77‰，这是自 1950 年以来，年出生人口首次跌破 1000 万。此外，我国人口出生率连续三年跌破 1%。[①]

江西省作为中部大省，二孩三孩生育情况也面临着新的挑战，一是出生人口下降，2022 年全年出生人口 32.5 万人，同比减少 5.2 万人，出生人口连续两年低于 40 万人，人口自然增长率走低，2022 年人口自然增长率为 0.25‰，下降 1.38 个千分点。二是育龄妇女人数下降，根据第七次全国人口普查结果，2020 年江西省 15~49 岁育龄妇女 1020.93 万人，比 2010 年减少 216.94 万人，下降 17.53%，其中 20~34 岁生育旺盛期妇女 402.30 万人，减少 138.97 万人，下降 25.67%，育龄妇女特别是旺盛期育龄妇女人数较快下降，对长期保持生育稳定增长带来不小压力。三是适龄青年结婚登记人数下降、离结比上升、晚婚晚育趋势日益明显，江西省中长期青年发展规划（2018~2020）统计监测报告显示，2020 年，全省适龄青年结婚登记人数比 2018 年减少 9.21 万人；适龄青年平均初婚年龄 29.5 岁，比上年高 0.7 岁，其中适龄男青年平均初婚年龄 30.6 岁、适龄女青年平均初婚年龄 28.3 岁，同时适龄青年的离结比（当年青年离婚对数/当年青年结婚对数）达 28.5%，比 2018 年上升 4.6 个百分点；女性平均初育年龄超过 25 岁。[②] 为了人口健康可持续发展，必须增强忧患意识，更大力度鼓励生育，促进优生优育。

本研究立足于江西实践，剖析育龄妇女二孩、三孩生育意愿的现状及影

---

① 国家统计局官网：http://www.stats.gov.cn/tjsj/sjjd/202301/t20230118_1892192.html，最后检索时间：2023 年 3 月 2 日。

② 赣县区人民政府官网：http://www.ganxian.gov.cn/gxqxxgk/c111448/202205/2ed31613e4a24ef99374a31996ff312b.shtml，最后检索时间：2023 年 3 月 2 日。

响因素，准确把握江西省当前育龄妇女生育意愿的新状况，对调整人口政策、促进人口长期均衡稳定发展、保持江西经济发展和社会保障体系建设意义深远。

二 江西育龄女性生育状况与生育意愿分析

（一）江西育龄女性生育状况与变化

根据人口普查数据，江西省育龄妇女生育水平在 2010~2020 年有些许提升，总和生育率从 2010 年的 1.38 上升到 2020 年的 1.41，但总体生育水平依旧远低于更替水平（2.1）。从育龄女性生育孩次状况、年龄别生育率以及年龄别孩次生育率等方面可以全面考察 2010~2020 年江西育龄女性生育水平、生育模式状况与变化特点以及生育政策调整的效果。

1. 一孩比例下降幅度大于二孩、三孩比例上升幅度

育龄女性孩次生育状况对生育决策和生育水平有重要影响。从表 1 看，2010 年江西育龄女性生育的孩次构成以一孩为主（49.2%）、二孩居次（39.5%）、三孩及以上最少（11.3%）。随着年龄增大，一孩比例降低、二孩比例上升。2010 年 25~29 岁的二孩比例（45.4%）超过一孩比例（44.5%），孩次构成转变为二孩为主。

表 1　2010~2020 年江西育龄女性分年龄的生育孩次构成及其变化

单位：%

年龄	2010 年			2020 年			2010~2020 年		
	第一孩	第二孩	第三孩及以上	第一孩	第二孩	第三孩及以上	第一孩	第二孩	第三孩及以上
15~19 岁	89.2	9.4	0.5	81.3	17.1	1.6	-7.9	7.7	1.1
20~24 岁	73.6	23.4	2.9	61.6	32.1	6.3	-12.0	8.7	3.4
25~29 岁	44.5	45.4	10.1	42.6	43.4	14.0	1.9	-2.0	3.9
30~34 岁	23.5	56.3	20.2	24.2	51.1	24.3	0.7	-4.8	4.1
合计	49.2	39.5	11.3	39.7	43.5	16.8	-9.5	4.0	5.5

资料来源：第六次全国人口普查、第七次全国人口普查资料。

从图1观察，27岁的二孩比例（42.2%）接近一孩比例（44.5%），28岁、29岁、30岁二孩比例分别比一孩高7.8个百分点、15.7个百分点、27个百分点（二孩比例高的情形延续到49岁）。2010~2020年，15~34岁江西青年妇女生育的孩次构成发生一些变化，一孩比例下降幅度大于二孩比例上升幅度，分别为-9.5个百分点和4.0个百分点。三孩及以上上升幅度超过二孩上升幅度，为5.5个百分点，二孩比例与一孩比例的差值由-9.7个百分点转变成3.8个百分点（见表1）。

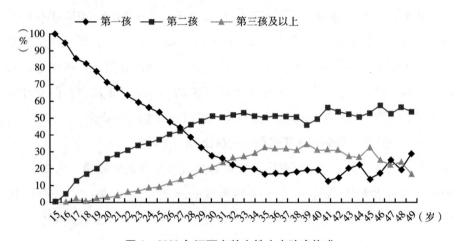

图1　2020年江西育龄女性生育孩次构成

资料来源：第七次全国人口普查资料。

2. 育龄女性生育率有所下降，二孩、三孩生育率有所上升

2020年，江西青年妇女一般生育率为36.74‰。十年间青年妇女生育水平呈现下降趋势，一般生育率下降了2.65个千分点，比较孩次别生育率变化可以发现，一孩生育率对一般生育率下降影响较大。2020年一孩生育率为14.58‰，二孩生育率为15.98‰，三孩及以上生育率为6.19‰。2010~2020年二孩生育率升幅为0.43个千分点，三孩生育率升幅为1.72个千分点，一孩生育率下降4.79个千分点。二孩生育率与一孩生育率差距从2010年的-3.82个百分点缩小到1.4个百分点，二孩、三孩及以上生育率超过2010年的水平（分别为15.98‰、6.19‰），而一孩生育率比2010年低4.79个千分点。二孩、三孩

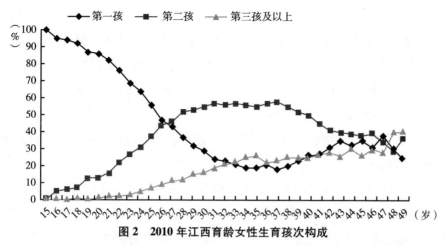

图2　2010年江西育龄女性生育孩次构成

资料来源：第六次全国人口普查资料。

生育率对总体生育率的贡献增大，表明二孩、三孩生育政策产生了一定的效果。

3. 生育高峰年龄向大龄延伸，峰值生育率下降

年龄别生育率不仅可以反映不同年龄青年妇女的生育水平，而且可以反映青年妇女的生育模式。2020年江西青年妇女生育模式仍然属于晚育、少育、生育高峰期较短的低生育模式。如图3所示，生育高峰（生育率≥100‰）年龄集中在24~28岁，峰值为121.35‰。比较分年龄生育率，2020

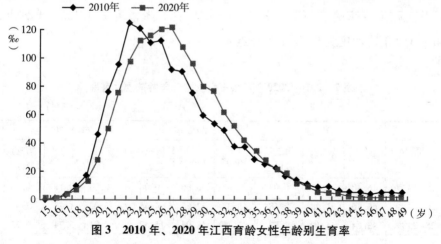

图3　2010年、2020年江西育龄女性年龄别生育率

资料来源：第六次全国人口普查、第七次全国人口普查资料。

年 18~24 岁、37 岁以及 39~49 岁生育率较 2010 年有所降低，25~36 岁以及 38 岁生育率有所提升，其中，27~33 岁生育率增加较多，增加超过 10 个千分点（27 岁升幅 29.2 个千分点），生育高峰年龄向大龄延伸。与 2010 年相比，2020 年的生育率曲线向右偏移，生育高峰期缩短，峰值生育年龄推迟 4 岁，峰值生育率下降 3.39 个千分点。

4. 低生育模式持续，年龄别二孩、三孩生育率年轻组有所升高，较高年龄组略微下降

2010 年、2020 年江西青年妇女年龄别生育率的主要变化清楚地体现在年龄别一孩、二孩生育率曲线中（见表 2）。相比 2010 年，2020 年江西青年妇女一孩生育率下降 4.79 个千分点，年龄别一孩生育率变化是 25~29 岁上升 3.91 个千分点、30~34 岁上升 4.41 个千分点，其余年龄段保持下降，20~24 岁一孩生育率下降幅度最大，降幅为 23.02 个千分点，低年龄段 15~19 岁下降 2.33 个千分点，35~39 岁下降 0.25 个千分点，40~44 岁下降 1.51 个千分点，45~49 岁下降 1.27 个千分点。年龄别二孩生育率 15~34 岁有所上升，其中 30~34 岁上升幅度为 6.55 个千分点，35~49 岁二孩生育率略有下降，但降幅均在 1 个千分点以内。年龄别三孩及以上生育率 15~39 岁有所上升，上升幅度排前三的是：30~34 岁，涨幅为 6.04 个千分点；25~29 岁，涨幅为 5.75 个千分点；20~24 岁，涨幅为 3.4 个千分点；40~49 岁三孩生育率略有下降，其中，45~49 岁下降幅度为 1.15 个千分点，40~44 岁下降幅度为 0.61 个千分点。

表 2 2010~2020 年江西育龄女性分年龄孩次生育率

单位：‰

年龄	2010 年			2020 年			2010~2020 年		
	第一孩	第二孩	第三孩及以上	第一孩	第二孩	第三孩及以上	第一孩	第二孩	第三孩及以上
15~19 岁	6.40	0.75	0.03	4.07	0.86	0.08	-2.33	0.11	0.05
20~24 岁	66.40	21.08	2.68	43.38	22.56	4.45	-23.02	1.48	3.4
25~29 岁	43.24	44.10	9.77	47.15	48.04	15.52	3.91	3.94	5.75

续表

年龄	2010 年			2020 年			2010~2020 年		
	第一孩	第二孩	第三孩及以上	第一孩	第二孩	第三孩及以上	第一孩	第二孩	第三孩及以上
30~34 岁	10.99	26.30	9.45	15.40	32.85	15.49	4.41	6.55	6.04
35~39 岁	4.36	12.24	5.27	4.11	11.91	7.59	−0.25	−0.33	2.32
40~44 岁	2.49	3.70	2.27	0.98	2.93	1.66	−1.51	−0.77	−0.61
45~49 岁	1.78	1.95	1.73	0.51	1.32	0.58	−1.27	−0.63	−1.15
合计	19.37	15.55	4.47	14.58	15.98	6.19	−4.79	0.43	1.72

资料来源：2010 年第六次全国人口普查、2020 年第七次全国人口普查数据。

（二）江西育龄职业女性生育意愿分析

根据研究需要，本专题结合育龄女性特点进行了生育意愿的补充调查。采用分阶段随机抽样与非随机配额抽样相结合的调查方法，根据江西各市县青年人口分布，抽取南昌市、上饶市、九江市、赣州市、吉安市泰和县、吉安市、宜春市、抚州市、景德镇等 11 个市县的机关单位、企业（国企、民企、外资企业）、学校（高校、高中、初中、小学）以及个体户/自由职业四大类别的 20 周岁以上育龄职业女性开展问卷调查。专项补充调查发放问卷 1000 份，回收 1000 份，有效问卷 929 份，有效率 92.9%。其中，20~25 岁 207 人，26~30 岁 348 人，31~35 岁 294 人，36 岁及以上 80 人；小学及以下学历 6 人，初中学历 8 人，高中/中专/职高学历 78 人，大专/本科学历 765 人，硕士及以上学历 72 人；城市户口 550 人，县城户口 61 人，乡镇户口 46 人，农村户口 272 人；家庭人均月收入 2000 元及以下 25 人，2001~3000 元 65 人，3001~5000 元 224 人，5001~8000 元 229 人，8001~10000 元 138 人，10001~20000 元 188 人，20001~30000 元 33 人，30000 元以上 27 人；独生子女 356 人，非独生子女 573 人。样本具有较好的代表性。

1.生育数量偏好

（1）大部分育龄职业女性理想子女数量为2个，其次为1个

根据问卷调查可知，生育数量偏好总体情况如下：理想的子女数量为 0 个的占总体的 11.3%，理想的子女数量为 1 个的占总体的 37.7%，理想的子女数量为 2 个的占总体的 48.2%，理想的子女数量为 3 个及以上的占总体的 2.9%。由此可见，超过 1/3 的育龄职业女性理想的子女数量为 1 个，近 1/2 的育龄职业女性理想的子女数量为 2 个，仅有极少数的育龄职业女性理想的子女数量为 3 个及以上。

本文以育龄职业女性的年龄、文化程度、户口性质、家庭人均月收入、婚姻状况、是否独生子女等为指标，对调研地区育龄职业女性理想的子女数量进行具体分析（见表 3）。

表3 调研地区育龄职业女性理想的子女数量

类别		理想子女数量(%)					平均理想子女数(个)	样本数(人)	合计(%)
		0 个	1 个	2 个	3 个	4 个及以上			
年龄	20~25 岁	18.8	41.5	37.7	28.6	1.0	1.24	207	22.3
	26~30 岁	11.5	40.5	45.9	1.8	0.3	1.39	348	37.5
	31~35 岁	5.8	33.7	58.2	2.0	0.3	1.57	294	31.6
	36 岁及以上	18.5	24.2	52.9	8.6	4.3	1.73	80	4.7
文化程度	小学及以下	0	33.3	50.5	0	16.7	2.01	6	0.6
	初中	12.5	12.5	62.5	12.5	0	1.75	8	0.9
	高中/中专/职高	17.9	35.8	38.4	7.7	0	1.36	78	8.4
	大专/本科	10.8	38.2	48.9	1.5	0.6	1.43	765	82.3
	硕士及以上	5.6	38.9	52.8	2.4	1.4	1.57	72	7.8
户口性质	城市	13.5	41.8	42.7	1.5	0.6	1.34	550	59.2
	县城	11.5	31.1	54.1	1.6	1.6	1.51	61	6.6
	乡镇	8.7	32.6	56.5	2.2	0	1.52	46	5.0
	农村	7.4	31.3	56.6	3.7	1.1	1.60	272	29.3

续表

类别		理想子女数量（%）					平均理想子女数（个）	样本数（人）	合计（%）
		0个	1个	2个	3个	4个及以上			
家庭人均月收入	2000元及以下	28.0	24.0	40.0	0	8.0	1.36	25	2.7
	2001~3000元	15.4	43.2	38.4	3.0	0	1.29	65	7.0
	3001~5000元	15.2	37.9	44.2	2.2	0.4	1.35	224	24.1
	5001~8000元	8.3	39.8	49.8	2.1	0	1.46	229	24.7
	8001~10000元	8.0	36.2	52.2	1.4	2.2	1.54	138	14.9
	10001~20000元	8.0	32.0	56.9	3.2	0	1.55	188	20.2
	20001~30000元	12.1	54.5	30.3	0	3	1.27	33	3.6
	30000元以上	18.5	40.7	40.7	0	0	0.81	27	2.9
婚姻状况	未婚	17.1	43.0	38.7	0.8	0.7	1.26	398	42.8
	已婚	7.0	33.5	55.8	3.2	0.9	1.58	531	57.2
是否独生子女	是	15.2	45.8	38.0	0.6	0.6	1.26	356	38.3
	否	8.9	32.5	54.5	3.1	0.8	1.54	573	61.7

（2）平均理想子女数与年龄呈正相关

从年龄组来看，年龄越大，平均理想子女数越多，其中，36岁及以上平均理想子女数为1.73个；31~35岁平均理想子女数为1.57个；26~30岁平均理想子女数为1.39个；20~25岁平均理想子女数为1.24个。且卡方值为137.06，$P=0.000$，P值小于0.01，不同年龄段平均理想子女数间存在显著差异。

（3）平均理想子女数与文化程度关系呈U形

从文化程度来看，被调查女性平均理想的子女数量与文化程度呈U形关系，小学及以下学历平均理想子女数量最高，为 2.01 个；最低为高中/中专/职高，为 1.36 个。大专/本科学历者上升到 1.43 个，硕士及以上学历者上升为 1.57 个。卡方值为 116.36，P = 0.000，P 值小于 0.01，不同文化程度者的平均理想子女数间存在显著差异。

（4）农村户籍的平均理想子女数显著高于城镇地区

从户籍类型来看，城市平均理想子女数明显低于其他户籍类型，为 1.34 个，县城平均理想子女数略低于乡镇，乡镇平均理想子女数略低于农村。且卡方值为 116.16，P = 0.000，P 值小于 0.01，不同户籍类型者的平均理想子女数间存在显著差异。

（5）平均理想子女数与月收入水平关系不显著

从每月收入来看，被调查女性平均理想子女数量差异并不显著（卡方值为 137.42，P = 0.356），女性平均理想子女数量排名前三的为：家庭人均月收入 10001 ~ 20000 元女性平均理想的子女数量为 1.55 个、家庭人均月收入 8001 ~ 10000 元女性平均理想子女数量为 1.54 个，家庭人均月收入 5001 ~ 8000 元女性平均理想子女数量为 1.46 个。

（6）已婚育龄女性平均理想子女数量显著高于未婚育龄女性

从婚姻状况来看，被调查已婚育龄女性平均理想子女数量显著高于未婚育龄女性（卡方值为 168.74，P = 0.000），已婚育龄女性平均理想子女数量为 1.58 个，未婚育龄女性平均理想子女数量为 1.26 个。

（7）非独生子女育龄女性平均理想子女数量显著高于独生子女育龄女性

从是否独生子女来看，被调查非独生子女育龄女性平均理想子女数量显著高于独生子女育龄女性（卡方值为 44.81，P = 0.000），独生子女育龄女性平均理想子女数量为 1.26 个，非独生子女育龄女性平均理想子女数量为 1.54 个。

2. 生育性别偏好

（1）大部分育龄女性希望"儿女双全"，女孩偏好大于男性

本次调查将育龄女性理想的子女性别分为 1 个男孩、1 个女孩、一男一

女、2 个男孩、2 个女孩、两男一女、两女一男、3 个女孩、3 个男孩以及性别无所谓。

被调查育龄女性理想的性别构成总体情况如下：理想的性别结构为 1 个女孩的女性占总体的 8.8%，理想的性别结构为 1 个男孩的育龄女性占比 7.2%，理想的性别结构为一男一女的育龄女性占比 46.8%，理想的性别结构为 2 个男孩的育龄女性占比 0.4%，理想的性别结构为 2 个女孩的育龄女性占比 1.3%，理想的性别结构为两男一女的育龄女性占比 0.9%，理想的性别结构为两女一男的育龄女性占比 1.6%，3 个女孩和 3 个男孩占比均为 0，对孩子的性别无所谓的育龄女性占比 33%。由此可见，被调查育龄女性的女孩偏好要大于男孩偏好，近半数的育龄女性希望"儿女双全"，有 1/3 的育龄女性对孩子的性别无偏好。

(2) 城市育龄女性女孩偏好大于农村育龄女性，且对性别更无偏好

根据问卷调查可知，城市育龄女性女孩偏好大于农村育龄女性，且对性别更持无所谓的态度，具体数据为：城市育龄女性理想的性别结构为 1 个女孩的占总体的 10.1%，理想的性别结构为 1 个男孩的育龄女性占比 7.2%，理想的性别结构为一男一女的育龄女性占比 39.7%，理想的性别结构为 2 个男孩的育龄女性占比 0.2%，理想的性别结构为 2 个女孩的育龄女性占比 2.1%，理想的性别结构为两男一女的育龄女性占比 0.4%，理想的性别结构为两女一男的育龄女性占比 1.3%，对孩子的性别构成持无所谓态度的育龄女性占比 39.1%。

农村育龄女性理想的性别结构为 1 个女孩的女性占总体的 6.9%，理想的性别结构为 1 个男孩的育龄女性占比 7.2%，理想的性别结构为一男一女的育龄女性占比 56.1%，理想的性别结构为 2 个男孩的育龄女性占比 0.6%，理想的性别结构为 2 个女孩的育龄女性占比 0.3%，理想的性别结构为两男一女的育龄女性占比 1.4%，理想的性别结构为两女一男的育龄女性占比 2.0%，对孩子的性别构成持无所谓态度的育龄女性占比 25.4%。

（3）独生子女的育龄女性女孩偏好大于非独生子女的育龄女性，对性别持无所谓态度的比例亦高于非独生子女

根据问卷调查可知，独生子女的育龄女性女孩偏好大于非独生子女的育龄女性，且对性别更持无所谓的态度，具体数据为：独生子女的育龄女性理想的性别结构为1个女孩的占总体的11.6%，理想的性别结构为1个男孩的育龄女性占比7.0%，理想的性别结构为一男一女的育龄女性占比37.2%，理想的性别结构为2个男孩的育龄女性占比0，理想的性别结构为2个女孩的育龄女性占比1.7%，理想的性别结构为两男一女的育龄女性占比0.3%，理想的性别结构为两女一男的育龄女性占比0.3%，对孩子的性别构成持无所谓态度的育龄女性占比41.8%。

非独生子女的育龄女性理想的性别结构为1个女孩的女性占总体的7.1%，理想的性别结构为1个男孩的育龄女性占比7.3%，理想的性别结构为一男一女的育龄女性占比52%，理想的性别结构为2个男孩的育龄女性占比0.6%，理想的性别结构为2个女孩的育龄女性占比1.2%，理想的性别结构为两男一女的育龄女性占比1.2%，理想的性别结构为两女一男的育龄女性占比2.3%，对孩子的性别构成持无所谓态度的育龄女性占比28.4%。

（4）学历高者对孩子性别偏好更低

根据问卷调查可知，从整体上看，育龄女性学历越高越对孩子性别持无所谓的态度。具体数据为：初中、高中/中专/职高、大专/本科、硕士及以上对孩子性别持无所谓态度的比例分别为14.3%、26.6%、34.1%、31.4%。

3.理想生育年龄和间隔偏好

（1）大多数育龄女性理想的一孩二孩年龄间隔为3~4岁，间隔1~2岁次之

本次调查将育龄女性理想的孩子年龄间隔分为1~2岁、3~4岁、5~6岁和8岁以上。根据问卷调查可知，被调查育龄女性理想的一孩二孩年龄间隔总体情况如下：选择理想的孩子年龄间隔在1~2岁的育龄女性占总体的

38.4%，理想的孩子年龄间隔在 3~4 岁的育龄女性占比 48.2%，理想的孩子年龄间隔在 5~6 岁的育龄女性占比 8.5%，理想的孩子年龄间隔在 8 岁以上的育龄女性占比 4.8%。

（2）育龄女性理想的二孩三孩年龄间隔 3~4 岁及 1~2 岁的比例相比一孩二孩年龄间隔呈下降趋势

根据问卷调查可知，被调查育龄女性理想的二孩三孩年龄间隔在 3~4 岁及 1~2 岁的比例相比一孩二孩年龄间隔呈下降趋势，5~6 岁及 8 岁以上比例有所上升。

具体情况如下：选择理想的二孩三孩年龄间隔在 1~2 岁的育龄女性占总体的 33.9%，相比一孩二孩年龄间隔 1~2 岁比例下降 4.5 个百分点，理想的二孩三孩年龄间隔在 3~4 岁的育龄女性占比 46.4%，相比一孩二孩年龄间隔 3~4 岁比例下降 1.8 个百分点，理想的二孩三孩年龄间隔在 5~6 岁的育龄女性占比 10.2%，相比一孩二孩年龄间隔 5~6 岁比例上升 1.7 个百分点，选择理想的二孩三孩年龄间隔在 8 岁以上的育龄女性占比 9.6%，相比一孩二孩年龄间隔 8 岁以上比例上升 4.8 个百分点，由此可见，调查地区无论是一孩二孩的年龄间隔还是二孩三孩的年龄间隔，都有近 1/2 育龄女性认为理想的孩子年龄间隔为 3~4 岁，其次是 1~2 岁，所占比例超过 1/3。选择理想的孩子年龄间隔为 5~6 岁和 8 岁以上的育龄女性比重较低。

（3）一孩理想生育年龄在 28~32 岁，二孩的理想生育年龄是 31~35 岁，三孩理想生育年龄是 34~38 岁

问卷调查结果显示，关于"理想（或实际）结婚年龄"，选择 26~30 岁的比例最高，为 56.1%，其次是 21~25 岁，占 32%，而选择 31~35 岁、36~40 岁、20 岁及以下、40 岁以上所占比例均较低，依次是 9.0%、1.9%、0.5% 和 0.5%。调查结果显示，关于"结婚后几年内生育孩子最为理想"，认为 2 年最为理想的比例最高，达到了 38.2%；其次是 3 年，比例为 26.9%，而 1 年、4 年及以上的比例则分别是 18.9% 和 15.9%。假设不受身体条件等因素影响，根据理想结婚年龄和理想婚后生育年限，可知大多数人

选择的生育年龄在 28~32 岁，根据上述"理想生育间隔"的调查数据可知，一孩理想生育年龄是 28~32 岁，那么调查对象二孩的理想生育年龄则是 31~35 岁，三孩理想生育年龄则是 34~38 岁。

4. 生育目的分析

生育目的直接影响人们的生育行为。以前在传统观念的影响下，中国人多数希望有多个孩子。

本研究的调查结果显示，接受调查的江西育龄职业女性有 11.3% 的人不想要孩子，37.57% 的人理想孩子数为 1 个，48.22% 的人为 2 个，2.15% 的人为 3 个，0.75% 的人为 3 个以上，可见大部分的女性希望生育一个或者两个孩子。不想生孩子的育龄女性排在前三位的原因是生育、养育、教育孩子的经济成本太高，购买学区房压力大。理想子女数为 1 个的育龄女性排在前三位的原因是抚养孩子成本太高、多生无人照顾小孩、集中财力物力把小孩培养得更优秀。理想子女数为 2 个的育龄女性排在前三位的原因是两个孩子可以一起成长；互相鼓励陪伴，孩子的成长会更有趣味，对孩子的成长教育更有益处；降低"失独"风险。理想子女数为 3 个及以上的育龄女性排在前三位的原因是孩子可以一起成长；互相鼓励陪伴，孩子的成长会更有趣味，对孩子的成长教育更有益处；家庭力量更大。

由此可见，传统的生育观念已经逐渐淡化，现代育龄女性不想生育孩子或只想生育一个孩子的主要原因是经济压力大，收入不足以支撑抚养多个子女，而且女性在工作和家庭之间往往需要进行选择，难以顾及全面，有一半的女性认为自己不生多个孩子是因为没有时间照顾孩子。育龄女性有生育更多子女意愿的主要原因有两个，其一是计划生育以来，城市中独生子女占据大多数，独生子女会产生一定的孤独感，所以她们希望自己的孩子能互相陪伴，这更利于孩子健康成长；其二是觉得日后能够减轻孩子赡养老人的负担。接受访谈的一些育龄妇女认为我国的社会保障制度还不完善，生活中有诸多风险存在，她们宁可自己现阶段苦一点也要生育更多的子女，这样子女将来就能少一些负担。

三 江西育龄女性生育意愿影响因素分析

（一）抚育成本对生育意愿的影响

抚育成本由直接成本和间接成本构成，直接成本主要是从女性开始计划怀孕到孩子成人、可独立这一整个过程中家庭所承担的衣食住行、教育医疗以及其他各种费用，间接成本主要包括父母为培养孩子失去的放松休闲、学习深造、升职加薪等各种机会。《中国生育成本报告 2022 版》显示，在我国家庭中，城镇家庭 0~17 岁孩子的养育成本约为 63 万元，农村家庭约为 30 万元，平均 48.5 万元。数据显示，上海的该项养育费用高达 103 万元，是我国养育费用最高的城市，同时也是生育率最低的城市；北京的养育成本排名第二，为 96 万元。江西省养育成本平均为 39.7 万元。养育成本和人均GDP 的比值，我国达到了 6.9 倍。[①] 高额的抚养成本令许多育龄女性不敢生、生不起。

调查数据显示，在回答"生育二孩，对孩子养育和教育的经济投入对家庭生活质量的影响程度如何？"这一问题时，选择有很大影响的人数占47.13%，选择有较大影响的人数占 38.62%，选择一般的人数占 13.33%，选择较少影响和很少影响的占比很低，分别为 0.69% 和 0.23%。在回答"生育三孩，对孩子养育和教育的经济投入对家庭生活质量的影响程度如何？"这一问题时，选择有很大影响的人数占 65.75%，选择有较大影响的人数占 26.21%，选择一般的人数占 7.13%，选择较少影响和很少影响的占比很低，分别为 0.74% 和 0.17%（见图 4）。

面对"抚养孩子的经济成本在多大程度上影响了您生育二孩、三孩的意愿？"这一问题，选择很大影响的人数占比均超过 50%，且选择抚养成本

[①] 杨菲菲：《人口负增长，是教育压力带来的吗？》，"中国教育三十人论坛"微信公众号，2023 年 1 月 18 日，https://mp.weixin.qq.com/s/wLknD3c7xAcSzAh7mw_ H8A，最后检索时间：2023 年 3 月 2 日。

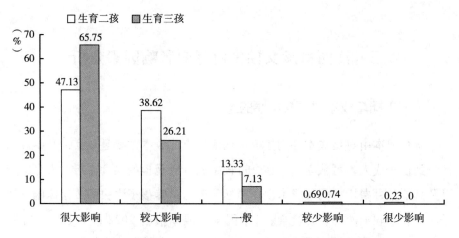

图4 二孩三孩养育和教育的经济投入对家庭生活质量的影响程度

对生育三孩意愿有很大影响的比例高达69.63%，无论是生育二孩还是三孩选择生育成本对生育意愿影响较小和影响很少的人数占比都很低，尤其是生育三孩者（见图5）。

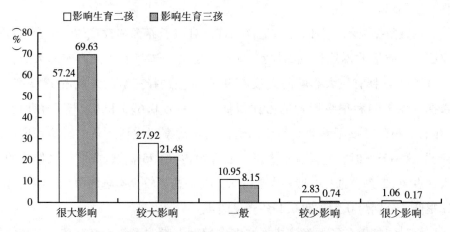

图5 抚养孩子的经济成本对生育二孩、三孩意愿的影响程度

对"教养孩子的时间精力付出，在多大程度上影响了您生育二孩、三孩的意愿？"这一问题，选择很大影响的人数占比均超过60%，且选择抚养成本对生育三孩意愿有很大影响的比例高达76.30%，无论是生育二孩还是

生育三孩，选择生育成本对生育意愿影响较少和影响很少的人数占比都很低，尤其是生育三孩，没人选择影响很少（见图6）。

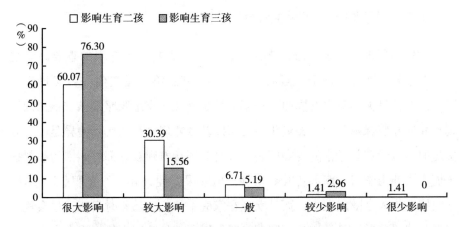

图6 教养孩子的时间精力付出对生育二孩、三孩意愿的影响程度

表4显示，生育、养育多个孩子的经济成本太高，教育多个孩子的经济成本太高，购买学区房的压力更大排在女性对生育二孩、三孩的顾虑和担心的前三名。

表4 您对生育二孩、三孩最大的顾虑和担心是？
（排序题，顾虑和担心的程度从 1~15，逐渐递减）

项目	1选数量	2选数量	3选数量	4选数量	综合得分	排名
生育、养育多个孩子的经济成本太高	181	25	16	10	25.76	1
教育多个孩子的经济成本太高	30	158	18	11	24.72	2
购买学区房的压力更大	15	17	46	99	20.87	3
教育多个孩子的难度太大、太累心	14	10	24	38	19.57	4
上好的幼儿园难或上不起	1	5	5	13	13.67	5
缺乏养育、教育陪伴两孩子的时间	5	11	8	12	12.82	6

由此可见，抚养成本是影响育龄女性二孩、三孩生育意愿的重要因素，高抚育成本是育龄女性生育二孩、三孩最为顾虑和担心的问题。

（二）孩子照料问题对生育意愿的影响

时代不断进步，孩子由谁来照顾也逐渐成为制约生育率的重要因素之一，对于家庭而言，孩子一般有 4 种照料方式：第一是夫妻一方父母来照顾；第二种是夫妻双方共同照顾；第三种是女性在家全职照顾孩子；第四种则是雇佣专职保姆照顾。父母年事已高以及教育理念存在代际差异是由一方父母照料孩子需要考虑的现实问题，夫妻共同抚养则双方都可能因为照料孩子而失去外出学习、职务晋升等机会。但如果女性放弃工作全职照顾小孩，不仅家庭收入会随之减少，而且女性在家庭中的地位随着时间流逝也会逐渐降低。伴随着需求量的增长，聘请专职保姆所需的费用也使得许多家庭望而却步，"工资只够，甚至还不够请保姆"的家庭也不在少数，基于以上四个因素，许多家庭苦于孩子无人照顾，也只能选择不生或少生，生育意愿也随之降低。

本研究设置了"在决定是否准备生育二孩、三孩时，以下哪些因素影响最大？"一题，试图了解影响生育意愿和生育决策的最大因素，调查结果如表 5 所示，家庭经济状况、抚养孩子的经济负担和孩子的照料问题是影响最大的三个因素，这几个因素是互相关联的，抚养小孩所导致的经济负担一定程度上降低了家庭生活水平，家庭生活水平的降低又反作用于生育意愿，从而导致生育意愿下降。

表5　在决定是否准备生育二孩、三孩时，以下哪些因素影响最大？
（排序题，程度从 1~6，逐渐递减）

项目	1选数量	2选数量	3选数量	4选数量	综合得分	排名
家庭经济状况	661	97	39	25	8.62	1
抚养孩子的经济负担	78	206	236	191	6.41	2
孩子的照料问题	69	84	159	172	5.40	3

续表

项目	1选数量	2选数量	3选数量	4选数量	综合得分	排名
双方事业发展	39	285	60	42	4.54	4
住房问题	26	119	225	52	4.22	5
国家生育政策	19	25	24	39	1.92	6
年龄因素	19	12	23	39	1.63	7
长辈压力和亲朋好友意见	5	8	16	11	0.79	8
传统生育观念（传宗接代、多子多福等）	8	7	10	12	0.66	9
周围朋友都生了	5	4	1	5	0.277	10

（三）个人发展与完善因素对生育意愿的影响

夫妻追求个人发展也成为影响二孩生育意愿的重要因素。调查显示，在决定是否准备生育二孩、三孩时，除了家庭经济状况、抚养孩子的经济负担、孩子的照料问题外，育龄女性希望获得更多的自身发展机会，以最大限度地实现自身价值。与过去女性生活的重心是"相夫教子""生儿育女"不同，现阶段由于时代发展和思想观念的巨大变革，女性追求在精神和物质方面的独立，注重自身发展。在家庭中，夫妻双方都需要工作来减轻家庭经济负担，女性也会面临诸多职场考验，在生育子女方面有了一定的自主选择权。问卷调查和访谈结果显示，大部分育龄女性认为教养孩子的时间精力付出会影响生育二孩、三孩的意愿，也有越来越多的女性意识到，在生育和养育子女方面所投入的时间和精力与追求自身职业发展之间会产生巨大的冲突（见图7），多生育一个孩子就会产生更多的矛盾。且社会在对女性的权益保障方面存在欠缺，具体表现为就业遭到性别歧视，产假、哺乳假期不够，生育保险覆盖面窄，生育后重返岗位困难等问题，因此，更多的育龄妇女认为选择少生育子女更有利于自我完善和发展。

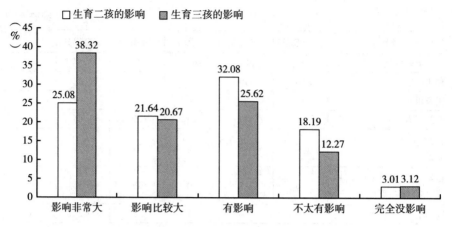

图7 生育二孩、三孩对自身职业发展的影响

（四）教育资源分配不均衡对生育意愿的影响

托幼方面，前文说到孩子照料问题对生育意愿的影响，如果能全面推行优质的托幼服务，生育意愿将得到很大提高。但目前市面上的早教机构质量参差不齐，不仅价格偏高，而且服务质量得不到保障。正规托幼服务的欠缺，也成为育龄女性不敢生育二孩三孩的重要原因。

学前教育方面，公立幼儿园设立入园限制条件，如户口、住宅性质等，"入园难"的现象时有发生；民办幼儿园则出现两极分化现象，一类幼儿园设施齐全，环境优美，办学特色鲜明，但学费较高，入园甚至需要"走后门"；另一类幼儿园仅能满足基本看护需求，园内设施不齐全，师资队伍质量参差不齐，收费较低但家长难以放心。学前教育难、贵、差等因素，限制了职业女性生育意愿。

义务教育方面，为了让孩子赢在起点，一些家长不惜倾其所有购买天价学区房，只为了孩子能享有优质的教育资源，而经济实力跟不上的家庭则无法进入所谓"名校"。在偏远、经济欠发达地区，教育资源更是差异明显，师资力量匮乏、基础设施不齐全等现象屡见不鲜。除了接受基础教育外，家长为了孩子能够全方位发展，纷纷加入为孩子报培训班、兴趣班的队伍，这无疑也增加了养育孩子的压力。教育资源的地区差异、入学难的问题以及教育成本的压力，使得很多父母不愿意再生育。

同时，本调查结果显示，在问及"对于生育二孩或三孩，您最希望的生育配套政策是什么？"时，选择率排在前三位的是幼儿园"上得起、上得好"（3~6岁），能就近享有优质的中小学教育资源，最近、优质、普惠的托育服务（0~3岁）（见表6）。

表6　"对于生育二孩或三孩，您最希望的生育配套政策是什么？"

项目	1选数量	2选数量	3选数量	4选数量	综合得分	排名
幼儿园"上得起、上得好"（3~6岁）	188	319	73	55	9.07	1
能就近享有优质的中小学教育资源	81	112	162	207	8.20	2
最近、优质、普惠的托育服务（0~3岁）	336	98	65	44	8.01	3
友好型的就业政策，保障女性就业权利	102	87	207	64	6.88	4
孩子离园或放学时间与家长下班时间相衔接	41	73	113	127	6.70	5
发放生育补贴（孕期产假）	24	34	72	87	4.16	6
延长产假至一年	46	55	57	67	4.14	7

（五）传统生育观念对生育意愿的影响

在传统生育观念中，传宗接代、养儿防老、男尊女卑是影响生育意愿的主要原因，在这些观念的影响下，人们更偏向于生育男孩，男孩偏好又导致了生育多孩，做生育抉择的时候，家中长辈往往起了非常重要的作用。但随着经济发展，受教育程度提升和普遍就业使得女性在家庭中的地位也逐步提高，传统的生育观念正在淡化。

调查结果显示，在选择影响生育抉择的最主要因素时，长辈压力和亲朋好友意见、传统生育观念（传宗接代、多子多福等）排名的综合得分远远低于家庭经济状况、抚养孩子的经济负担、孩子的照料问题。且在"在生不生二孩、三孩这件事上，父母的意见对您和配偶有影响吗？"的调查中（见图8），双方父母的影响较小和基本没有影响的比例之和高达70%以上，由此调查结果可知，父母意见在夫妻做生育抉择时的影响很小。

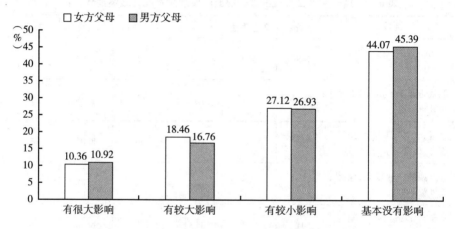

图8 对于生育二孩或三孩，父母意见的影响程度

四 增强育龄女性生育意愿的对策建议

自从实施"全面二孩"政策以来，国家向所有公民传达了支持和鼓励生育的态度。"全面二孩"和"鼓励生育第三个孩子"的政策旨在提高生育率以改变生育率持续下降的趋势。提高生育率的关键在于生育年龄女性强烈的生育意愿，即想要生育第二个或第三个孩子。根据调查结果，本文提出六个方面的激励措施：完善经济补贴和保险政策、完善产假政策、改革教育政策、完善托幼服务体系、加大就业支持力度、加强宣传和教育。

（一）完善经济补贴和保险政策

考虑到经济条件是影响育龄女性生育意愿的主要因素之一，提供经济支持可以在一定程度上缓解养育成本压力，增强育龄女性生育更多孩子的意愿。政府应该从财政、教育、医疗保健、住房等多个方面制定支持措施，促进生育意愿的增长。

首先，决定再次生育的家庭应该得到一定的经济支持。国家应该研究为决定生育第二或更多孩子的家庭提供津贴的计划，并确定养育第二或更多孩子的经济补贴。例如，可以采取"小额、长期"的经济援助与"退休后一次性支付"相结合的方式。根据育龄女性的财务状况，对于没有固定收入或者暂时没有收入的，可以通过设定"国家津贴、雇主津贴"的适当比例来发放养育第二或第三个孩子的补贴。可以借鉴日本的经验，根据江西省的社会经济发展水平和财力状况确定津贴的标准，并向社会传达政府鼓励生育第二或第三个孩子的积极态度。

其次，优化孕产险制度，降低家庭养育第二个或更多孩子的相关费用。目前江西省的生育险政策规定："女职工连续缴费至生育时满一年以上且生育后处于正常缴费状态的，享受生育津贴待遇"，并可以获得孕产险福利。然而，这排除了许多育龄女性，如个体经营者、农民和全职母亲，她们无法享受生育津贴。因此，应进一步完善育龄妇女的孕产险制度，并为她们在孕育过程的每个阶段提供免费的财务支持。具体而言，从女性开始计划怀孕到孩子在家中抚育的整个过程中，所有孕前检查、分娩、产后康复以及有住院治疗需要的新生儿费用应由医疗保险全额报销。针对家庭支出中子女教育经费占比不断增加的问题，可以为有两个及以上孩子的家庭提供一些减免措施。此外，对于有两个及以上孩子的家庭，如果因房屋贷款而承受巨大负担，可以开展优惠购房条件的试点项目。例如，可以免除或减少房产购买税的缴纳，对低收入家庭免除个人所得税的缴纳，以公积金设置育儿项目等。在具体情况下，还可以考虑对有两个及以上孩子的家庭提供税收支持，对该家庭中收入达到纳税标准的人员，在一定范围内免除其个人所得税的缴纳。对于

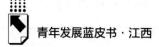

自营业务的家庭，可以提高增值税免税额和自营业务所得税纳税起征点，以减轻有两个及以上孩子家庭的经济负担，增强育龄女性的生育意愿。

（二）完善产假政策

根据调查，女性在生完孩子后回到工作岗位，而雇主并没有降低评估标准或工作强度，这导致女性无法调和生育所导致的角色矛盾。因此，应积极改进和完善产假支持系统。首先，应引入对处于生育年龄的所有女性有利的"有薪产假"制度。完善对孕妇的保护政策，现行的产假法规未能为农民工、自雇人士和经商者提供充分的保护。与育儿相关的费用对这些女性有很大影响，而且她们的生活质量因为孩子的出生而下降。其次，应延长产假期限。受年龄和健康因素限制，生育第二或第三个孩子后，恢复健康需要的时间与生育第一个孩子时不同。此外，生育第二或第三个孩子的妇女需要更多时间照顾孩子。因此，在改革产假制度时，应考虑到她们的多样化需求，并适当延长产假时间。再次，应将"产假"改为"育儿假"。孕产假制度可以改为基于家庭的更加灵活的家庭假制度。夫妻双方可以享受相同长度的家庭假，并根据情况选择一方负责照顾孩子，从而增加时间和空间的弹性。最后，在孕产假期间，国家或雇主应为在假期中的家庭成员提供一定比例的工资，并制定相应的规定，以确定对有第二或第三个孩子的父母的考评要求，为生育二孩三孩的父母提供使用产假动力，并确保家庭的基本生活水平不会显著降低。

通过调整孕产假模式，一方面，男性可以承担起抚养孩子的责任，减轻生育和抚养子女对生育年龄女性的压力；另一方面，可以减少雇主对生育年龄女性的歧视，平衡雇佣男性和女性的成本和管理，并确保生育年龄女性平等就业和育儿权利。

（三）改革教育政策

《2017年中国家庭教育支出报告》显示，中国家庭教育支出占家庭年度支出的50%以上，有29%的家长愿意承担超出其财务能力的教育费用。其中一部分支出是用于额外的课外活动，这些活动在家庭教育支出中占据了最大比例。81.26%的孩子参加了补习课程以提高学习成绩，30%的小学生和中学生每年在课外培训上花费5000～10000元。根据《中国教育新形态发展报告（2017）》的数据，中国中小学生参与课外培训的整体比例为48.3%，平均年度参与费用为5616元，全国课外培训行业的总规模已达4900亿元。[①]然而，尽管市场规模增长迅速，培训机构的定价标准却不一致，教育质量和教学效果也未得到有效监管，这增加了家庭负担、阻碍了教育公平。在这种情况下，育龄妇女对生育的意愿不可避免地减弱了。

政府可以通过在学校扩大教学领域、减少培训机构数量、调整培训机构课程费用以及优化教育资源的提供和分配来减少对家庭教育的支出。这将有助于促进教育的公平性，减轻女性在子女教育方面的经济负担。首先，通过在学校内合理分配资源、组织课后或周末由具有专业知识和技能的教师进行的课外活动，并根据当地教育局的要求确定这些活动的费用，以满足低收入家庭子女的教育需求，并确保学校高质量教育资源的公平利用。如果学校内部资源不足，教师和场地可以由地方教育管理机构进行合理安排，以确保学生的统一学习。这将减少女性在学龄期为子女教育所需花的时间、精力和费用。其次，学校外培训机构必须严格遵守注册和准入程序，并对其加强每日的监督和管理，以消除不合理的收费。教育管理机构应提高对机构准入的要求，机构的教育质量应由家长评估，并且评估结果应成为确认或取消培训资格的重要标准，从而建立一个有效的监督反馈机制。同时，根据物价和教育行业的本地工资水平，取消所有收费超过规定或收取隐藏费用的学校的办学资格，并将与此相关的人员列入从业黑名单。再次，制定适合二孩三孩家庭的政策。调整学校上课时间，使其尽可能早于父母上班时间，且结束时间不早于父母下班时间。此外，在周末和暑假期间，开放图书馆、体育馆和实验室等场所，并由教师负责学生的安全，以减轻家长对孩子独自在家的担忧和

---

① 巩阅瑄等：《爱的边界：家庭教育焦虑是否会增加课外补习投入?》，"少年儿童研究"微信公众号，2022年3月8日，最后检索时间：2023年3月2日。

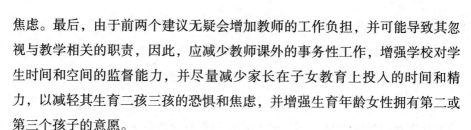

焦虑。最后，由于前两个建议无疑会增加教师的工作负担，并可能导致其忽视与教学相关的职责，因此，应减少教师课外的事务性工作，增强学校对学生时间和空间的监督能力，并尽量减少家长在子女教育上投入的时间和精力，以减轻其生育二孩三孩的恐惧和焦虑，并增强生育年龄女性拥有第二或第三个孩子的意愿。

（四）完善托幼服务体系

根据调查结果，早期婴儿照料是生育年龄女性面临的最重要问题之一。目前，1~3岁婴幼儿托育机构的质量参差不齐，大多数家庭也没有雇佣保姆的经济能力。在中国家庭中，婴儿护理主要由母亲及爷奶辈共同承担责任。结合爷奶辈延迟退休政策的限制，女性决定要孩子可能需要在事业和育儿之间做出选择。这无疑会降低育龄女性要孩子的意愿，特别是对于要生二孩或三孩的情况。为了解决这个问题，需要大幅提高与儿童护理相关的服务质量，并发展普惠托幼服务。一是应该增加社区内1~3岁婴儿托幼机构数量，发展普及性的1~3岁儿童托幼系统，并积极满足有二孩和三孩家庭的需求。政府应通过适当的规划、利用教育资源，建设具有广泛覆盖性、价格合理和质量可靠的公共1~3岁婴儿托幼机构。二是制定相关准入、考评、退出机制，规范民办托幼机构办学资质，提升办学服务质量，并给予优质机构一定的补贴。也可尝试由国家投入资金，在社区建立3岁前托幼机构，由社区统一招聘高素质幼师队伍。三是政府通过政策支持，鼓励有条件的企事业单位就地设立托幼机构，并给予企业一定的支持，例如：税收减免和财政返还与分摊，以此来满足托幼需求，完善托幼体系。

（五）加大就业支持力度

在雇佣女性时存在对育龄妇女的歧视和限制，例如职位、薪资、职业发展方面的限制，这对处于生育年龄的女性的生育意愿尤其是生育第二和第三个孩子的意愿产生了明显的影响。对于现代女性来说，需要同时考虑抚养第二和第三个孩子的成本以及个人发展的需求。我国现行法律法规在保护女性生育权益和就业方面还不够完善，缺乏具体的规定和指导，这常常使女性在争取平等就业权益的斗争中处于困境。政府应进一步完善相关法律法规，详细规定法规内容，明确实践的司法解释，并增强法规的可操作性。同时，政府应引导企业支持员工拥有第二和第三个孩子，并给予一定的政策优惠，以减少对企业的客观影响。

首先，需要进一步完善和明确有关男女工作待遇平等的法律法规，并防止女性因做出生育有关的决定而受到歧视。同时，雇主不得对决定生育的女性采取降低工资、减少社会福利、限制晋升或其他形式的变相解雇等措施。应该规定工作场所中育龄女性所受歧视内容，明确法律责任和赔偿标准，以保障女性在就业中享有平等待遇。在因生育权利被侵犯而引发的法律争议中，应当实行举证反置，即企业无法证明不存在就业歧视时，将被视为歧视并其承担法律责任，以支持女性争取自己的权益。应加强监督和规范，引入第三方参与，以确保对企业的持续监督。其次，应为企业提供有关雇佣育龄女性的一些优惠措施，例如在女职工怀孕和产假期间，由政府承担个人的医疗和社会保险支出，以帮助企业减轻经济压力。还可以组织职业培训、讲座和其他活动，其中人力资源和社会保障部门牵头高等院校以及育龄女性共同参与，以帮助产假期间的女性提升职业和个人技能，减轻企业培训的负担，并为女性创造更多机会。

（六）加强宣传教育

调查结果显示，56.73%的育龄妇女对"二孩、三孩政策"有一定了解，20.24%有相对了解，只有7.1%完全了解，而15.93%对此毫无了解。大多数人对于二孩和三孩政策缺乏全面了解，甚至对其一无所知。由于增强生育意愿是一个长期任务，因此需要国家和社会不断推广和解释二孩三孩政策。首先，应对不同受众群体采取更有针对性的方法。城市居民受教育程度较高，信息来源多样，但他们缺乏时间去理解和分析政策。因此，建议在企业中推广该政策，同时促进企业管理层对育龄女性生育政策的理解和支持。这旨在加快企业管理层对生育观念的改变，促进对育龄妇女的接纳和支持。乡村居民的受教育水平较低，对政策的理解存在偏差，但传统的生育观念仍然存在。宣传工作应充分发挥农村委员会的作用，通过在农村地区广泛传播生育政策，利用农村广播电台的重复播放和多角度报道，多多宣传当前的生育政策。同时，还应针对已经有一个孩子但尚未生育第二或第三个孩子家庭进行有针对性的信息宣传，让家庭提前了解相关政策，缓解与生育相关的担忧。其次是优化生育宣传内容，重点关注诸如"孩子需要同伴才能成长和成功"、"多个孩子更能保护家庭免受风险"以及"多个孩子在父母老年时期有助于减轻赡养的负担"等方面。帮助已经有一个孩子的家庭科学理解，生育第二和第三个孩子不仅有利于国家经济健康发展和人口结构优化，也对孩子的健康快乐发展、家庭风险防范和晚年照料起到重要作用。通过逐步和有组织的宣传，在整个地区增强育龄妇女生育意愿。由于获知生育政策的方式与传统获取信息的方法不同，需要灵活利用小红书、微信官方账号、微博等新媒体平台，通过图片、文字和短视频进行宣传，引导年轻人树立新的育儿观念，有效激发育龄女性生育第二个和第三个孩子的意愿。

参考文献

杨燕容：《"全面放开二胎"政策视野下的生育意愿影响因素分析——以广州市越秀区为例》，华南农业大学硕士学位论文，2016。

李庆贺：《育龄女性生育意愿与激励政策研究——以岱岳区为例》，山东农业大学硕士学位论文，2021。

阎志强：《广州青年人口婚姻与生育状况的变化特点——基于2015年1%人口抽样调查数据的分析》，《西北人口》2018年第4期。

张孝栋、张雅璐、贾国平等：《中国低生育率研究进展：一个文献综述》，《人口与发展》2021年第6期。

庄亚儿、姜玉、李伯华：《全面两孩政策背景下中国妇女生育意愿及其影响因素——基于2017年全国生育状况抽样调查》，《人口研究》2021年第1期。

周浩：《中国人口流动模式的稳定性及启示——基于第七次全国人口普查公报数据

的思考》,《中国人口科学》2021 年第 3 期。

张翼:《新中国成立 70 年来中国人口变迁及未来政策改革》,《中国特色社会主义研究》2019 年第 4 期。

郑真真:《生育意愿研究及其现实意义——兼以江苏调查为例》,《学海》2011 年第 2 期。

贾志科、风笑天:《城市"单独夫妇"的二胎生育意愿——基于南京、保定五类行业 558 名青年的调查分析》,《人口学刊》2015 年第 3 期。

李月、张许颖:《婚姻推迟、婚内生育率对中国生育水平的影响——基于对总和生育率分解的研究》,《人口学刊》2021 年第 4 期。

李佩:《全面放开二孩政策对学前教育的影响及措施》,《兴义民族师范学院学报》2015 年第 4 期。

李成波:《降低生育成本压力的对策建议》,《中国人口报》2016 年第 3 期。

李雪:《新中国生育政策 66 年的变迁》,《理论导报》2015 年第 11 期。

刘汉武、张凤琴、李秋英:《出生人口性别比偏高对人口动态的影响》,《科教导刊》2015 年第 8 期。

B.10
江西青年离婚水平变动趋势研究

胡剑峰　尚晶莹*

摘　要： 离婚作为一种社会行为，受到社会环境的影响。2010~2020年江西各地离婚人口比重都有所上升，但青年离婚增长幅度较小。本研究从学历、城乡、性别差异分析江西青年离婚现象，发现青年离婚人口学历呈正态分布，其中低学历青年群体中离婚率引人注目；乡村青年离婚是造成青年离婚人口上升的主要因素，离婚现象具有城市离婚女性多、乡村离婚男性多的特征。青年价值观的"个体本位"支持放弃不合适的婚姻；家庭结构与互动变化增加婚姻风险；社会流动降低了婚姻质量与再婚成本、严峻经济形势加速婚姻关系破裂等是导致青年离婚的主要原因。本研究围绕降低离婚率，从个人、家庭、国家社会层面提出的建议包括：培养新婚夫妇对婚姻正确的认识和严肃的态度；协助青年家庭理性处理婚姻生活中的矛盾；控制社会环境中诱发婚姻危机的因素；运用法律武器和婚恋专家的专业力量维系婚姻关系，避免草率离婚。

关键词： 江西　青年　离婚水平

一　江西青年离婚的总体态势及基本特征

婚姻与家庭稳定、社会和谐息息相关。随着经济发展水平提高、物质生

---

* 胡剑峰，江西共青团和青年工作理论研究会副会长、上海建工集团江西地区联合党委副书记，主要研究方向为青年发展、志愿服务；尚晶莹，江西青年职业学院助教，主要研究方向为社会工作实务。

活水平的极大改善和一系列社会变革，婚姻的可替代性增强，维系婚姻的纽带逐渐削弱，婚姻的稳定性受到了巨大的冲击。江西的粗离婚率从 2010 年至 2020 年总体呈现上升状态，2010 年离婚登记人数为 6.50 万对，2020 年离婚登记人数达 12.64 万对，近乎十年前的两倍。与 2019 年相比，2020 年的离婚登记人数略微有所减少，减少了 5500 对，但尚且不构成趋势，其变化需要在长周期下观察并进行专门调研，故不在本次报告内讨论。

图 1 江西省 2010~2020 年离婚登记及粗离婚率

资料来源：国家统计局。

（一）青年离婚人口比重增长幅度较小

由于缺乏各个年龄组的粗离婚率统计，本文从离婚人口的变动趋势看江西各个年龄组的离婚水平和趋势。我们在分析离婚人口比重时，指的是各个年龄组处于离婚状态人口的比重，而非各个年龄组发生离婚行为的人口比重。同时，由于婚姻状态的统计调查排除了 15 岁以下的人口，本次统计离婚人数的占比是基于 15 岁及以上人口总数。

统计数据显示，离婚者比重有所上升，青年离婚人口比重增长幅度较小，2020 年 30 岁以内的青年女性离婚人口占比反超男性，且青年女性增速远远快于男性。如表 1 所示，离婚人口比重总体上从 2010 年的 1.08% 上升至 2020 年 1.82%，增长了 69%。从不同年龄段看，2020 年男性离婚人口比重比 10 年前总体上增长了 58%，其中 20~24 岁、25~29 岁、30~34 岁的青年男性离婚人口比重增长较慢，均低于总体增长率。这可能与青年普遍晚婚有关，20~24 岁年龄段的离婚人口比重下降；2020 年女性离婚人口比重比 10 年前总体上增长了 85%，其中 20~24 岁、25~29 岁、30~34 岁的青年女性离婚人口比重增长较慢，且均低于总体增长率。从性别差异看，2010 年各个年龄段的男性离婚人口比重始终高于女性，但 2020 年 20~24 岁和 25~29 岁两个年龄段，女性离婚人口比重反而高于男性，且 20~24 岁、25~29 岁、30~34 岁青年女性离婚人口占比增速远远快于男性。

表 1　江西省不同年龄段的离婚人口比重

年龄（岁）	2010 年（%）			2020 年（%）			增长幅度（倍）		
	总体	男性	女性	总体	男性	女性	总体	男性	女性
15~19	0.01	0.00	0.01	0.00	0.00	0.01	—	—	0
20~24	0.16	0.18	0.15	0.15	0.11	0.19	-0.09	-0.36	0.25
25~29	0.88	1.02	0.75	1.23	1.16	1.31	0.40	0.13	0.76
30~34	1.65	2.02	1.29	2.67	3.01	2.33	0.62	0.49	0.80
35~39	1.76	2.14	1.37	3.42	4.11	2.72	0.94	0.92	0.99
40~44	1.71	2.05	1.35	3.36	4.04	2.67	0.97	0.96	0.97
45~49	1.60	1.80	1.41	2.87	3.22	2.51	0.79	0.79	0.79
50~54	1.33	1.59	1.06	2.27	2.51	2.03	0.70	0.58	0.90
55~59	1.11	1.41	0.80	2.00	2.19	1.81	0.81	0.56	1.28
60~64	0.91	1.25	0.56	1.49	1.75	1.23	0.64	0.40	1.21
65 以上	0.64	0.89	0.42	0.73	0.95	0.53	0.13	0.07	0.26
合计	1.08	1.31	0.85	1.82	2.07	1.57	0.69	0.58	0.85

资料来源：依据江西省第六次人口普查数据与第七次人口普查数据计算而成。

（二）青年并非离婚人口的主体

2010 年离婚人口群体集中于中年群体，2020 年离婚人口的年龄整体往后推迟，其中青年比重出现不增反降的特点。2010 年离婚人口最集中的年龄是 35~44 岁，此年龄段聚集了约 36.34% 的离婚人口，离婚人口中 34 岁及以下青年占比约为 24%。如图 2 所示，34 岁及以下的青年群体和 55 岁及以上的老年人群都只占离婚人口的两成左右，离婚人口主要集中在35~54岁的中年人，约占离婚人口的60%。当把离婚人口中不同年龄段的比重分布连起来，离婚人口的年龄分布呈现"倒V"形曲线。对比2010年和2020的数据发现，离婚人口中的青年人口比重并没有随着离婚率上升而上升，相反有所下降。与2010年相比，2020年离婚人口中34岁及以下各年龄组的比重都呈下降的趋势。而离婚人口中45~64岁不同年龄组比重上升，其中离婚人口比重升幅最大的集中在50~54岁年龄段，而非青年群体。20~34岁的青年23.96%降至2020年的19.72%。图2的两条平均趋势线清晰表明，2020年与2010年相比，江西离婚人口的占比高峰从35~39岁推移至40~44岁，10年里离婚人口的年龄整体后推了5岁。

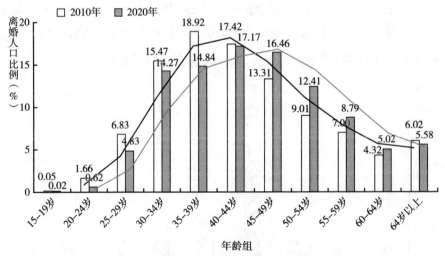

图2　离婚人口在不同年龄段的比重

（三）青年离婚人口学历呈正态分布

由图3可知，青年离婚人口中学历特征凸显，呈现两端小、中间大的正态分布特点。按照江西省第七次人口普查数据，学历被划分为从未上过学、学前教育、小学、初中、高中、专科、本科、硕士研究生和博士研究生共九类，分析发现在15~34岁的青年离婚群体中，初中和高中学历水平占比达

到 79.34%，其中初中学历水平者占青年离婚群体的 57.63%，而初等教育
（学前教育和小学学历水平）和高等教育（专科、本科、硕士、博士）占比
分别为 4.65% 和 15.91%，另外有 0.10% 未接受学校教育的青年离婚群体，
青年离婚人口中初中学历水平远远高于其他学历水平占比。将 15~34 岁的青
年离婚人口进行年龄分层，分为 15~19 岁、20~24 岁、25~29 岁、30~34 岁
四个年龄段，分析发现，四个年龄段内的青年离婚人口中，初中学历占比均
是最大值，并远远高于其他学历层次的青年离婚人口占比。在低于法定年龄
的 15~19 岁的离婚人口范围内，专科、高中、初中和小学学历依次占比
13.33%、20%、46.67%、20%。在适婚年龄的 20~24 岁的离婚人口范围内，
不同学历依次占比为硕士 0.24%、本科 2.35%、专科 6.59%、高中 20.24%、
初中 65.88%、小学 4.71%。在晚婚年龄段 25~29 岁和 30~34 岁的离婚人口范
围内，初中学历占比均高于 55%，高中学历占比约为 20%，专科学历占比在
10% 左右，本科学历占比均低于 0.3%，硕士学历占比均接近 0.03%。

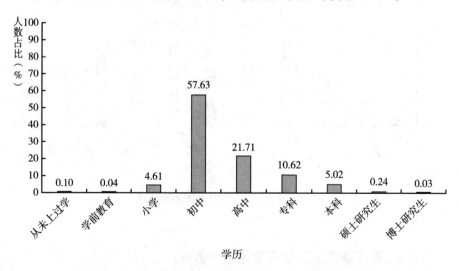

图 3 2020 年 15~34 岁江西青年离婚状态者中不同学历人数占比

数据来源：江西省第七次人口普查数据并依据该数据计算而来。

为了进一步探究学历与青年离婚之间的关联性，比较各个学历青年群体
中处于离婚状态的人数，在此次 2020 年江西各个学历青年群体数据中，具

有专科学历的青年基数最大，不仅分别是初中和高中学历的青年群体数量的两倍，更远远高于其他学历层次的青年群体。但研究发现，小学、初中和学前教育这三个层次的学历青年中离婚人口占比排在前三，依次为22.85%、18.29%、14.75%。相对于其他学历层次青年的离婚人口比例，专科学历青年中离婚人口占比最小，仅为2.10%。本科与博士研究生学历青年的离婚人口比例相当，分别为3.79%和3.94%。总的来说，在接受了高等教育（专科、本科、研究生）比接受了初等教育（学前教育和小学）和中等教育（初中和高中）的青年群里中，离婚人口占比更低，且在高等教育中职业教育（专科）比专门教育（本科和研究生）青年群体中离婚人口占比略低（见表2）。假定将接受了高等教育群体的青年视为高学历群体，接受了初等教育和中等教育群体视为低学历群体，由于时下正讨论高学历青年群体更有晚婚的可能性，如果高学历青年群体结婚晚，可能高学历青年群体中离婚人数更少，进而占比更低，但相对而言，高学历青年群体的教育经历更加丰富，对离婚也更加理性，既会从经济成本、社会名望考虑离婚的负面影响，同时也掌握了更多的方法与技能，客观地去判断与分析婚姻关系中问题所在，从而找到解决方法。低学历青年群体中离婚人口占比凸显，既与社会流动导致夫妻双方常年异地分居有关，同时也与该群体容易受低俗文化影响，难以抵制社会诱惑，间接导致婚姻破碎有关。

表2　2020年江西各学历青年群体中的离婚人口占比

学历	15~34 岁离婚人数	15~34 岁总人数	离婚人数占比（%）
未上过学	14	2022	6.92
学前教育	5	339	14.75
小学	628	27478	22.85
初中	7851	429292	18.29
高中	2957	409502	7.22
专科	1446	687047	2.10
本科	675	177967	3.79
硕士研究生	33	13087	2.52
博士研究生	4	1014	3.94

资料来源：根据江西省第七次人口普查数据计算。

（四）青年离婚人口城乡差异显著

在20~34岁的青年人口中，城市、城镇、乡村的青年处于离婚状态的比重分别为1.18%、1.36%和1.80%。城市、城镇、乡村离婚人口中的青年群体比重分别为14.04%、19.47%、25.77%。乡村青年离婚是造成青年离婚人口上升的主要因素。在乡村青年离婚人口中，女性比重为四成左右（36.18%），城市和城镇青年女性比重均不到三成（14.69%和20.42%）。城乡差异的原因往往是乡村青年特别是女性青年结婚更早且更普遍，离婚年龄也更早。

同时城乡离婚人口的性别构成存在显著差异，总体上表现为城市离婚女性多，乡村离婚男性多。城市青年女性离婚人口比重高出男性0.28个百分点（1.32%vs1.04%），在乡村地区，青年女性离婚人口比重低于男性0.54个百分点（1.50%vs2.04%）。这一差异主要源于城乡婚姻市场男女供求关系的差异。在城市地区，鉴于经济、年龄等婚配梯度，男性比女性更具有婚姻市场上优势，再婚更加容易；在农村地区的适婚人口性别比失衡，女性处于优势的婚配地位，更容易再婚（见表3）。

表3　江西省2020年20~34岁青年人口的婚姻状况及离婚水平

单位：%

		城市			城镇			乡村		
		小计	男	女	小计	男	女	小计	男	女
青年人口婚姻状况	未婚	47.59	54.37	40.88	41.08	49.31	32.83	41.88	50.90	31.11
	有配偶	51.19	44.58	57.74	57.48	49.26	65.74	56.23	47.00	67.24
	离婚	1.18	1.04	1.32	1.36	1.39	1.33	1.80	2.04	1.50
	丧偶	0.04	0.01	0.06	0.07	0.04	0.10	0.10	0.05	0.15
总体人口中的离婚者比重		2.35	2.18	2.52	1.71	1.82	1.60	1.54	2.17	0.87
离婚人口中的青年人比重		14.04	13.28	14.69	19.47	18.64	20.42	25.77	21.90	36.18

注：总体人口指15岁及以上人口，离婚人口指15岁及以上所有离婚人口。
资料来源：江西省第七次人口普查数据。

二 江西青年离婚水平变动的社会原因分析

（一）"个体本位"支持放弃不合适的婚姻

"个体本位"婚姻价值观注重个体利益，区别于传统家庭本位观念下强调家庭整体利益与家庭责任高于个人利益。传统的父系社会强调婚姻是家事非私事，婚姻男女双方具有强烈的人身依附性。"嫁鸡随鸡，嫁狗随狗"，"在家从父，出嫁从夫"的观念一直是中国古代社会的主流婚姻观，除非丈夫休妻，妻子主动提出离婚的少之又少。《礼记·昏义》曰："昏礼者，将合二姓之好，上以事宗庙，而下以继后世也。"可以看出，传统婚姻的功能是实现家族繁衍，目的是祭祀祖先、延续香火，并强调夫妻一体。随着市场经济中的契约精神发展，自由与平等的理念逐步渗透至婚姻制度之中，强化了夫妻个体的存在。《婚姻法》的第三条第一款：禁止包办、买卖婚姻和其他干涉婚姻自由的行为。第五条：结婚必须是男女双方完全自愿，不许任何一方对他方加以强迫或任何第三者加以干涉。婚姻成为男女双方自由选择的产物。第十三条规定：夫妻在家庭中地位平等。男女平等、婚姻自由的契约精神强化了自我权利意识，人们在婚姻生活中更加注重自我的感受。特别是女性可以大胆地对男人说"不"，如果在婚姻生活中，女性认为受到委屈，或认为丈夫已不适合她，会主动离婚，更倾向于追求属于自己的生活。

当代青年选择离婚的理由由传统理由"家暴、出轨"，转变为价值观、情感、性格等不合。针对离婚的调查发现，青年选择离婚的原因中，"价值观的冲突"、"性格不合、沟通困难"以及"长期异地分居，感情变淡"占比之和达到61.01%。同时分别有55.93%、67.8%的离婚单身青年认为"父母有权利离婚，没必要为孩子牺牲一辈子""父母分别找到自己的幸福，对孩子也有正面影响"。离婚青年更加关注婚姻中个人的主体性，并且认为追求个人的幸福会对子女起到正面的影响。72.88%的离婚青年赞同"离婚率上升是现代社会无法避免的问题"，越来越多人认同离婚率上升是社会发展的必然趋势,整个社会对离异者和离婚选择更加包容。与此同时,离婚与照顾离异家庭子女并不相互冲突,86.44%的离婚青年认为"可以离婚,但必须优先安排好孩子的生活与教育",虽然现代社会中注重个人需求但并不意味着推卸作为父母的责任。

追求理想主义的完美婚姻让人对以爱情为基础的婚姻充满较高期待,会显著地削弱双方对婚姻冲突和磨合的忍受力。传统社会以家庭至上,"爱"意味着自我牺牲和妥协。现代社会中,个体独立生活的物质需求不再依赖家庭来满足,爱情成为衡量婚姻幸福的标准,婚姻出现了情感化与心理化倾向,青年人更期待高质量婚姻,把自我放在家庭之前变得更普遍,寻找的是彼此契合的灵魂伴侣,"爱"意味着自我表达和个性,婚姻变得更加脆弱,婚姻的稳定性降低了。

(二)家庭结构与互动变化增加婚姻风险

家庭结构核心化,家庭抗风险能力减弱。现代社会正经历着人类历史上最快速的家庭结构变化。昔日四代同堂、三代同堂的景象已经被众多核心家庭取代。当今社会年轻人远离父母生活在异乡,其结婚、生育大多是在自己的城市发生,从农村看,所谓家庭已经变成了隔代老人和孩子的留守。现在社会盛行一种家庭自给自足的法则,长辈婚姻家庭与晚辈婚姻家庭之间的边界更加清晰化。而客观因素中,分隔核心家庭的物理空间已经扩大。以前妯娌们会在门廊上相互大声问候,孩子们会常常串门,但现在物理位置形成了一个缓冲空间,把各个家庭分隔开来。家庭规模越来越小,家庭与家庭之间的联结越来越脆弱,离异越来越常见。大家庭比核心家庭更具有韧性,支持性网络更加丰富,核心家庭比大家族的生活更加自由,但家庭功能却变得脆弱。在核心家庭中缺乏和事佬及时缓冲关系破裂带来的负面影响。在一个核心家庭中,婚姻的结束,就意味着家庭的结束。现代社会中家庭正在去中心化、朝向碎片化方向发展,小家庭分裂成了单亲家庭,在核心家庭中长大的人,往往比在多代同堂的大家庭中长大的人更崇尚个人主义。具有个人主义心态的人往往不愿意为了家庭而牺牲自我，其结果是更多的家庭破裂。

女性走出家庭走入社会，家务劳动分工矛盾浮现。"男主外，女主内"的家庭内部分工随着社会的发展和生产力的提高而改变。现代社会，随着女性在学习、工作、政治等方面取得了空前的进步，已婚女性的就业率增加，而工作时间、受教育程度、收入与相对收入恰恰是影响我国夫妻双方家务劳动时间较大的因素，现在男女在上述主要因素上的差距越来越小，谁来做家务这个分歧由此产生并逐渐扩大，成为夫妻产生矛盾的导火索。在过去的半个世纪，我国女性已经渐渐地走出家庭，普遍地参与社会劳动，打破了"男主外"的传统模式，然而"女主内"的格局却仍存在。但男性养家模式根深蒂固，在思想层面男性仍难以认同自身的家务责任，全职工作的丈夫可能仍以做家务和全天候照顾孩子为羞耻，已就业妻子的不满情绪常常会增加婚姻的不满意度。许多学者研究发现，长期不合理的家务分工会影响夫妻双方的身心健康以及家庭和睦，我国家庭的家务负担较重，而且家务劳动在夫妻间的分配差距较大。虽然行动层面男性会越来越多地参与家务，但远少于妻子在工作中增加的时间。从总体来看，我国每个家庭中夫妻双方每周用于家务劳动的时间平均为 27.78 小时，其中妻子每周用于家务劳动的时间大约是 17.87 小时，是丈夫日常家务投入时间的 1.8 倍，这与 2010 年我国第三期妇女社会地位调查数据的结果（妻子的家务时间是丈夫的 2.3 倍）相比，家务劳动在夫妻间的分配差距正在缩小。从家务完成比例来看，妻子大约承担了家务劳动的 64.75%，丈夫大约承担了 1/3，说明在我国家庭中妻子是家务劳动的主要承担者。另外，原生家庭未能给予独生子女关于相互包容的教育，而是培养出更多以自我为中心的个体，这正是部分年轻夫妻离婚的重要原因。不管是男方还是女方，在婚前都是受到父母的百般呵护，过着"王子"或"公主"般的生活，都习惯于以自我为中心，这样的男女结为夫妻之后，很难相互妥协，往往一句话就成为离婚的导火索。

社会支持家暴受害者通过法律渠道解除婚姻、远离家暴。家暴分为两种类型，一种是传统的打骂，拳脚相加还有各种言语侮辱等；另一种是冷暴力，无视对方的身心需求，摧残对方的精神意志。在农村高离婚率中，家庭暴力是其中一个重要因素。随着法治宣传进乡村，家暴受害者投诉有门，越来越多的受害者在专业律师帮助下逃离不堪忍受的婚姻生活。

（三）社会流动降低了婚姻质量与再婚成本

《流动的现代性》中鲍曼将现代社会特征概括为"无固定形态的、流动的、液态的、运动着的"。鲍曼认为流动的状态体现在"重塑"而非"取代"既定秩序和旧有结构上，只是在"自我超越"中不断否定旧模式。[①] 正是在这种条件下，流动会产生不确定性、不可靠性和不安全感。人口的大规模跨区域、跨城乡和跨职业的流动是我国当前社会的主要特征。江西省历来是人口流出大省，2020 年全省跨省流出人口 633.97 万人，跨省流入人口 127.90 万人，跨省流出人口比流入人口多 506.07 万人。婚姻对稳定有着天然的内在需求，频繁的流动会导致婚姻的稳定性下降，劳动力流动特别是劳动力流出会显著提高村庄离婚率。[②]

劳动力流动会导致夫妻两地分居，降低婚姻质量。在城乡二元经济结构下，为了谋求城市中更高的收入和更好的发展机会，农村劳动力多会选择外出务工，一般而言，农村已婚劳动力中男性会外出务工，女性则在农村独自承担照顾家庭的责任，巨大的生活压力和精神压力易使农村留守女性产生负面情绪，导致婚姻质量下降，从而影响婚姻稳定[③]。同时，农村外出务工者也面临很大的生活压力和精神压力，这种压力同样会导致夫妻关系紧张、影响婚姻质量，进而导致婚姻破裂[④][⑤]。大量已婚夫妻的单方流动使夫妻长期两地分居，夫妻间由于缺乏交流和沟通，感情逐渐淡漠，婚姻

---

① 〔英〕齐格蒙特·鲍曼：《流动的现代性》，欧阳景根译，上海三联书店，2002。

② 刘彬彬、崔菲菲、史清华：《劳动力流动与村庄离婚率》，《中国农村经济》2018 年第 10 期。

③ 许传新：《西部农村留守妇女婚姻稳定性及其影响因素分析》，《中国农业大学学报》（社会科学版）2010 年第 1 期。

④ Boyle P. J. , Kulu H. , Cooke T. , et al. 2008. Moving and Union Dissolution. *Demography* 1：209-222.

⑤ Frank R , Wildsmith E. 2005. The Grass Widows of Mexico：Migration and Union Dissolution in a Binational Context. *Social Forces* 3：919-947.

质量下降，导致离婚率上升。Foner 发现，夫妻即使一起外出流动，由于双方受到影响的内容和程度会有所差异，夫妻双方之间的摩擦也会增加。[①]农村大量已婚青壮年男性劳动力外出务工导致夫妻双方异地分居，婚姻质量下降。

劳动力流动影响婚姻适配均衡，降低婚姻的成本与收益。外出务工会提升劳动者的人力资本和相对的收入水平，扩大夫妻之间人力资本水平和收入差距；与此同时，夫妻双方继续社会化的环境、机制、过程和结果不同，导致夫妻人格特质差异扩大，婚姻不再适配均衡，影响婚姻的稳定性。[②③] 从婚姻收益与成本来看，夫妻共处带来的情感交流、家庭规模效应和家庭公共产品是婚姻收益的重要内容。[④] 夫妻单方流动会降低婚姻带来的规模效应以及家庭公共产品带来的共享收益，从而降低婚姻的期望收益，增加离婚的风险。[⑤] 与此同时，婚姻搜寻成本是影响再婚收益的重要因素，再婚的搜寻成本越高，则收益越小，离婚的可能性就越低。[⑥] 而从农村到城市的夫妻单方在密集的城市人口具有更低的再婚搜寻成本，并且居住和工作场所变化会增加已婚流动者的预期收益方差，增加夫妻离婚的可能性。[⑦]

劳动力流动改变流动者的价值观，瓦解其社会规范感。流动劳动力进入陌生人社会中，可以匿名和进行非人格化的人际交往，交往间对于规范缺乏共识，容易造成社会行为失范。随着社会规范约束力的降低，社会诱惑增多，婚姻稳定性也随之降低。在新的环境中，流动劳动力会通过学习当地的

① Foner, N. 1999. Immigrant Women and Work in New York City, Then and Now. *Journal of American Ethnic History* 3：95–113.

② Furtado D., Marcén M. & Sevilla A. 2013. Does Culture Affect Divorce? Evidence from European Immigrants in the United States. *Demography* 3：1013–1038.

③ 马忠东、石智雷：《流动过程影响婚姻稳定性研究》，《人口研究》2017 年第 1 期。

④ Lehrer, E. L. 1988. Determinants of Marital Instability：A Cox-regression Model. *Applied Economics* 2：195–210.

⑤ 杜凤莲：《中国城乡劳动力流动对婚姻稳定性的影响》，《经济社会体制比较》2010 年第 5 期。

⑥ 莫玮俏、史晋川：《农村人口流动对离婚率的影响》，《中国人口科学》2015 年第 5 期。

⑦ 杜凤莲：《中国城乡劳动力流动对婚姻稳定性的影响》，《经济社会体制比较》2010 年第 5 期。

习俗、文化和生活方式实现社会融入，但这会对其原有的婚姻观和家庭观等产生冲击。[1] 婚后流动比婚前流动对流动者婚姻观的影响更大，基于新的生活方式和价值观，流动者会重新审视流动前选择的婚姻对象并容易得出不一样的认识，甚至是对原有配偶产生不满。[2] 在农村，当农村已婚男性劳动力外出流动时，留守妇女可自主决定家庭生产经营活动和对外社交，这种参与权和支配权不断增强农村妇女的独立意识和自主意识，意识的转变促使其更敢于产生离婚的念头。[3]

（四）严峻经济形势加速婚姻关系破裂

自 2020 年新冠疫情暴发以来，全球经济下滑，疫情期间就业较为突出的问题和特点是 16~24 岁青年人口失业率显著上升。从 2018 年该指标月度数据看，其线性趋势值从期初 10% 左右大幅上升到接近 17%，其月度峰值从疫情前两年不到 14% 上升到 2020 年的 16.8% 和 2021 年的 16.2%，2022年 6、7 月分别进一步升到 19.3% 和 19.9% 的高水平。[4] 一种离婚的社会学观点将婚姻视为一种社会结构，对"婚姻是什么"有着广泛的文化共识（如一夫一妻制、共同居住、共同抚养孩子等），当这些文化规范被违反，夫妻的任何一方都可能选择离婚。并且这些共识具有强烈的性别差异，其中包括丈夫必须担起养家的责任。一些研究结果表明，男性（而非女性）的收入对同居夫妇是否会失婚产生影响。这就导致男性失业成为离婚的理由。帕森斯也曾指出，女性的就业（尤其是高层次就业）通过创造竞争来损害婚姻关系。违反婚姻规范的行为以及婚姻外部社会支持的缺乏都会引起夫妻双方的不满，并导致离婚。而现代基于情感联结的婚姻，在疫情期间与疫情之后，自我不断变化的需求和期望难以得到有效满足，导致婚

---

① Hirsch, S. 1999. En el Norte la Mujer Manda: Gender, Generation, and Geography in a Mexican Transnational Community. *American Behavioral Scientist* 9: 1332-1349.

② 马忠东、石智雷：《流动过程影响婚姻稳定性研究》，《人口研究》2017 年第 1 期。

③ 许传新：《西部农村留守妇女婚姻稳定性及其影响因素分析》，《中国农业大学学报》（社会科学版）2010 年第 1 期。

④ 《卢锋：疫情期宏观波动与就业形势》，北京大学国家发展研究院网站，2022 年 9 月 28 日。

姻同样面临着情感利益的纠结、分裂与冲突。疫情隔离期夫妻双方回归家庭后，婚姻生活中各种潜在的问题全面显现，导致感情紧张、疏远或松散、对立。但疫情期间人们被迫回归家庭进而产生的婚姻内外的冲突大多是由选择机会引发，家庭仅是这些事件发生的空间场所并非原因。[1] 男女两性累积的矛盾，加深了疫情前原本存在于情感空间的裂痕。在个人本位下，人们就会选择按照自己的方式重塑家庭理想，用离婚去追求属于自己的生活。[2]

三　缓解青年离婚趋势的建议

（一）培养对婚姻严肃的态度

培养新婚夫妇对婚姻正确的认识和严肃的态度，降低新婚夫妇对婚姻生活不合理的预期，引导彼此求同存异，从而缓解离婚的趋势。由于热恋中的男女会自觉或不自觉地把对方理想化、偶像化；在婚后朝夕相处中，看到最真实的对方势必会产生矛盾与摩擦。新婚夫妇从甜蜜的恋爱生活走入柴米油盐的婚姻生活，打破了其对婚姻的幻想与期待，部分人往往会选择离婚。当代大多数年轻人崇尚自我，对于婚姻更多的考虑是自我的感受。比如，谁赚钱谁就当家，遇事只管自己高兴，经常无故晚归或在外夜宿，离婚二字常常嘴边挂，也不顾忌对方和长辈的态度，我行我素，家庭观念淡薄。

培养对婚姻严肃的态度并非促进婚姻稳定的直接方法，但可以降低离婚的选择率。培养青年对婚姻严肃的态度，引导青年认识到婚姻不是仅享受两性关系带给个人的满足，更需要承担相互扶持的责任。培养青年对婚姻严肃

---

[1] 〔德〕乌尔里希·贝克：《风险社会：新的现代性之路》，张文杰、何博闻译，译林出版社，2018，第125页。

[2] 李巾、杨晶：《风险与失衡：新冠肺炎疫情期间城市青年结婚、离婚现象的日常生活叙事分析》，《人文杂志》2020年第10期。

的态度，则需要营造婚姻与责任的社会文化氛围，设计引领大学生婚姻观与家庭观的课程内容，组织新婚夫妇共同参与社区婚姻教育宣传活动以及借助家庭教育引导新婚夫妇学习如何看待婚姻关系。父母作为子女的第一任老师，会对子女未来的婚姻观和家庭观产生深刻的影响，需要积极传递正确的价值观、积极的"能量"，引导新婚夫妇正确认识家务分工、把家务视为无性别指向的劳动而并非女性专有的责任。

（二）合理处理婚姻中的矛盾

青年离婚往往因为婚姻中存在矛盾，掌握处理婚姻矛盾的方法可以缓解青年离婚的趋势。婚姻让两个独立的个人紧密地联系在了一起，由于成长背景、性格爱好、生活习性的差异，婚姻之中必然存在磨合期。磨合期常常会出现争吵、矛盾，如单方承担家务、孩子教养理念差异、经济压力等家庭决策无法达成一致，有的争吵在双方妥协中可短暂促进感情升温，有的却可能深深疏离或破坏亲密关系。每次的争吵其实是一种互动，在互动中重新认识对方或产生新的认识，增进对另一方的了解，找到合适的相处方法。离婚是一种暂时回避婚姻矛盾的选择，并不能从根本上解决婚姻中存在的问题。

当婚姻中出现争吵与矛盾，首先要保持冷静，在被情绪影响时往往难以客观与全面地看待问题，不易作出合时宜的决策。找到适合自己恢复冷静的方式，包括深呼吸、离开争吵现场、转移注意力等等。其次是尊重，婚姻内也应该尊重他人，尽管彼此有各种不同的想法和情绪，但也要保持尊重和礼貌的态度，不要伤害对方的感情、践踏对方自尊。同时要学会沟通与聆听。婚姻中的沟通并非宣泄情绪而是寻找解决问题的方法。在表达自身想法之后也需要听取对方的观点和想法，相互理解、换位思考，积极寻找一种既能够表达自己的需求，又能够接受对方想法的方法，进而达成共识。最后可以借鉴长辈处理夫妻矛盾的有效方法，寻求亲朋好友的意见或者接受婚姻指导等。寻求外部帮助通常可以让青年找到一些合理的角度和方法来解决争吵和矛盾，同时还可以拓展解决矛盾的方式方法。总而言之，婚姻中的争吵和矛盾是不可避免的，但要保持冷静、相互尊重、学会聆听、寻找最佳的方式以及寻求外部的帮助，妥善处理婚姻中的问题。

长辈家庭给予晚辈家庭支持力量。由于家庭结构核心化，新家庭成立时面临诸多的困难，需要来自各自原生家庭的经济支持、长辈表达性支持和情感支持。长辈在自己能力范围之内，适当为子女分担压力，包括经济上资助、家庭照料、情感投入，与此同时，需要给予核心家庭一定的空间，减少对子女家庭中关于家务分工、孩子抚养、家庭决策和夫妻关系以及婚姻生活的干预。

（三）控制引发婚姻危机的环境因素

婚姻危机不仅与个体家庭有关，更与整个社会环境息息相关。当异地分居、经济负担、社会不良风气的诱惑、女性就业歧视、"重男轻女"思想等间接导致婚姻陷入危机时，则需要关注与控制婚姻的外在环境因素。首先，国家需要围绕维系婚姻关系来调整政策内容，如高校博士配偶工作分配的政策，然而目前此政策门槛较高，对促进广大青年婚姻稳定的积极影响范围十分有限，特别是低学历青年群体无法受益，需要适当扶持青年夫妇群体共同就业创业、调整大城市的落户限制，以稳定青年婚姻关系。其次，国家需要在医疗、房地产、教育、就业等与青年生活相关的各个方面增设普惠政策，给青年群体创造缓解经济压力的条件，如当下热门的"双减"政策、"三孩"政策以及职工家庭共享基本医疗保险政策、"人才十条"中留昌就业补贴与购房补贴等，持续加大对青年群体的支持力度。再次，公安部门、民政部门、妇联等多部门与组织联合起来，为保障青年婚姻采取共同行动，营造良好的社会风气。随着社会的发展，近几年来形成的虚拟情人、一夜情、"闪婚闪离"、"婚外情"、"嫖娼卖淫"、网络骗婚等现象不断出现，一方面需要青年提高自制力、免疫力和辨识力，同时需要多个政府部门联合行动，共同打击犯罪，引导误入歧途的青年走向正轨，保护受害人权益。复次，在家庭结构核心化、小型化，传统家庭功能退化的背景下，家务劳动呈现社会化的特点，需要大力支持构建老年人护理和幼儿托育方面的专业人才队伍，缓解女性就业与照顾家庭之间的冲突，平衡女性就业权利与家庭照顾责任之间的关系，保障女性就业的权利，改变对女性的偏差认知。最后，大力支持高等职业教育，构建产教融合、校企合作新生态，培养高素质劳动者和技术技能人才，提高整体国民素质。让更多的初中、高中毕业的青少年在竞争激烈的升学大军中同样有机会接受高等教育并获得更好的就业机会，进而减少低学历青年数量，缓解青年离婚趋势；并通过一代代的教育，引导青年克服"重男轻女"的传统观念，减少生育性别偏好。

（四）运用专业力量挽救准备离婚的家庭

运用法律武器和婚恋专家的专业力量来避免草率离婚。在夫妻感情快要破裂并走向结束时，为了避免草率离婚，一些西方国家通常会拟定一份分居协议。所谓分居协议，是指夫妻双方在不解除婚姻关系的前提下，就终止夫妻同居义务所达成的书面协议。分居协议的内容涉及夫妻双方自愿分居的意愿、分居的期限、分居的终止条件以及夫妻双方在分居期间的权利、义务，包括子女的临时抚养、夫妻共有财产的临时管理。分居可以使夫妻双方暂时分离、各自冷静、避免不必要的冲突，并判断除离婚外是否有其他解决问题的途径，同时可以让夫妻双方提前体验离婚后所必须面临的单独生活及有关子女抚养安排等问题，评估自己是否有办法适应离婚后的生活。2021年正式实施的《中华人民共和国民法典》新设立了离婚冷静期制度同样是为了抑制冲动离婚。离婚冷静期，又称离婚熟虑期，是指在离婚自由原则下，婚姻双方当事人申请自愿离婚，在婚姻登记机关收到该申请之日起一定期间内，任何一方都可以撤回离婚申请、终结登记离婚程序的冷静思考期间。冲动离婚群体的婚姻实际上"尚未破裂"，这类婚姻有挽救的必要性与可能性，可以充分利用离婚冷静期的制度协助处于婚姻关系在破裂边缘的家庭。分居协议与离婚冷静期对于直接缓解离婚问题、解决家庭矛盾，发挥的作用十分有限，需要婚恋机构与婚恋专家介入，设立与离婚冷静期制度相应的调解、咨询等配套措施来修复关系，运用更专业的方法处理婚姻危机。

中国婚恋交友市场一直以来致力于为单身青年解决恋爱婚姻的问题，一方面其并未拓展婚内矛盾调解和新婚夫妇的婚姻指导业务，另一方面市场化婚恋机构还陷入了信任危机。大多身处婚姻危机或离婚边缘的群体，在"家丑不可外扬"的观念下，并不会向外透露自己的婚姻问题，只会在自己有限的社会关系网络中寻求帮助，如亲朋好友、信任的心理专家。因此，在针对已婚夫妇的婚恋指导方面，需要更加注重私密信息的保护，创造良好的环境。同时需要加强社会公益性婚恋组织的建设并培养专业婚恋人才队伍，并解决婚姻问题创建长效服务机制。

案 例 篇
Case Study

B.11
江西共青团青年婚恋服务工作模式研究

张凯 葛李保 樊康*

摘 要： 本文基于青年婚恋观由传统式向开放式转变给江西共青团青年婚恋服务工作带来的巨大挑战，系统梳理了近年来江西各级团组织充分发挥自身广泛联系、深入青年的优势，针对青年工作生活圈子小、恋爱机会少、婚恋观有偏差、恋爱关系维系能力弱等现实问题，主动整合社会各方力量，构建江西共青团全方位服务青年婚恋交友工作体系的做法与经验，并提出了进一步发挥共青团的组织优势、以个性化定制服务青年多元需求，线上线下联动发力、建立完善的活动体系，形成多方齐抓共促的工作合力等建议。

关键词： 青年 婚恋服务 共青团 江西

* 张凯，共青团江西省委青年发展部（维护青少年权益部）副部长，主要研究方向为青年发展、维护青少年合法权益；葛李保，共青团江西省委青年发展部（维护青少年权益部）部长，主要研究方向为青年发展、维护青少年合法权益；樊康，江西青年创业就业基金会副秘书长，主要研究方向为青年创业就业、青年发展。

党的二十大报告指出，青年强则国家强。青年是整个社会力量中最积极、最有生气的力量，国家的希望在青年，民族的未来在青年。[①] 党和国家历来高度重视青年、热情关怀青年、充分信任青年，注重激发青年在推进党和国家事业发展中的参与热情和创新活力，同时更加关注和解决青年的迫切需求和现实问题，帮助他们成长成才，促进其全面发展。恋爱成家是青年的人生大事和普遍需求，做好青年婚恋服务工作，不仅有利于青年的健康发展、家庭的幸福美满，还有利于社会的和谐稳定。长期以来，在省委、省政府的关心领导下，在党委和政府相关工作部门、群团组织、社会力量的支持协作下，全省各级团组织积极开展青年婚恋服务工作，帮助广大单身青年解决"婚恋难"问题，较好地满足了青年的婚恋刚需，打造了江西共青团青年婚恋服务工作品牌。

一　江西青年婚恋服务需求对共青团工作的挑战

随着互联网的快速普及，越来越多的青年通过网络便捷获取信息、交流思想、购物消费，青年的学习、生活和工作方式、态度呈现"多元化"发展趋势，青年的思想变得愈发独立，青年婚恋价值取向也由传统保守的婚恋观逐渐向时尚开放的婚恋观转变，这一深刻变化给江西共青团青年婚恋服务工作带来了巨大的挑战，主要体现在以下四个方面。

（一）青年工作圈生活圈小微化，恋爱交友机会少

随着社会的不断发展，社会分工变得越来越精细化，各行业衍生出了很多细分领域，催生了许多新兴职业。而这些新兴职业的从业者大部分是年轻人。他们从事着自己喜欢的工作，又内卷于"996""5+2"工作制，每天奔波于住所和单位之间，工作忙碌且接触的异性同事少，即使有些空闲时间也

---

① 《纪念五四运动 100 周年大会在京隆重举行　习近平发表重要讲话》，http：//www. xinhuanet. com/politics/leaders/2019-04/30/c_ 1124440161. htm，最后检索时间：2023 年 7 月 3 日。

是宅在家或挂在网上，工作压力挤压了年轻人的生活时空，许多年轻人对寻找恋爱对象产生了无力感，被迫单身。在国内某大型婚恋网站发起的单身人群调查显示，青年选择单身首要原因为"工作忙、没时间"的占比达四成，其次是"圈子小、缺社交""经济压力大"。在校硕博研究生普遍称："虽然身边同学很多，但生活圈子其实不大，所以单身率较高"。对于上班族的年轻人来说，他们称："交际圈子小、工作忙成狗，每天见到的除了同事，就是外卖员快递员，自己不单身谁单身。"①

（二）青年婚恋观有偏差，维系恋爱关系的能力欠缺

爱情是人类永恒的主题，爱情史构成了人类史的一部分。爱情是男女之间基于生理的、心理的需要，在一定的社会关系下形成的最强烈、最真挚、最持久的吸引和倾慕之情。② 现实生活中，恋爱、找对象时不少年轻人往往把颜值、身材、家庭经济状况、学历等外在条件看得过分重要。在某省级电视台推出的一档非常火爆的相亲类节目里，女嘉宾马某抛出她的择偶条件时说的那句"我要选择的是男人中的精英，精英中的人才，人才中的王子"至今令人印象深刻。广州妇联首次发布的《广州女大学生价值观调查红皮书》显示，愿意嫁给"富二代"的女生最多，占 59.2%③，其理由是可少奋斗很多年，实际择偶日趋物质化、功利化已是不争的事实。另外，目前处于适婚年龄的"90后""00后"是独生子女一代，不少男生是被宠出来的"小皇帝"，不少女生有被惯出来的"公主病"，在建立恋爱关系的过程中可能有诸多的不兼容。男生认为"追女生太累，矜持的姿态常常让男生无所适从"，这方面被吐槽的很多。女生认为"男生谈恋爱不够专心，爱的包容度不够，不会哄女生开心"，这也是当下青年恋爱中经常出现的问题。许多青年事实上没有掌握恋爱方法和技能。

① 《珍爱网〈2018 单身人群调查报告〉年终盘点》，http：//www.ce.cn/xwzx/shgj/gdxw/201812/27/t20181227_ 31124143. shtml，最后检索时间：2022 年 11 月 30 日。
② 《大学生心理健康教育之恋爱篇》，http：//xljk. hlju. edu. cn/ShowArticle. aspx？ ID = 1042，最后检索时间：2023 年 7 月 3 日。
③ 《广州妇联调查显示：六成女大学生愿嫁富二代》，https：//news. sina. com. cn/s/2010-04-12/030320052147. shtml，最后检索时间：2022 年 11 月 30 日。

（三）多数青年愿意走入婚姻，但婚嫁门槛比较高

结婚生子是美好爱情的延续，也是家族繁衍后代、民族生生不息的基础前提。近年来，虽然社会"大龄未婚青年"在逐渐增多，单身青年结婚年龄在不断增大，但大多数年轻人还是憧憬婚姻，愿意结婚并承担家庭责任的。江西是内陆欠发达省份，青年的思想观念整体上还比较传统，先成家后立业，以成家为基、以立业为本的观念是大多数青年能够接受的，这也是青年走入婚姻的便利条件。但婚嫁成本普遍较高，结婚五件套、八件套比比皆是，房子、车子、票子一个都不能少，特别是彩礼少则 8 万~9 万元，多则二三十万元，甚至更高，彩礼攀比之风屡禁不止。2018 年江西某县曾因68.8 万元的高价彩礼视频登上了新闻热搜，被推到了舆论的风口浪尖，引起了社会的广泛关注和讨论。高价彩礼在江西省尤其是农村地区占有不少市场，由于农村居民收入普遍不高，彩礼和家庭收入之间形成了明显的"倒挂"现象。据调查，2021 年江西省农村居民人均可支配收入为 1.86 万元①，面对高昂的彩礼，农村男青年想要结婚就不得不举债，这就给本不富裕的农村家庭带来了较大的经济负担。高价彩礼问题如今已成为江西省青年婚恋的一大难点和痛点，不少青年因此而望婚兴叹。

（四）适龄青年人口外流，使找对象变得更加困难

近年来，江西社会经济发展已取得长足进步，2021 年江西 GDP 排名第15 位，经济水平已处于全国中等位次，但比起周边湖北、安徽等省份，江西省经济发展动能仍然不够强劲，一度被网友调侃的各种环江西圈，如环江西四万亿省份圈、环江西上市公司圈等等，使江西省青年长期向沿海经济发达城市流动，成为劳动力输出大省。江西省规划统计监测报告指出，全省青年人口占比逐年下降，人口红利正在逐渐消失，从而制约江西省经济可持续

---

① 《江西各地市 21 年农村居民人均收入排位：抚州居第六、赣州垫底！》，https：//baijiahao. baidu. com/s？id＝1727597964968778496&wfr＝spider&for＝pc，最后检索时间 2022 年 11 月 28 日。

发展。《江西统计年鉴》显示，2011～2020年，江西省20～24岁青年人口性别比从104.54上升至116.40，25～29岁青年人口性别比从101.18上升至110.63①。青年人口占比下降和青年人口性别比上升这两组数据就充分说明了江西省适龄青年尤其是女性青年的人口数在不断减少。正是因为男女比例结构失衡和女性人口的减少，婚嫁市场的均衡被打破，高价彩礼才有了生存土壤。

二　江西共青团开展婚恋服务工作的经验做法

近年来，江西共青团在青年婚恋服务工作中，充分发挥自身广泛联系、深入青年的优势，针对青年"婚恋难""适龄青年人口性别比上升""婚嫁门槛高""初婚年龄推迟"等问题，以贯彻落实《江西省中长期青年发展规划（2018—2025年）》和《关于深化全省青年婚恋工作的实施意见》为牵引，将社会主义核心价值观与婚恋文明相结合，积极创新活动形式、丰富活动内涵，突出婚恋服务的公益属性、聚焦服务人才战略，调动社会各方力量协同参与，有效促进了青年婚恋问题的解决，形成了江西共青团全方位服务青年婚恋的工作体系。

（一）积极培育婚恋文明新风

青年婚恋交友是重要的民生问题，事关青年个人幸福和长远发展，事关社会和谐稳定和国家持续发展。婚恋观又是人生观的重要组成部分，直接影响恋爱、婚姻行为的价值取向，对青年的择偶行为、婚姻生活起着决定性的导向作用。如何正确引导青年树立文明、健康、理性的婚恋观，构建新时代婚恋文明新风，坦诚面对情感问题，维护社会、家庭安宁与和谐，是值得全社会深入思考和亟待解决的问题。全省各级团组织充分发挥团的组织优势和

---

① 江西省统计局、国家统计局江西调查总队编《江西统计年鉴》（2011～2020），中国统计出版社，2020。

思想教育引领作用，在开展婚恋服务的同时注重加强对青年的婚恋教育，将婚恋文明与社会主义核心价值观相结合，通过制作婚恋短视频、主题海报、开发移风易俗微信表情包，在学校开设移风易俗宣传栏，在交友活动中设置移风易俗签名墙、发出移风易俗倡议等方式，培育青年树立文明、健康、理性的婚恋观，在全社会倡导移风易俗、婚事新办、文明节俭的社会主义新风尚。如针对全国彩礼的不同版本地图中江西都处在"高彩礼"排行榜前列的刻板印象，以及江西农村地区普遍存在收彩礼的婚嫁习俗，团省委开发了"向天价彩礼 say no"表情包，采用青年人喜闻乐见的方式传播婚恋新风尚，倡导大家抵制高价彩礼。如 2022 年 10 月 29 日，由团鄱阳县委、县民政局、总工会、县妇联等单位联合举办的"重返激情燃烧的岁月"——知青主题活动在乐丰镇茨山知青文化广场举行。11 对新人共同在移风易俗墙上签名，许下爱的誓言，互赠爱情信物，新人代表向全县广大青年发出移风易俗倡议，用实际行动倡导婚事新办、抵制高额彩礼。新人唐彬洋和杨佳仪在现场表示："整个活动过程很有意义、仪式感很强，特别符合现在提倡的文明新风尚。"类似的活动对帮助江西青年树立正确的人生观、价值观和婚姻观，争做社会风尚的引领者、实践者具有推动作用。

（二）创新打造"婚恋交友+"模式

针对青年多元化的婚恋需求，全省各级团组织积极开展形式多样、内容丰富的青年婚恋交友活动，不断拓宽青年交流沟通渠道。先后打造了"婚恋交友+旅游""婚恋交友+公益""婚恋交友+文化""婚恋交友+运动"等系列"婚恋交友+"活动模式。通过举办户外郊游、志愿服务、读书观影、健身运动等一系列小而精、年轻态、常态化、互动式婚恋交友活动，尊重青年群体差异与个性化需求，分类精准施策，提高服务的针对性和有效性，这种针对服务的人群、内容"定制化"的婚恋交友模式受到了多数青年的喜爱。全省各级团组织自 2020 年以来，共举办了 1000 余场各具特色的青年婚恋交友活动，参与青年达 4 万余名，现场成功牵手 2000 余对。青年在参与互动式婚恋交友活动中克服紧张情绪、调节心理状态，在轻松愉悦的氛围中沟通交流，参与度、获得感不断提升。如 2022 年 7 月 31 日，在团玉山县委联合县妇联举办的"爱在赣鄱·团团有约"七夕青年婚恋交友系列活动中，增添了玉山县 14 个童心港湾的"微心愿"认领环节：14 个童心港湾项目点的孩子们写下愿望，在场男女嘉宾主动认领并帮助孩子们实现愿望，在实现个人幸福的同时也向留守儿童们传递爱。如团景德镇市委探索"婚恋交友+党建"模式，团景德镇市委联合市委组织部、市纪委、市监委以及昌飞公司、602 研究所等单位，邀请各相关市直单位、县（市、区）团委青年代表参加，举办以"党建带团建、共筑连心桥""永远跟党走、奋进新征程"等为主题的多场示范性青年婚恋交友活动，吸引男女青年参加联谊。通过设计"两分钟互动""党建知识趣味竞答""才艺展示""共挂姻缘牌"等活动环节，成功地拉近了男女青年嘉宾之间的距离，为进一步联系交流创造了有利条件。

（三）凸显青年婚恋交友服务的公益属性

当前广大青年对婚恋服务需求迫切，使得婚恋服务市场发展较快。市场化、商业化的婚恋服务虽然给青年带来了一定的便捷，但婚恋服务收费往往不低，且不够透明规范，许多商业婚恋平台将盈利的手段置于从相识到相恋的各个环节中，通过层层"设计"，用户付钱才能获得联系的机会，否则平台就设置"关卡"和"距离"，这种"说句话都要付费"的模式让用户非常反感。与商业婚恋服务不同，各级团组织的青年婚恋服务是在党和政府的关心支持下，以公益服务为出发点和落脚点，鼓励青年联系互动、相识相恋，通过联合社会各方力量，搭建公益性的青年婚恋服务平台，免费为青年提供咨询辅导、婚恋交友讲座、集体婚礼等系列化服务。秉持纯公益服务原则，江西各级团组织探索培育出具有地方特色的婚恋服务公益品牌。如2018 年 9 月 21 日，由团江西省委和宜春市月亮文化节组委会主办，团宜春市委承办的"爱在赣鄱·团团有约"2018 年全省青年集体婚礼之"明月作证简婚清风"省级示范活动，以"弘扬文明风尚、强化价值引领"为主旨，召集全省各级团组织开展青年婚恋交友活动中牵手成功的百名新婚青年参与。集体颁发结婚证书的仪式简朴又时尚，既体现了团组织见证新人浪漫爱情的庄重热烈，又成功地缓解了青年办婚礼的经济压力，这种贴心暖心的服务很受青年欢迎。如团九江市委邀请婚恋指导专家、心理咨询专家等组建讲师团，通过现场讲授和网络直播课的形式，穿插问答互动、自我展示、引荐交流、"一对一"辅导等环节，打造了"团团有约婚恋大讲堂"，2022年七夕期间，直播课程吸引了近3万人在线观看，青年男女在拓展交友圈的同时，对恋爱、婚姻和家庭也有了新的认知，对择偶标准有了新的理解，婚恋大讲堂成为帮助青年调整心态、勇敢追求幸福婚姻的品牌课程。

（四）婚恋交友服务对接人才强省战略

习近平总书记在中央人才工作会议上强调"人才是衡量一个国家综合国力的重要指标。国家发展靠人才，民族振兴靠人才。我们必须增强忧患意识，更加重视人才自主培养，加快建立人才资源竞争优势"。2017年，为适应"十三五"经济社会发展需要，江西首次提出实施人才强省战略，加快各类人才的引进培养，营造人才发展的良好环境，打造支撑和引领创新发展的人才高地。省委、省政府印发的《江西省中长期青年发展规划（2018—2025年）》明确提出，实施青年人才开放行动项目，坚持自主培养开发与省外、海外引进并举。围绕服务江西省人才强省战略目标，全省各级团组织充分发挥党联系青年的桥梁纽带作用，帮助青年人才融入社会，使其心无旁骛地在江西这片创业热土施展才华、成就大业。共青团作为青年的"娘家人"，始终践行"为青年办实事、做好事、解难事"的服务宗旨，以青年婚恋服务为切入点，为青年人才搭建联谊平台，助其拓展社交圈、丰富业余生活，创造成就其幸福婚姻的机会，努力帮助单身青年人才在江西找到"心"的归属，让青年能够切身感受到党的关爱和城市的温度。如2022年8月3日，由团章贡区委、区总工会、区妇联及水东镇联合主办的"团聚章贡·岩'夏'星空"户外拓展、交友团建活动在水东镇马祖岩岩下营地举行。来自医疗、教育、金融、互联网等不同领域的50名优秀青年人才齐聚活动现场，畅饮畅聊，在紧凑欢乐的团建活动中，促进交流、增进理解。这次活动不以"牵手成功""场上结对"为目的,而是通过自行分组、自我展示、自由交流等环节,推出文旅融合婚恋交友的模式,创造更贴近青年的团建模式,让青年人才在团建中加深了解,促成场下青年联谊,让更多青年人才有机会突破行业限制相识相恋,在更大的范围内找到意中人。

三 江西共青团服务青年婚恋面临的主要问题

面对青年日益增长的婚恋需求,全省各级团组织坚持公益方向,努力打造符合本地特色的青年婚恋服务品牌,在帮助青年解决婚恋问题过程中取得了一定成效。但服务青年群体覆盖面较窄、过分注重线下交友形式、活动缺乏系统性等问题仍然存在。

(一)服务青年群体覆盖面较窄

目前,全省各级团组织开展的婚恋服务活动,参加对象多数是党政机关、企业、医院、高校等单位的单身青年,对在婚恋过程中面临更多困难的农村青年、进城务工青年、从事自由职业的青年等,共青团的婚恋服务尚难以辐射,这在一定程度上限制了活动的覆盖面。

(二)过分注重线下交友形式

当前服务青年婚恋的活动大多集中在"2·14""5·20""七夕"等时间节点,并以线下交友为主要形式。虽然活动也建立微信、QQ等线上交流群,但大部分的单身青年,以线下活动为主,除此以外交流得比较少,活动结束后很难持续互动,线上交流群的活跃度较低,活动"虎头蛇尾",常常热热闹闹开始、冷冷清清收场。

(三)服务活动缺乏系统性

江西共青团服务青年婚恋活动虽然取得了一定的成效,但还缺乏系统性，活动的各个环节比较零散，衔接不够紧密，尤其是在男女嘉宾信息保护、活动现场效果评估、活动结束后的跟进等方面功夫下得不足。活动的精心设计和细节把控不到位也影响了活动的整体效果，初步取得的成果也很难保持并扩大。

四 深化共青团青年婚恋服务的建议

恋爱成家是广大青年的普遍需求和终身大事，帮助其顺利走进婚姻，既需要青年正确认识评价自己，以积极健康的心态面对自己的婚恋问题，也需要依靠党委和政府、群团组织、社会力量的积极服务和正面引导。针对江西省共青团开展婚恋服务工作中存在的问题不足，提出以下建议。

（一）注重发挥共青团在婚恋服务中的优势作用

婚恋服务是个长链过程，涉及价值引领、介绍牵手、恋爱培育、婚礼操办、新家庭建设等多个环节，共青团服务青年婚恋应扬长避短，专注地做好团组织最擅长的事情。如加强青年婚恋观的教育引领，把社会主义核心价值观与服务青年婚恋相结合，在帮助青年解决交友、择偶、婚姻问题的同时强化对平等尊重意识、家庭责任意识、诚信意识的培养，引导青年树立正确的婚恋观和家庭观，[①] 为青年婚姻家庭建设提供有针对性的咨询、引导、服务。

（二）以个性化定制服务青年多元需求

加强婚恋服务的针对性，形成提供定制型服务的能力，以满足青年婚恋的多元需求，是共青团深化婚恋服务的重要着力点。

首先，在继续对党政机关、企业、医院、高校等单位的单身青年提供个

---

① 《关于进一步做好青年婚恋工作的指导意见》，https://upimg.baike.so.com/doc/26940778-28306707.html，最后检索时间：2023年7月3日。

性化服务的同时,应更多地关注农村青年、进城务工青年、从事自由职业的青年,研究他们的现实需要,采用适合他们特点的方式,满足其迫切的婚恋需求,帮助他们解决"婚恋难"问题,使共青团的婚恋服务惠及所有的青年群体。

其次,要精心设计定制活动规模和形式,根据青年不同需求,推出大中小型活动。大型活动应充分体现社会影响力,中型活动要突出现场氛围的营造,小型活动需侧重单身青年间的深度互动,将大中小型活动结合起来,以提升活动的针对性和实效性。

(三)线上线下联动发力

充分利用互联网便捷、及时的优势,为青年婚恋构建以线下交友活动为基础,以网上交友平台和微信、QQ 等交流群为依托的"线上交流+线下活动"模式,将线上优势与线下服务深度融合,构建立体化的服务体系。单身青年通过共青团网上交友平台申请报名成功后,可自动获得与其他嘉宾线上交流的机会,通过自由组合参与线下活动,进一步增进彼此间的了解,促使牵手成功。加强青年婚恋服务阵地建设,与具备条件的公共文化场馆、旅游景区、民营机构等单位开展婚恋服务合作,命名一批青年婚恋交友服务合作基地,为单身青年开展婚恋活动提供便利、优惠的服务,优化青年体验感。

(四)完善青年婚恋交友活动模式

针对全省各级团组织目前开展青年婚恋交友活动中存在的现场效果不明显、牵手率低、缺乏后续跟进等问题,需要进一步完善活动模式,增强线下活动的针对性和有效性。活动开展前,通过婚恋需求调研、环节效果评估等做好总体规划。活动开展过程中,注重各环节氛围的营造,调动参与青年的情绪,提高活动的实际效果。活动结束后,及时听取参与嘉宾的意见和改进建议,注重搞好有针对性的后续服务。对牵手成功的男女嘉宾加强跟进服务,提供感情咨询和指导,同时链接相关市场资源,建立长效服务机制,为青年婚恋交友提供优质、优惠服务；对暂未成功牵手的青年嘉宾邀请其参与后续交友活动，保持服务的连贯性和长效性，让青年实实在在地感受到党委和政府的关心、社会的关注以及共青团的关爱。

（五）形成多方齐抓共促的工作合力

青年"婚恋难"是一个社会性问题。全省各级团组织要持续深入贯彻落实江西省《关于深化全省青年婚恋工作的实施意见》，坚持常态化青年婚恋服务工作，为单身青年提供多渠道、可信便捷的婚恋服务，着力打造"爱在赣鄱"全省青年婚恋交友活动品牌。通过进一步健全推进机制，完善青年婚恋相关政策，优化青年婚恋工作环境，推动青年婚恋观念更加文明、健康、理性，青年婚姻家庭更加和谐，青年相关法定权利得到更好保障。

B.12
江西家庭教育指导服务经验与优化策略研究

李立娥*

摘　要： 江西是全国家庭教育较早立法的省份，不仅家庭教育法治建设走
在全国前列，而且其第一座中华贤母文化园的打造更为全国首
创，在家长学校网络建设、家庭教育指导服务工作领域也积累了
一些独具特色的经验；针对当前江西省家庭教育指导服务有效供
给不足、服务平台不健全、家庭教育观念尚待完善等问题，建议
继续压实法定职责，普及依法带娃理念，打造四个平台升级版，
完善家校社育人机制，健全覆盖城乡的家庭教育服务体系；锻造
理论名家、家庭教育指导师、谋划执行多面手三类人才队伍；提
升家长数字素养，为快捷分享家庭教育经验创设条件，扩大优质
家庭教育指导服务供给，普遍提高家庭教育能力。

关键词： 江西　家庭教育指导服务　优质服务供给　家庭教育能力

习近平总书记站在培养堪当民族复兴大任时代新人战略高度来强调家
庭、家庭教育的重要。"无论时代如何变化，无论经济社会如何发展，对一
个社会来说，家庭的生活依托都不可替代，家庭的社会功能都不可替代，家
庭的文明作用都不可替代。无论过去、现在还是将来，绝大多数人都生活在

---

* 李立娥，经济学博士，江西财经大学社会性别与发展研究所所长，主要研究方向为马克思主
义理论与中国经济社会发展，聚焦妇女儿童研究。

家庭之中。"① "中华民族历来重视家庭,正所谓'天下之本在国,国之本在家'"② "青少年是家庭的未来和希望,更是国家的未来和希望。"③ "希望大家注重家教。" "努力使千千万万个家庭成为国家发展、民族进步、社会和谐的重要基点,成为人们梦想启航的地方。" 同时, "广大家庭都要把爱家和爱国统一起来,把实现家庭梦融入民族梦之中,心想一处想,劲往一处使,用我们4亿多家庭、13亿多人民的智慧和热情汇聚起实现'两个一百年'奋斗目标、实现中华民族伟大复兴中国梦的磅礴力量"。④

为了更好发挥家庭教育的作用,江西省家庭教育指导服务在党和政府的统一部署下开展。早在1981年,遵循中共中央书记处向全党全社会发出关心少年儿童健康成长,妇联应把抚育、教育、培养少年儿童作为重点工作的号召和指示,江西省各级妇联就将家庭教育列入少年儿童工作重点。尤其是1992年,国务院颁行首部儿童工作纲领——《九十年代中国儿童发展规划纲要》,至2001年起,每10年颁发一次《中国儿童发展纲要》,对家庭教育工作作出指示;同时,全国妇联联合各部门出台了系列家庭教育专门文件,如每5年出台一个规划,从《全国家庭教育工作"九五"计划》(1996年)至《关于指导推进家庭教育的五年规划(2021—2025年)》(2022年)共6个规划,加上《全国家庭教育工作评估方案》、《全国家庭教育工作评估指标》(1996年)、《全国家长学校工作指导意见(试行)》(1998年)、《关于全国家长学校工作的指导意见》(2004年)、《全国家庭教育指导大纲》(2010年发布,2019年修订)等系列文件的逐步落实,全国家庭教育工作进入由国务院妇女儿童工作委员会统筹协调、各部门齐抓共管、规

---

① 习近平:《在会见第一届全国文明家庭代表团时的讲话》(2016年12月12日),转自习近平《论党的宣传思想工作》,中央文献出版社,2002,第281页。

② 习近平:《在2018年春节团拜会上的讲话》(2018年2月14日),《人民日报》2018年2月15日,第2版。

③ 习近平:《在2015年春节团拜会上的讲话》(2015年2月17日),《人民日报》2015年2月18日,第2版。

④ 习近平:《在会见第一届全国文明家庭代表团时的讲话》(2016年12月12日),转自习近平《论党的宣传思想工作》,中央文献出版社,2002,第282、281页。

范发展的新阶段。而家庭教育指导服务体系，则是指在中国共产党的领导下，由政府主导构建，能孵化专业指导力量来协同育人，以提升家人尤其是家长的教育能力为目的，以促进儿童青少年健康发展为核心，引领指导服务家庭所必需的各种要素组成的有机整体系统。根据 2002 年 5 月全国妇联、教育部所颁布的《全国家庭教育工作"十五"计划》的要求，江西省首次提出构建家庭教育工作指导体系。目前，江西的家庭教育指导服务状况怎样？有哪些成功经验？还存在怎样的问题？怎样更好地发挥家庭教育指导服务的作用？本报告将尽可能详细回答上述问题。

一 江西省家庭教育指导服务基本状况与主要经验

按照全国统一部署，江西家庭教育指导服务工作循序渐进，迈入规范发展新阶段，主要呈现如下亮点。

（一）家庭教育法治化建设走在全国前列

法律乃治国重器，良法乃善治前提。正如习近平总书记强调的："小智治事，中智治人，大智立法。治理一个国家、一个社会，关键是要立规矩、讲规矩、守规矩。"① 远大而可实现的法规规划是顶层设计总览全局、把握未来、提振信心、整合各方资源、推进事业发展的重要工具和加速器。江西省 2018 年 12 月 1 日正式实施的《江西省家庭教育促进条例》（以下简称江西《条例》），是继《重庆市家庭教育促进条例》（2016 年 9 月）、《贵州省未成年人家庭教育促进条例》（2017 年 10 月）、《山西省家庭教育促进条例》（2018 年 9 月）之后的第四部家庭教育地方性法规，比 2022 年 1 月 1 正式实施的《中华人民共和国家庭教育促进法》早 3 年多，该条例博采众长，具有鲜明的江西特色。

---

① 习近平：《在中共十八届四中全会第二次全体会议上的讲话》（2014 年 10 月 23 日）》，转引自中共中央文献研究室编《习近平关于全面依法治国论述摘编》，中央文献出版社，2015，第 12 页。

1.突出家庭教育战略目标——德育功能，充分汲取江西特色文化营养

江西《条例》贯彻习近平总书记关于注重家庭家教家风建设的重要论述，引导全社会注重家庭教育，从战略高度强调家庭教育的目标"培养德智体美劳全面发展的社会主义建设者和接班人"；在论述实现家庭教育的根本任务"应当注重立德树人"七大方面主要内容中，特别加入了"中华优秀传统文化和江西地方特色文化"。用广大民众熟悉、认同的中华优秀传统文化和江西本土特色文化，创造性地推进江西的家庭教育。至 2022 年 10 月，江西省已有 10 个国家级、152 个省级、11 个市级家风家教实践基地。

2.注重家风建设，强调监护人主责和提升家庭科学教育能力

家人尤其是监护人"帮助孩子扣好人生第一粒扣子，迈好人生的第一个台阶"对孩子成长至关重要。因为"家庭是人生的第一个课堂，父母是孩子的第一任老师。孩子从牙牙学语起就开始接受家教，有什么样的家教，就有什么样的人"。① 为让未成年人健康成长，江西《条例》规定了家人尤其是监护人应当遵循未成年人成长规律，"保障未成年人合法权益"等，学习并树立正确的家庭教育观念，通过亲子阅读、"陪伴未成年人参观爱国主义教育基地、家风家教基地、禁毒教育基地、博物馆、科技馆等有益于身心健康的场所"，"以身作则、言传身教，以健康的思想、良好的品行教育和影响未成年人"，并和家人一起共同营造平等和睦的家教环境、培育积极向上的家教文化和传承良好家风家训。并根据《全国家庭教育指导大纲》，针对不同年龄段儿童身心发展特点，设置了家庭教育指导的相应内容，使家庭教育指导服务工作更加科学化、规范化。

3.明确职责，健全政府主导的多部门联动机制

江西《条例》强调"促进家庭教育是政府和社会的共同责任"，通过政府主导，将家庭教育融入全省工作大局。2020 年出台的《中共江西省委关于制定全省国民经济和社会发展第十四个五年规划和二〇三五年远景目标的

---

① 习近平：《在 2015 年春节团拜会上的讲话》（2015 年 2 月 17 日），《人民日报》2015 年 2 月 18 日，第 2 版。

建议》中完善了覆盖城乡的家庭教育指导服务体系；2021 年出台的《江西省妇女发展纲要（2021－2030 年）》《江西省儿童发展纲要（2021－2030年）》、2022 年出台的《江西省"十四五"教育事业发展规划》等重点规划、颁行的《江西省指导推进家庭教育的规划（2022－2025 年）》中，都对家庭教育进行了专门部署。同时，江西《条例》规定建立健全妇联、教育、卫计、民政、司法行政、公安、文化、共青团、工会、关工委等部门各尽其责又联合行动的机制，强化相关政策保障。2021 年，省委宣传部、省文明办等七部门联合制定《关于加强我省新时代家庭家教家风建设的贯彻意见》，2022 年省人民检察院、省民政厅、省妇联等四部门联合制定《关于强化协作配合在办理涉未成年人案件中联合开展家庭教育指导工作的实施意见》，省高院出台《关于在涉未成年人案件中开展家庭教育指导的实施意见》等文件，是在不断发展的形势下，推动江西《条例》贯彻实施，更好地护佑未成年人健康成长的系列政策。

4. 深化学校敦促指导职责，促进家校合作实践

江西《条例》规定"父母或其他监护人未按要求参加学校家庭教育活动的，学校应当及时与其联系和沟通。父母或者其他监护人履行家庭教育责任有困难的，学校应当及时提供家庭教育指导和帮助"；发现未成年人"在学校有不良行为，学校应当及时制止，予以纠正和教育"。江西《条例》规定"学前教育、初等教育和中等教育学校应当为乡（镇）人民政府、街道办事处、村（居）民委员会依法开展的家庭教育活动提供师资等支持"。将家校合作作为法律责任提出明确要求。

5. 规定家庭教育宣传周，营造家庭教育浓厚氛围

江西《条例》率先规定"每年五月的第四周为本省的家庭教育宣传周"，强调"各级人民政府应当加强并利用家风家教场所建设，开展宣传教育和实践活动"，长期开展"优生、优育、优教"活动，及争做合格家长、培养合格人才的"双合格"主题活动；打造"幸福家庭成长计划""快乐瓷娃""向阳花公益课堂""幸福童享相伴成长"等公益品牌，为组织志愿者为孩子们提供公益课堂和活动等提供了法律依据。

（二）打造全国第一座中华贤母文化园，充分发挥母教独特作用

为了营造重家教重家风的浓厚社会氛围，江西各地充分挖掘、整理本土家庭教育文化资源，建成家庭教育实践基地，其中典范之一便是创建了江西九江的中华贤母文化园，彰显中华古代四大贤母的事迹。比如，长期生活并归葬于九江的陶母、岳母，和在九江游历小住过的欧阳修的母亲，她们分别培养了国之栋梁——名将陶侃、岳飞和文学家、政治家欧阳修。这三位伟大的单亲母亲，和孔孟之乡的孟母一起，成为中华贤母园的不朽母教形象。为了弘扬当代贤母文化，江西 2014 年评选了"十大贤母"，体现了"发挥妇女在弘扬中华民族家庭美德、树立良好家风方面的独特作用"。[①] 中华贤母园被中华母亲节促进会誉为"母爱之城"，先后被评为"国家级下一代教育基地""全国优秀儿童之家""中华孝亲敬老教育基地""中华优秀传统文化教育基地""全国家庭教育创新实践基地""江西省家庭实践教育基地、示范基地"等。自 2013 年 11 月开放以来，全国各地慕名前来学习、感受优秀传统文化和贤母文化的人们络绎不绝，起到了很好的示范作用。

（三）家长学校辅导网建设在全国领先

家庭教育指导服务的重要抓手，便是各级各类家长学校。

1. 20世纪80年代开始建设江西家长学校并初具规模

1981 年各级妇联把家庭教育作为重点工作后，江西在两个方面进行了重点推进。一是加快搭建家庭教育辅导网。1982 年，鹰潭市月湖区 7 个家庭教育辅导小组先后成立，65 位家庭教育辅导员先后配备，家庭教育辅导网初步形成。1984 年 4 月，省妇联推广鹰潭市经验，要求全省县以上都要建立家庭教育机构，加强对家庭教育工作的组织领导和业务指导。1986 年底，鹰潭市、吉安、宜春、上饶地区盐山、铜鼓、玉山县等 96 个地级市、

---

① 习近平：《在同全国妇联新一届领导班子集体讲话时的讲话》（2013 年 10 月 31 日），转自全国妇联编《习近平关于妇女儿童和妇联工作论述摘编》，内部学习资料，第 38 页。

县成立家庭教育领导机构。二是创办相关学校：1984年，宜春市下浦乡下瑶村母亲院校、萍乡市妇联与市妇幼保健医院组织的母婴学习班分别开办。1986年，按省妇联《关于举办家长学校的通知》要求，家长学校如雨后春笋迅速发展。同年底，全省各类家长学校有2492所，其中，宜春地区形成了地区、全区10个县市均有家庭教育研究会，乡、镇、场均有家庭教育研究小组的家庭教育网络，位列全省最健全家教机构之榜首；办学时间长、成绩显著的宜春市下浦乡下窑村母亲夜校、新余市家长学校、萍乡市上栗镇中心小学家长学校，1986年"六一"前夕受到国家教委和全国妇联表彰奖励。1989年，宜春地区创办家庭教育函授学校，地区设总校；全区10个县各设1所分校，乡、镇、场设辅导站，组成较为严密的教学网络。全省其他地市的家长函授学校也在逐步发展。

2. 21世纪初家长学校多元化建设成效显著

根据1992年《九十年代江西省儿童发展规划纲要》提出的"发展社区教育，建立起学校（托幼儿所）教育、社会教育、家庭教育相结合的育人机制"等要求，和《江西省儿童发展纲要（2001-2010年）》提出的"建立多元化的家长学校办学体制，增加各类家长学校的数量""发挥学校、家庭、社会各自的教育优势，充分利用社会资源形成教育合力，促进学校教育、家庭教育、社会教育的一体化""办好各类家长学校"等规定，"十五"期间，江西省家庭教育整体水平有较大提高，至2005年，江西省优秀示范家长学校100个、家庭教育示范县11个，均超额完成同期《全国家庭教育工作"十五"计划》要求的"在各省（区、市）建立示范家长学校20所以上""省级建立家庭教育工作示范区县6~10个"的目标。

3. 提前5年实现2025年国家规定的城市社区家长学校建校率

2014年5月30日，江西省网上家长学校即江西省家庭教育指导中心由省妇联、江西日报社创办。至2018年底，全省已有66个网上家长学校、微博、37个家庭教育微信公众号和江西手机报"家庭"专栏。2019年，在中共十九届四次会议提出的"构建覆盖城乡的家庭教育指导服务体系"这一政策助力下，至2020年底《关于指导推进家庭教育五年规划（2016—2020

年）》终期评估时，江西省成果如下：（1）全省建立家长学校的幼儿园有9203 所，占总数的 91.8%；全省建立家长学校的小学有 5382 所，占总数的92.8%；全省建立家长学校的中学有 2257 所，占总数的 88.6%；全省建立家长学校的中等职业学校有 157 所，占总数的 89.6%。（2）江西省有妇幼保健院 94 个，建立孕妇学校和儿童早期发展基地 92 个，占总数的 97.9%；有婚姻登记处 131 个，建立新婚夫妇学校 117 个，占总数的 89%。（3）全省建立家长学校或家庭教育指导服务站点的农村社区（村）12076 个，占现有农村社区（村）15456 个的 78%，城市社区为 2985 个，占现有城市社区3161 个的 94%①，提前 5 年达到国家所定 2025 年家长学校“城市建校率达到 90%”的目标。

（四）江西家庭教育指导服务工作特色突出

理论研究是推动家庭教育实践的先导。江西省一直注意加强家庭教育理论研究及家庭教育教材等基础建设等，并取得了明显效果。

1. 研究宣传阵地多种多样

家庭教育需要相应的组织保障。江西目前已有四类相关组织：一是家庭教育研究网络。江西省家庭教育研究会 1985 年成立（2019 年改为江西省家庭教育学会），虽然比 1980 年成立的首个“北京市家庭教育学会”晚 5 年，却比 1989 年成立的中国家庭学会早了 4 年。省家教研究会成立后，地、市、县相应组织纷纷成立，举办系列征文；组织“百万年轻新父母，接受家教新知识”的“八个百”② 宣传实践活动；幸福家庭情景再现，如“我爱我家·同悦书香”“爸爸妈妈我想对你说”“我家幸福时刻”“给妈妈写一封信”等系列活动宣传家教经验；同时，利用家教会等，办好家教骨干培训

---

① 本部分“至 2020 年底”的所有数据，均来自江西省妇女联合会的《江西省关于指导推进家庭教育五年规划（2016—2020 年）终期自查评估报告》。
② “八个百”活动即组织百名家教专家讲师团、对百万父母进行家教知识传播与指导、举办百场亲子家教互动活动、建立百个家庭教育实践基地、推出和宣传百名优秀家长先进事迹、表彰百名优秀家长和优秀家教工作者、每年培训百名家教工作骨干、每年进行百场家教知识讲座。

班，2018 年，省家教研究会成为家庭教育指导专项职业能力考核考点后，培育了更多宣讲者研究者。二是在全国率先打造家风家教实践基地，2004 年 11 月，省家教研究会推荐的"南昌市南京路小学、萍乡市上栗县中心小学、赣州市保育院"被中国家庭教育学会命名为"中国家庭教育学会实践研究基地"，至 2005 年，省级以上家庭教育实践研究基地 105 个。至 2022 年 10 月，江西省已有 10 个国家级、152 个省级、11 个市级家风家教实践基地；10 个国家级、25 个省级亲子阅读体验基地；全省法院、检察院、妇联、共青团、关工委等联合成立"七色堇""护蕾"等家庭教育指导工作站 66 个，为涉案未成年人家庭提供家庭教育指导服务；省文明办以党的基层阵地资源整合为抓手，推动全省新时代文明实践中心（所、站）建设全覆盖，助推家庭教育，如，萍乡市依托新时代文明实践中心（所、站），开展"家教有方""做智慧家长"等专题辅导 500 余场次。三是新媒体宣传矩阵。江西省家庭教育指导中心依托全国重点新闻网站中国江西网（大江网）传播优势，建立网上家长学校、微博、微信、客户端全媒体宣传矩阵，构建了省、市、县三级家庭教育宣传架构，每年度综合发布家庭教育、妇女儿童权益维护稿件、信息近万条，点击量超 4000 万人次。四是相关社会机构组织。江西省大力发展专业社会工作者、社区志愿者队伍，形成专兼结合、具备指导能力的家庭教育指导工作队伍，至 2020 年，全省开展家庭教育指导服务的相关社会组织有 266 个。至 2022 年 10 月，全省已发展近 17 万名"代理家长""爱心妈妈"，4.2 万名家庭教育服务志愿者；省市县三级儿童活动中心 72 个、儿童之家 1922 个、儿童快乐家园 147 个。通过"线下活动+线上宣传"，扩大江西家庭教育的影响力、推动力。

2. 精准个性化、人性化关爱困境留守儿童

一是持续开展专项调研成果出色。从 1990 年起，省家教研究会倡导全社会重视离异家庭子女教育问题，通过抽样调查，完成《离异家庭及其对子女的心理影响》，获省第四次优秀社科成果三等奖；1994 年 9 月，完成中国家庭教育研究会委托的"老区农村家庭结构与儿童身心发展状况的调查"，调查成果在全国家庭教育理论研讨会上获优秀论文二等奖；2006 年，

合作开展的"江西省农村留守儿童现状调查",获全国妇联、省委和省政府领导批示;2008 年,承担并完成全国"十一五"家庭教育课题——"农村留守儿童家庭教育指导模式研究"等。二是具体关爱行动策略不断优化。从 1992 年起,实施的 4 个江西省儿童发展纲要,均根据不同时期儿童发展现状,不断优化相关目标、策略措施,推出关爱留守儿童的系列项目,2006年 10 月 9 日,省妇联、省文明办、省教育厅、省关工委联合下发《关于开展关爱农村留守儿童行动的意见》;2018 年《江西省家庭教育促进条例》中虽未出现"留守儿童"字眼,但从三方面提出了深厚的人文关怀,第一,强调了父母的法定责任。未与未成年人共同生活的父母,"应当委托有能力的其他监护人监护和教育未成年人,并通过电话、网络视频、书信等方式与未成年人交流沟通,与学校或者受委托的监护人交流未成年人的学习、生活、身心状况等相关信息,并定期与未成年人团聚以及完成法律法规规定的其他教育未成年人的义务,等等"。第二,强化政府指导帮助的责任。"各级人民政府应当重点向父母未与未成年子女共同生活的家庭提供家庭教育的帮助和指导,为未与父母共同生活的未成年人开展心理辅导和关爱保护等活动"。第三,明确了学校及时指导帮助的责任。"父母或者其他监护人履行家庭教育责任有困难的,学校应当及时提供家庭教育指导和帮助"。2021 年6 月 23 日,江西省委宣传部、省文明办为"现有农村留守儿童 58.2 万名""提供精准的'亲情连线''综合服务''心理疏导'"等文明实践志愿服务。7 月 2 日,江西省民政厅、发展改革委要求从"完善基层关爱保护机制""夯实家庭监护主体责任""探索多元关爱服务机制""加强安全教育联动机制"四方面"加强对农村留守儿童的关爱服务"。2022 年 1 月,江西省文明办、民政厅要求各相关部门,坚持党建引领、家庭尽责、全民关爱、分类施策的四大原则,从"部署调研、集中攻坚、巩固提升三个阶段",做好"打牢工作基础","落实兜底保障",加强实施教育、健康、情感、互助、邻里、探视等 6 方面的"关爱服务"三大重点任务,更全面个性化地关爱留守儿童等。3 月 29 日,江西省人民检察院、民政厅等四部门检察机关向"不依法履行监护责任"的未成年人父母,发出"督促监护令",以示训诫并"责令其接受家庭教育指导，做到应督促尽督促"等。

3.编印家庭教育教材，拍播系列专题讲座

一是省家教研究会长期编印相关教材。1985~1990年，省家教会不定期编印《家庭教育研究》12期，发行万余册，赠送相关组织和家长学校。1991年，编辑出版"德育500篇"之婴幼儿、小学、中学版：《摇篮育才曲——德育500篇》《花儿朵朵红——德育500篇》《希望寄托在你们身上——德育500篇》，3册共50多万字，发行3万余册，其中，《摇篮育才曲》获江西省社科优秀成果三等奖。由省家教会卫生保健组会员顾毓麟、包同敏等主编的《儿童保健大全》获省社科优秀成果三等奖。近些年每年召开全省家庭教育高峰论坛，最近连续三年开展全省家庭教育说课和微课比赛，开展家庭教育课题研究165项，出版或编写《0~3岁儿童早期家庭教育指导手册》等家庭教育读物和指导培训材料79种。二是省家教会联合省电视台拍播《家庭中怎样对儿童进行品德教育》《怎样教育好独生子女》《谈谈孩子入学前的心理准备》《关于儿童智力开发》等家庭教育电视系列专题讲座13个，深受群众欢迎。三是省家庭教育指导中心积累了近万个家庭教育个案，形成了"学习能力、亲子关系、情商培养、习惯培育、品格养成、心理疏导、生涯规划、手机（网络）成瘾、青春期教育、预防校园欺凌与暴力"等10个系列主题讲座，充分保障了线下活动的开展。

4.形成了三大家庭教育系列品牌

一是家庭教育"妈妈"系列品牌。如从2005年起，省家教研究会成立家教辅导队、爱心帮扶队、妈妈劝赌队、普法辅导队、爱心妈妈、知心大姐、妈妈帮教团、婆婆网管队等妈妈服务团体，组织"妈妈报告团"巡回演讲，至2022年，全省已巩固发展近17万名"代理家长""爱心妈妈"，发挥"妈妈"们在家庭教育中的特殊作用。二是公益巡讲三大品牌公益活动。江西省家庭教育指导中心通过购买政府公益服务模式，组建专业师资队伍、志愿者团队，根据江西家庭教育现状，尤其针对农村留守儿童、偏远地区困境儿童、青春期女童，打造了"陪伴的力量——家庭教育宣讲""关爱女童·呵护成长""弘扬好家风·传承好家训"等公益巡讲三大品牌公益活

动。至 2019 年 6 月，中心在南昌、九江、赣州、新余、宜春、萍乡等地开展关爱女童、预防儿童意外伤害、亲子关系、手机（网络）成瘾、青春期教育、预防校园欺凌、家风家训传承等主题线下公益活动超过 2100 场次，直接受众超过 32 万人次。三是南昌市"幸福家庭成长计划"，12 家部门在南昌市委、市政府的支持下，从 2018 年 11 月起，经过 4 年多持续建设，已成为全国知名的家庭教育品牌。

二　江西省家庭教育指导服务中存在的问题

课题组通过对江西省 3566 位未婚青年、2165 位初婚有配偶青年、59 位丧偶后单身青年、10 位离婚后单身青年、43 位再婚有配偶青年共五类 5843 位青年系列调查研究发现，江西家庭教育指导服务目前面临的主要问题如下。

（一）家庭教育指导服务需求很大但有效供给不足

1. 九成半以上青年认为结婚重要，七成左右已婚青年认为生养子女家庭才能幸福美满

对五类青年关于结婚重要程度认识的调查发现：95.46% 的青年认为结婚对人生有些重要、重要或非常重要；七成左右已婚青年认为生养子女家庭才能幸福美满。其中，初婚有配偶青年为 64.75%，再婚有配偶青年为 72.09%。多数已经生育和准备生育子女的青年，存在家庭教育指导性需求。

2. 青年养育孩子的困难更多地来自家庭教育

调查发现，有三四成已婚有配偶的青年养育孩子主要难在家庭教育方面。初婚与再婚青年家庭养育孩子中所遇 10 项主要困难，排在前 5 位的是：经济压力、孩子身心健康指导、孩子的学习辅导、孩子放学后和假期陪护、家庭教育指导，详情见表 1。

表1 已婚青年家庭养育孩子所遇到的主要困难

单位：人，%

项目	各类青年人数及占各类青年总人数比例	
	再婚有配偶	初婚有配偶
1. 现无子女		389 ▭ 17.97
2. 经济压力	29 ▭ 67.44	1363 ▭ 62.96
3. 找不到合适的保姆	4 ▭ 9.3	193 ▭ 8.91
4. 孩子3岁以前入托难	12 ▭ 27.91	278 ▭ 12.84
5. 孩子很难选择合适的幼儿园	13 ▭ 30.23	465 ▭ 21.48
6. 孩子的学习辅导	18 ▭ 41.86	776 ▭ 35.84
7. 孩子身心健康指导	18 ▭ 41.86	799 ▭ 36.91
8. 孩子放学后和假期陪护	17 ▭ 39.53	757 ▭ 34.97
9. 家庭教育指导	10 ▭ 23.26	743 ▭ 34.32
10. 其他	0 ▭ 0	34 ▭ 1.57
有效填写人次	43	2165

丧偶和离婚后的单身有子女青年不打算再婚时，所需支持项目排在前5位的是：在子女照料方面得到父母亲友的帮助、在子女教育方面得到来自社会的指导支持、亲子心理健康指导、按时得到孩子抚养费用需要法律保障、孩子放学后和假期的社区陪护，详情见表2。

表2 单身有子女且不打算再婚的青年需要的支持

单位：人，%

项目	各类青年人数及占各类总人数比例	
	59人丧偶后单身	10人离婚后单身
1. 在子女照料方面得到父母亲友的帮助	39 ▭ 66.1	6 ▭ 60
2. 在子女教育方面得到来自社会的指导支持	37 ▭ 62.71	5 ▭ 50
3. 按时得到孩子抚养费用需要法律保障	25 ▭ 42.37	4 ▭ 40
4. 亲子心理健康指导	31 ▭ 52.54	4 ▭ 40
5. 孩子放学后和假期的社区陪护	21 ▭ 35.59	3 ▭ 30

项目	各类青年人数及占各类总人数比例	
	59 人丧偶后单身	10 人离婚后单身
6. 有安全保障的廉租房	18 ⬤ 30.51	2 ⬤ 20
7. 其他	0 ⬤ 0	0 ⬤ 0
本题有效填写人次	59	10

另外，三至六成初婚有配偶青年迫切需要得到家庭教育指导。排在前六位的是科学育儿指导，价格亲民、服务规范的早教机构，儿童早期教育辅导，婚姻家庭关系调解与辅导，家庭教育咨询服务，少年儿童心理辅导，上述 6 方面均是家庭教育应有项目或与之密切相关，详情见表 3。

表 3　初婚有配偶青年在婚姻家庭生活中迫切需要得到的帮助

单位：人，%

选项	人数	比例
1. 婚姻家庭关系调解与辅导	878	40.55
2. 科学育儿指导	1233	56.95
3. 儿童早期教育辅导	1032	47.67
4. 价格亲民、服务规范的早教机构	1145	52.89
5. 家门口的幼儿园	723	33.39
6. 社区四点半学校	481	22.22
7. 假期陪护班、夏令营、冬令营	711	32.84
8. 少年儿童心理辅导	733	33.86
9. 家庭教育咨询服务	737	34.04
10. 其他	43	1.99
有效填写人次	2165	

综上所述，江西青年对家庭教育指导服务的需求大，但有效供给明显不足。

（二）家庭教育指导服务平台有待健全

生养子女不仅是每个家庭的大事，亦是国家、民族的要事。调查发现，江西多数已婚青年认可生养子女是对国家和社会的义务，但也同时表达了对家庭教育指导的渴望。

1. 七八成青年认为社区应该为家庭提供更多帮助

通过对五类青年的调查发现：87.99%的初婚有配偶青年、69.76%的再婚有配偶青年、78.12%的未婚青年、77.97%的丧偶后单身青年赞同"社区应该为家庭提供更多支持帮助"，详情见表4。

表4　赞同对社区应该为家庭提供更多支持帮助者的各类青年比重

单位：人，%

类别及总人数、总占比	完全赞同	赞同	不太赞同	完全不赞同	说不清
未婚 3566 78.12	990 27.76	1796 50.36	314 8.81	45 1.26	421 11.81
初婚有配偶 2165 87.99	964 44.53	941 43.46	139 6.42	19 0.88	102 4.71
丧偶后单身 59 77.97	16 27.12	30 50.85	5 8.47	1 1.69	7 11.86
离婚后单身 10 40	4 40	0 0	2 20	1 10	3 30
再婚有配偶 43 69.76	13 30.23	17 39.53	9 20.93	0 0	4 9.30

2. 家庭教育指导服务的"最后一公里"未能完全打通

对省会某知名高校的5位妈妈的访谈发现，她们从未得到社区的家庭教育指导服务。这五位妈妈包括：1位独生子上大四的1974年出生的Z博士妈妈；3位有两个孩子的妈妈，她们分别是住紧邻学校小区、有2个女儿各上高三、幼儿园的1976年出生的W硕士妈妈，住校外商品房、儿女各上小学五年级、一年级的1984年出生的X博士妈妈，和住在校内、有双胞胎女儿同上4年级的1985年出生的L博士妈妈；还有1位是校内、校外宿舍两边住、有个3岁多儿子的1990出生的W博士生妈妈，她们一致反映从未得到过社区家庭教育指导服务，面对一些教子困惑，她们只能借助于线上有偿服务；YQ 厂有 10 岁女儿的一位妈妈也表示从未得到过社区的家庭教育指导。上述 6 位妈妈均表示，愿意接受家庭教育相关的指导服务。

综上所述，尽管多数青年认可生养子女是对国家和社会尽义务，希望社区提供家庭教育的相关服务，但实际的家庭教育指导服务未能覆盖每个家庭。

（三）青年的家庭教育观念还存在诸多问题

首先，接受调查的九成左右青年赞同孩子应该接受最好教育，但一成左右持反对态度。

其次，七八成青年认为家庭教育指导作用大，婚前和婚后指导对降低离婚率有帮助，但也有近三成青年对此不以为然。

最后，认为家庭教育无须经过专业训练的人仍然不少。通过访谈发现，持这种观点的人至少有三类：第一类是阅历比较丰富的祖辈。如，某高校原校领导认为家庭教育不过是传授生活经验和生命体悟，家庭主要应该讲爱，不应多讲道理对错，无须专门训练。第二类是教子稍有所成的父母。如，某高校两个儿子各上小学五年级、幼儿园的 1985 年出生的 X 博士生爸爸，津津乐道自身培育孩子好的生活、学习习惯，提升应变能力和学习成绩的心得，认为外部的家庭教育培训班不必参加。第三类更多的是初为父母者。比如有个半岁女儿的 1990 年出生的博士父亲，说女儿被妻子、外婆带着放心，自己没必要参加家庭教育的培训，这是"孩子妈妈生、祖辈养、爸爸回家就上网"的真实写照。他们一方面承认家庭教育是科学并编写了大量著作、教材，但另一方面，又认为家庭教育是非正规教育，仅是对个体经历感悟和习得的不言自明、不问自晓的常识性日常生活经验传承之描述，施教者不必经过专门训练等，这些观念的存在也妨碍了家庭教育指导服务的深入开展与持续落实。

三 江西家庭教育指导服务优化策略

"家庭是社会的基本细胞，是人生的第一所学校。"不论时代和生活格局发生多大变化，"我们都要重视家庭建设，注重家庭、注重家教、注重家风""促进家庭和睦，促进亲人相亲相爱，促进下一代健康成长，促进老年人老有所养，使千千万万家庭成为国家发展、民族进步、社会和谐的重要基点"。① 要发挥好家庭教育基础性战略性作用，必须解决家庭教育发展中不均衡不充分的矛盾，实现城乡家庭教育指导服务均等化。

（一）健全覆盖城乡的家庭教育服务体系

至 2020 年底，江西省建立家长学校或家庭教育指导服务站点的城市社区为 2985 个，占现有城市社区 3161 个的 94%；农村社区（村）12076 个，占现有农村社区（村）15456 个的 78%。逐步消除城乡差距，实现家庭教育服务体系覆盖城乡的目标，可从以下方面着手。

1. 继续压实各相关部门尤其政府的法定职责，扩大家庭教育指导服务覆盖面

在国家和全社会为家庭教育提供指导、支持和服务的大前提下，进一步加强江西省各级人民政府指导家庭教育工作，健全家校社协同育人机制，县级以上人民政府制定落实家庭教育工作专项规划，将家庭教育指导服务列入城乡公共服务体系，列支专项经费，支持、鼓励政府以购买服务的方式提供家庭教育指导。同时，进一步加强县级以上人民政府妇儿工委组织、协调、指导、督促职责和妇儿工委办的能力建设。进一步推动民政部门各婚姻登记、收养机构，儿童福利机构，未成年求助保护机构等对相关当事人提供家庭教育指导服务。进一步促进各级卫生健康部门指导、督促妇幼保健院等开

---

① 习近平：《在 2015 年春节团拜会上的讲话》（2015 年 2 月 17 日），《人民日报》2015 年 2 月 18 日，第 2 版。

展儿童早期发展和家庭教育指导等服务。进一步强化各级教育部门对各级各类学校家庭教育的指导管理、教师培训、督导评估。进一步推动人民法院在审理离婚案件时，对有未成年子女的夫妻双方提供家庭教育指导。进一步推进各级宣传部、文明办、新闻出版、广播电视、网信、公安、司法行政、文化和旅游、市场监督管理、人力资源与社会保障等部门在各自职责范围内，做好家庭教育工作，指导、监督家庭教育服务机构及从业人员。进一步支持科学技术协会、共产主义青年团、关心下一代工作委员会、残疾人联合会，以及村民委员会、居民委员会等结合自身工作，积极为家庭教育提供社会支持。切实推动各部门各组织落实家庭教育法定职责。

2. 打造家庭教育四个平台升级版，提升家庭教育指导服务的精准度

一是完善信息共享平台。继续以"互联网+家庭教育指导"为驱动，利用好全媒体主渠道，连通国家级、省级、市级、县级、乡镇级家庭教育信息共享服务平台。二是健全"五进"活动平台。将"家庭教育进机关、进学校、进企业、进城乡社区、进家庭"等活动及时展播。将家庭教育纳入党校、江西网络干部学院平台培训，纳入领导干部及其"廉内助"作风建设，纳入党建，通过"五个一"系列活动弘扬清廉家风、厚植家国情怀等。三是推进家长互助平台建设。整合、集成家长QQ群、微信群，和以家庭教育为主题的论坛、微博、博客，及志愿、公益、自治的家长俱乐部、家长沙龙等，支持家长自助组织发展。四是继续培育社会组织平台。将家庭教育研究会，家庭教育指导中心，社会工作者、巾帼、心理、社区等志愿者协会、微公益协会等社会组织活动连通。合力打造以上四个平台升级版，普及家庭教育常识、新成果，满足家人尤其是监护人的不同需求，提升为党为国科学教子育人的能力，形成有地方特色、有群体适应性的家庭教育指导服务模式，推进家庭教育健康有序发展。

3. 打造家校社合作升级版，强化特色提升家庭教育指导服务的实效性

一是继续打造家校社合作升级版。在家校社合作改革实验持续近8年、先后有12个县400余所学校参与的基础上，2022年启动的"打造家校社合作升级版""党重教为先、政兴教为本、家崇教为美、师从教为乐、民助教为荣"的教育生态大格局已初步形成。二是强化特色。江西家校社育人机制培育多年，其中：好项目引领家校社持续联动、助推幸福家庭教育形成典范，社区家庭教育红火、与创业就业最新政策信息宣传同步推进，开展"陪伴的力量"家庭教育宣讲进农村活动，选树清廉传家、科学教子、热心公益等家庭典型等四个方面的特色工作在全国产生了一定影响。2018年以来，各级妇联常态化开展"寻找最美家庭""五好家庭"评选，全省62户荣获"全国五好家庭"称号、92户荣获"全国最美家庭"称号等，营造了全社会注重家教、崇德向善的浓郁氛围。

（二）持续扩大优质家庭教育指导服务供给

干事创业，关键在人。正如习近平总书记所指出的："这几年，我反复强调要注重家庭、注重家教、注重家风，是因为我国社会主要矛盾发生了重大变化，家庭结构和生活方式也发生了新变化。过去大家的需求主要是吃饱穿暖，现在物质条件好了，人民群众热切期盼高质量的家庭生活和精神追求，希望子女能够接受更好的教育，老人能够得到更贴心的照料，等等。还要看到，当前城乡家庭规模日趋变小，家庭成员流动频繁，留守儿童、空巢家庭等现象日益突出。要积极回应人民群众对家庭建设的新期盼新需求，认真研究家庭领域的新情况新问题，把推进家庭工作作为一项长期任务抓实抓好。"[1] 这段重要讲话为江西省家庭教育优质服务供给扩大、打造人才队伍提供了根本遵循和科学指引。

1. 持续打造家庭教育理论名家人才队伍

与时俱进的家庭教育理论是扩大家庭教育优质服务供给的重要载体和显著标志。一是继续发挥江西省家庭教育研究网络的作用，催生高水平、高质量的学术成果；二是按相关纲要或专项规划要求加大对相关研究的扶持力度。在各级哲学社会科学研究项目或专项项目中，加大对家教家风家庭建设

---

[1] 习近平：《在同全国妇联新一届领导班子成员集体谈话时的讲话》（2018年11月2日），转自中共中央党史和文献研究院编《习近平关于注重家庭家教家风建设论述摘编》，中央文献出版社，2021，第5~6页。

选题的立项与资助力度，发挥家庭教育理论研究"思想库""智囊团"的作用；支持学科建设，鼓励有条件的科研院所、高等学校等设置相关专业课程，培养专门人才，加深拓宽对家庭教育建设理论体系的研究；加强科研院所、高等学校等与政府部门的联系沟通，通过课题或项目招标等，承接政府购买的服务，拓展、深化对家庭教育理论成果的转化运用，提升家庭教育的知识厚度、人文温度和接受效度。

2. 加快建设家庭教育指导师队伍

江西家庭教育指导师缺口大、执业门槛高：江西家庭教育讲师团自1997年由省家教研究会组建以来，地市、县亦纷纷组建家教讲师团，年年举行省家庭教育微课、说课竞赛，选拔专家充实"赣鄱红色娘子军"宣讲团，至2022年10月，家庭教育讲师团152个，共4000余人；江西省教育厅家庭教育指导专项培训共培训中小学、幼儿园家庭教育指导教师8000余名。若参照全球有影响力的国家每300人就拥有1位家庭（亲子）教育指导专家这一标准，若按《江西省第七次全国人口普查公报》中江西省常住人口总数45188635人算，江西需要家庭教育指导师约150629人，江西家庭教育指导师缺口大。2022年7月，家庭教育指导师被纳入国家新职业，从业门槛进一步提高，所以，江西省需要加快建设家庭教育指导师队伍。一是加大各级家教研究会、关工委、高校等的培训力度。二是加大省教育厅对家庭教育指导师专项"省培计划"培训力度。三是争取外援项目。如，中央专项彩票公益金支持"阳光驿站"项目等。通过提升家庭教育指导师专业水平，让更多家庭教育课堂，成为提升家长、孩子"到课率"、"抬头率"和"走心率"的"金课"。

3. 接续打造家庭教育谋划执行多面手人才队伍

有格局、懂管理、肯奉献、执行力强的多面手人才队伍是打通家庭教育指导服务"最后一公里"的终端人才。在全省拥有近17万名"代理家长""爱心妈妈"、4.2万名家庭教育服务志愿者的基础上，一是要继续加大队伍建设力度。汇聚既有前瞻性、系统性谋划，又能深入理解家庭教育事业发展愿景、具体举措、政策机制，并善于找到与当地有效治理体系的结合点，能将社区职业多样化、认知结构多样化的家长组合起来的社区能人，形成妇儿工委办、各相关职能部门人员、志愿者和"五老"相结合的家教指导队伍。二是与时俱进开发融媒体新产品。充分运用人工智能、大数据等技术手段，研制、开发家庭教育微动画、图片锦集、小音频、抖音短视频等，形成集理论性、实践性、显性与隐性教育相统一的家庭教育指导课程和新媒体产品，更好地满足人民群众家庭教育需要。

（三）顺时应变，提升家庭教育科学化专业化水平

家庭教育的初心使命是为国为党育人才，要发挥其在培养堪当民族复兴大任时代新人中的基础性战略性作用，立足新发展阶段历史条件，顺应新的时代要求，落实立德树人根本任务，更好地满足人民群众科学育儿、实现家庭幸福的新期待。建议从三方面着手。

1. 提升数字素养，为家长快捷分享家庭教育经验创设条件

"数字中国"自 2015 年被提到国家发展战略高度后，快速发展，2021年中央网络安全和信息化委员会等颁行《提升全民数字素养与技能行动纲要》《2022 年数字乡村发展工作要点》，要求"到 2025 年，全民数字化适应力、胜任力、创造力显著提升，数字素养与技能提升发展环境显著优化，基本形成渠道丰富、开放共享、优质普惠的数字资源供给能力。初步建成全民终身数字学习体系，老年人、残疾人等特殊群体数字技能稳步提升，数字鸿沟加快弥合。劳动者运用数字技能的能力显著提高，高端数字人才队伍明显扩大。全民运用数字技能实现智慧共享、和睦共治的数字生活，数字安全保障更加有力，数字道德伦理水平大幅提升"，数字时代的新形势、新目标，为新时代五级人民政府牵头打造家庭教育信息平台提供了新机遇；为家庭教育优质服务提出了新挑战；为新时代更多的人，尤其是不会上网的家长跨越数字鸿沟、分享家庭教育的好经验，或摒弃家庭教育的糟粕创造了便利；为民众实现幸福家庭需求创设了条件。

2. 推动民众大学习，让依法带娃思想深入人心

一是强化习近平总书记重要论述和相关法规"五进工作"。党员领导干

部是社会的风向标,学习习近平总书记关于家庭家教家风建设的重要论述和相关法规,首先要在党员领导干部中宣讲;其次要列入各级党校(行政学院)、干部学院的教学培训课程;还要依托家长学校、新时代文明实践中心(所、站)、各地妇女儿童活动之家等各类家庭教育服务阵地,发挥家庭教育指导师、志愿者、宣讲团等作用,推动习近平总书记重要论述、各级各类相关法律法规、相关专项规划等进学校、进社区、进家庭、进厂矿、进机关等"五进"工作。二是继续开展主题宣传展示和实践活动。在融入家庭教育家风建设主题的各类宣传实践活动中,继续采取民众喜闻乐见的方式、形式,生动宣传家庭教育正确理念和科学知识等。三是更充分发挥"五老"作用。可先对阅历丰富、德高望重、分布面广、队伍庞大的老党员、老专家、老教师、老战士、老模范进行家庭教育规律的系统培训后,再发挥他们有感召力、说服力、凝聚力的亲情优势、育人优势、威望优势、经验优势、政治优势等,让家庭教育优质服务如虎添翼;县以上普遍建立健全的关心下一代工作委员会也可以凝聚更多的老同志为关心下一代全面成长做出更大贡献。

3. 拓展思路共建共享优质家庭教育

高手在民间。即使对于家庭教育这一问题,国人解决方法众多,好经验可供学习,不合时宜的则加以改进,人人可以发挥其主体性。一是发挥专家引领作用。幼儿园、中小学、中等职业学校等的家长学校每学期至少要组织1次家庭教育指导和2次亲子实践活动,或1次家庭教育实践活动;公共文化服务阵地——公共图书馆、文化馆、科技馆、博物馆、美术馆、纪念馆、档案馆等每年至少要开展2次公益性家庭教育讲座或亲子活动,为广大家长提供专业的家庭教育指导。二是发挥家长互动分享的引导劝诫作用。通过传播家庭教育公共文化产品,引导家长分享家教经验、家庭建设心得,努力传播正能量。三是发挥儿童主体性作用。许多家长可能不太接受来自配偶的批评和建议,但对孩子发表的意见和建议却会欣然接受。

总之,江西家庭教育既有独具特色的成功经验,也存在一些亟须解决的问题,期待本报告提出的建议能够对江西家庭教育健康发展有所裨益。

参考文献

中国儿童中心组编《我国家庭教育指导服务体系构建与推进策略研究》，中国人民大学出版社，2016。

林崇德：《心理学大辞典》（上），上海教育出版社，2003。

边玉芳、张馨宇：《新时代我国家庭教育指导服务体系：内涵、特征与构建策略》，《中国电化教育》2021 年第 1 期。

中国儿童中心组编《我国家庭教育指导服务体系状况调查研究》，中国人民大学出版社，2014。

《江西省妇女组织志》编纂委员会编《江西省妇女组织志》，方志出版社，2002。

江西省地方志编纂委员会编《江西省志·妇女志（1990-2010 年）》，江西人民出版社，2022。

《全国家庭教育工作"十五"计划》，江西省妇女联合会编印《江西省家庭教育工作参阅资料汇编》，2022。

康丽颖、姬甜甜：《回归教育学视域的家庭教育理论建构》，《教育科学》2021 年第 1 期。

《"家庭教育指导师"纳入新版职业分类大典，或将成为下个热门职业》，人民政协网。

中央网络安全和信息化委员会：《提升全民数字素养与技能行动纲要》，2021。

B.13
江西离婚司法调解服务的
模式与经验研究

——基于对贵溪市人民法院"周淑琴工作室"的样板分析

摘　要： 调解是离婚诉讼的必经程序，也是化解离婚纠纷的主要方式之一。江西在离婚调解服务中成绩显著，贵溪市人民法院"周淑琴工作室"为其典型代表。其"转变家事审判理念，打造柔情审理模式""组建专业审判团队，提升家事审判质效""创新家事解纷工作法，完善家事审判机制""推进多元解纷建设，构建家事调解大格局""主动延伸司法职能，打造家事审判品牌"的经验做法取得突出成效，对于我国家事调解、家事司法工作具有十分重要的示范意义和参考价值，也展现了江西司法战线以人民为中心，为人民服务的风采。

关键词： 江西　离婚调解服务　周淑琴工作室

一　江西离婚调解服务概况

（一）离婚调解的基本内涵

离婚调解，是指离婚（或者分居）纠纷的当事人在中立第三人的辅助

---

* 来文彬，法学博士，江西省社会科学院法学研究所党支部书记，助理研究员，主要研究方向为民商事法学。

下，就离婚事宜（离婚以及善后事宜）自主性友好协商，以期达成双方满意的公平协议的程序。需要指出的是，域外法制实践中，离婚调解仅指离婚善后事宜之调解，不包括离异与否之调解（婚姻调解）。我国离婚调解包含离婚以及善后事宜。而且，在有法定分居制度的国家或地区，当事人包括离婚纠纷当事人和分居纠纷当事人，特此说明。

在我国，司法调解是离婚诉讼的必经程序，即实行强制调解原则。只有经历调解的程序后，方可进行裁判。《民法典》第 1079 条规定：夫妻一方要求离婚的，可以由有关组织进行调解或者直接向人民法院提起离婚诉讼。人民法院审理离婚案件，应当进行调解；如果感情确已破裂，调解无效的，应当准予离婚。

根据调解主体的不同，离婚调解又分为诉讼内的离婚调解与诉讼外的离婚调解两大类。诉讼外的调解又分为人民调解组织主持的人民调解、民政部门（婚姻登记机关）与妇联组织的社会调解（俗称民间调解）等；诉讼中的调解一般由法官在诉讼过程中主持，为司法性质的调解。

离婚调解在我国具有十分辉煌的历史。在 1949 年中华人民共和国成立以后至 1978 年改革开放初期，我国关于家事纠纷的调解曾经建立严密的体系：在家有"家族调解"（由该居住地该姓氏中德高望重的长辈或亲友组织的调解），居住地有村民委员会或居民委员会的调解委员会之"人民调解"，所在单位有"单位调解"（通常由负责职工生活的相关部门进行），另外还有法院之调解。这些调解适应了当时的社会实际，发挥了十分重要的作用，及时、有效地解决了众多家事纠纷，促进了家庭稳定与社会和谐。作为离婚等家事民事纠纷的重要解决方式，人民调解和法院调解作为两翼构筑了中国家事纠纷调解制度体系。研究家事调解的科学制度设计、解决执行过程中面临的新的问题，完善工作体系，进一步发挥其化解婚姻家庭纠纷的积极作用，是一项紧迫而重要的任务。

（二）我国离婚调解的总体情况

我国离婚调解包括离婚案件的诉讼外调解和离婚案件诉讼内的司法调解

两大类。基于本文研究对象（周淑琴工作室为法院专业审判团队）与分析需要，如无特别指出，离婚调解仅针对离婚诉讼司法调解。

离婚诉讼中，司法调解是必经程序，也是化解离婚纠纷最主要的方式之一。2019 年全国法院共审结婚姻家庭、继承纠纷一审案件 1850377 件，调解数 701338 件；其中，婚姻家庭纠纷为 1704228 件，调解数为 610525 件，具体到离婚案件为 1389595 件，调解数 480926 件（占比约 34.61%）。2020 年全国法院共审结的一审案件中，婚姻家庭、继承纠纷 1649393 件，调解数 624863 件（占比约 37.88%）；婚姻家庭纠纷 1527166 件，调解数 553421 件（占比约 36.24%）；离婚纠纷 1241694 件，调解数 441114 件（占比约 35.53%）。2021 年全国法院共审结婚姻家庭、继承纠纷一审案件 1830655 件，其中，以调解方式结案数为 718798 件（占比 39.26%）；其中，共审结婚姻家庭纠纷一审案件 1709455 件，调解数为 658007 件（占比 38.49%）；离婚纠纷结案数 1394548 件，以调解方式结案数为 546865 件，占比约 39.21%（见表1）。总体而言，有 1/3 以上的离婚纠纷是通过调解处理的（仅指调解和好撤诉与调解达成离婚协议两类，调解不成、诉讼裁判的不包括在此）。调解在离婚案件司法处理中的重要性由此可见一斑。

表 1　全国法院 2019~2021 年离婚纠纷司法调解情况一览

年份	离婚纠纷（件）	调解方式结案（件）	调解占比（%）
2019	1389595	480926	34.61
2020	1241694	441114	35.53
2021	1394548	546865	39.21

江西法院系统也一直致力于深化家事审判方式改革和工作机制改革，坚持以人为中心的发展思想，努力满足人民群众多元司法需求，建设一站式多元纠纷解决机制，坚持把非诉讼纠纷解决机制挺在前面；完善多元化纠纷解决体系（构建多元共治、分层递进的解纷机制，形成法通村、五心合一等多元解纷品牌）、设立调解工作室，充分发挥调解的优势，并取得优异之成绩。例如，2020 年，深化家事审判改革，审结婚姻家庭案件 45277 件，发

出人身安全保护令51份。其中,诉前调解成功率85%。2021年,深化家事审判方式和工作机制改革,审结婚姻家庭、继承案件46983件。2022年,加强家事审判工作,建立了76个家事审判庭或合议庭,审结婚姻家事案件242145件。而且,涌现出一批优秀团队与先进做法,例如,南昌县人民法院家事团队以及贵溪市人民法院"周淑琴工作室"等。这些团队都是以中青年司法骨干为主力军,助推江西离婚调解服务发展的典范。本报告以贵溪市人民法院"周淑琴工作室"离婚调解服务模式为例予以分析,用"一滴水"折射江西司法调解之光芒。

二 "周淑琴工作室"离婚调解模式分析

(一)工作室及离婚调解服务概况

"周淑琴工作室"成立于2020年3月,是以"全国先进工作者""全国优秀共产党员",贵溪市人民法院党组成员、泗沥人民法庭庭长周淑琴个人名字命名的家事审判工作室。工作室经过几年的探索实践,积累了丰富的家事审判经验,形成了一定的品牌效应。中央、省、市媒体对"周淑琴工作室"家事审判工作进行了广泛的宣传报道,"周淑琴工作室"家事审判经验在鹰潭市两级法院得到推广,已成为鹰潭地区家事解纷新品牌。自工作室成立以来,共新收家事类案件1850件,审结1831件(含旧存68件),结案率为98.97%,息诉服判率98.12%。其中,新收离婚纠纷1559件,审结1541件(含旧存53件),助力家庭文明建设,促进社会和谐稳定。

(二)基本工作模式与经验

1.转变家事审判理念,打造柔情审理模式

设置圆桌法庭。圆桌法庭是一种特殊的审判方式,它将原告、被告和法官置于同一平面的圆桌旁,改变了传统的对抗辩论模式,营造出温情、宽松又不失威严的庭审环境,进而通过三方共同的努力去解决家事纠纷。法庭的

布置从台上台下变成圆桌，设立圆桌法庭，用"法官、丈夫、妻子、孩子"等相对温情的称谓取代"审判员、原告、被告"等法律术语，避免一些当事人因原、被告的称谓产生抵触情绪；同时用拉家常的方式对家事案件当事人进行亲情教育，着力修复破损的婚姻家庭关系。

营造家庭氛围。设立实体化家事审判工作室，用家居式的沙发、茶几布置代替冰冷的审判台，给双方营造出法庭如家的舒缓氛围；打造温情家事审判专区，设立"家事调解室""心理疏导室"等功能区，打造了"家风家训"的文化墙，建立亲子乐园等配套设施，以柔性诉讼传递司法温情，让当事人在温馨的环境中敞开心扉，化解矛盾。

坚持柔性司法。家事案件具有人身属性的特点，工作室坚持"以人为本、以爱为先"的理念，以"和"为主旋律的工作特色，坚持贯彻调解优先原则，将调解贯穿于家事纠纷诉讼的全过程，对双方当事人同意调解的案件，法官会组织进行庭前调解工作，家事法庭变为"亲情修复站"，家事法官变身"家庭医生"，诊断、治疗、修复破裂家庭。工作室还注重判后回访，定期电话跟踪、上门走访，发放家事审判调查问卷表，根据当事人状况展开沟通引导，全力倾注司法人文关怀，确保实现案结事了人心安。

2. 组建专业审判团队，提升家事审判质效

"周淑琴工作室"根据家事案件的特点，选配具有家事审判经验、社会阅历的法官组成审判专业团队，部分法官还掌握心理学、社会学等方面知识。工作室家事审判团队现有储备力量：员额法官9名，法官助理5名，书记员6名。其中，40岁以下成员共16人，占比80%，具有本科及以上学历的人员占比高达95%。人员整体呈现年轻化、学历高的特点，团队结构逐渐优化，为家事审判提供有力的人才保障。同时，选任具有妇女、儿童、教育、心理等工作经验的人员作为人民陪审员参与陪审工作，有效发挥团队成员在情感处置、人性观察等方面的优势作用，妥善化解矛盾纠纷，修复婚姻家庭关系，维护社会和谐稳定。

3. 创新家事解纷工作法，完善家事审判机制

工作室在案件审理过程中运用"明理立心、接待热心、倾听耐心、调

解公心、关怀爱心""五心"工作理念，让每个案件当事人辨清法理、道理、情理，珍惜亲情、友情、乡情，通过循循善诱，娓娓劝导，一一寻找到打开群众心扉的钥匙，消除当事人的对立情绪，让打官司的双方能肩并肩、手握手，笑意盈盈地走出法院，让很多棘手的案件明明已到"山穷水尽"的地步，却又出现了"柳暗花明"的效果。在一起离婚案件中，原告女方第三次起诉离婚，前两次，被告男方不同意离婚，情绪十分激动，曾两度堵法庭大门，案件十分棘手。面对这样一个案件，工作室法官秉持着"五心"工作理念，多次走访调查，了解当事人的实际情况。在案件办理过程中，法官耐心地与男方电话沟通，每天都通过电话、微信与之联系，关心其家庭的琐碎小事，安抚其情绪。这样通过与男方拉家常，动之以情、晓之以理，逐步取得了他的信任，了解了他对婚姻的态度和内心的真实想法，最后案件在法官的积极沟通、耐心劝导下得到了妥善解决。

家事案件中大多是离婚、赡养等家事纠纷，案件虽小，但因当事人心存怨气、情绪激动，案件产生的影响力却不少。热心接待每一位当事人，与他们拉家常，倾听他们的埋怨，了解他们的委屈，才能有效地化解矛盾、处理好纠纷。"周淑琴工作室"自成立以来，巧用"要素式审判+'五心'调解法"，通过诉前、诉中成功调处家事类案件1320余件。

完善的机制是做好家事审判工作的前提和基础。工作室探索心理疏导"五诊法"，即进行"望、闻、问、切、调"，为遭受家庭暴力、受虐待、遭遗弃的妇女儿童提供心理咨询、心理救援，引导受害人走出心理阴影，促使过错方认识并改正错误，从而修复家庭关系，促进家庭和睦。工作室运用"五诊调解法"累计接待、咨询、进行辅导与干预268人次。工作室推行"六步调解法"，即诉前、诉中、诉后和庭前、庭中、庭后全过程调解，把调解工作贯穿于家事审判的各环节。

4. 推进多元解纷建设，构建家事调解大格局

运用"1+N"站点共建模式，凝聚社会治理合力。家事案件集中在离婚、同居关系子女抚养、抚养费等纠纷，案件受理多集中在乡镇，"周淑琴工作室"拓展站点，从原有的诉服中心、妇儿活动中心、泗沥法庭三个站点，增

加了辖区内其他五个法庭站点，现共有 8 个站点，形成以工作室为中心，工作站点为辐射，依托不同场所，保持不同特色，力求多位立体化服务风格。同时，积极争取相关部门支持，构建家事调查协作机制，吸纳人民陪审员、基层组织代表、人大代表、政协委员参与家事调查、家事解纷，充分发挥他们情况熟、有经验、有威信的优势，及时查明事实、定分止争、化解矛盾。三年来，工作室委托、委派相关人员参与家事案件调查、解纷 480 件。

组建"琴姐姐家事帮帮团"，拓展多元解纷渠道。注重加强与妇联、司法局、民政局等部门的联动协作，从县、乡、村三级组织，从司法、妇联、教育等不同行业、部门吸纳特邀调解员、家事调解员 60 余名，组建"琴姐姐家事帮帮团"，建立多元化解家事纠纷联动机制，以依法维护妇女及老年人合法权益、实现未成年人利益最大化为目标，积极构建社会力量、司法力量、行政力量相结合的新型家事纠纷综合协调机制。加强诉调对接，与全市23 个乡镇街道建立诉调联动机制，共同化解家事纠纷。工作室自创建以来，诉前调解矛盾纠纷 420 余起。

开设"琴"谈家事栏目，搭建新型沟通桥梁。"周淑琴工作室"与市融媒体中心联合推出了"'琴'谈家事"访谈节目，架起了与百姓沟通的桥梁。播出的《向家暴说"不"》和《12338 妇女公益服务热线》等节目取得了良好反响，为维护家庭和谐稳定、促进社会健康发展，为建设平安江西、和谐江西发挥了积极作用。

5. 主动延伸司法职能，打造家事审判品牌

用"巡回法庭"延伸服务触角。工作室将法庭搬到百姓的家门口，通过以案释法的形式，让百姓直观地了解法院审理家事类案件的流程，让偏远地区群众享受到优质、高效的司法服务，让人民群众在每一起案件中感受到公平正义。同时，通过这种"送上门"的巡回审判，开展"走进家"的普法宣讲，达到审判一案、教育一片的效果。工作室自成立以来，共开展巡回法庭 50 余次。

用"婚姻家庭学校"扫除普法盲点。"婚姻家庭学校"系依托"周淑琴工作室"成立的普法、解纷平台，该平台主动延伸司法职能，进社区、进

学校进行法律宣传，定期发布家事审判领域典型案例，并开展网上微讲堂，积极为辖区居民提供集婚姻辅导、法律咨询、矛盾纠纷多元化解于一体的综合服务。针对不同群体工作室专门制定了"移风易俗树新风""向家暴说'不'"等专题宣传册，并采用线上线下结合的方式，先后开展各类专题系列普法宣讲活动50余场次，受众人数近70万人，发放宣传资料3000余册。

用"温情寄语"化解矛盾心结。家事案件宣判后，工作室法官综合法律、事理、情感等各方面因素，在判决书中引入"法官寄语"，对当事人启发鼓励、道德教育、亲情感化，彰显司法的温度，助力人民群众追求美好生活。

用"便民举措"落实司法为民。工作室定期研判案件信息，改变原先出具离婚案件生效证明的模式，统一由工作室主动出具"离婚证明书"，实现了"保隐私"和"便民化"两不误。2020年4月27日，工作室发出鹰潭市法院系统的首份离婚证明书，共发出离婚证明书300余份。2020年4月22日，工作室发出了全国首份家庭和睦劝诫书，开了全国法院家庭和睦劝诫的先河。2022年2月，工作室发出了鹰潭首份诉前调解书，推进了诉源治理工作有序开展。2022年3月1日，工作室发出了鹰潭地区首份家庭教育令，在涉未成年人案件中先后开展了家庭教育指导工作20余次，共发出家庭教育令9份，为未成年人健康成长保驾护航。

（三）工作成效

1. 家事案件质效明显提升

家事案件的审判工作呈"两高三低"的特点，即结案率、调撤率高，上诉率、二审改判、发回率低，案件审理质效显著提升。其中2020年、2021年、2022年的调撤率分别为47.89%、48.97%、51.88%。

2. 家事审判机制逐步健全

为适应家事案件的特殊性、准确把握家事审判规律，工作室在司法实践中逐步探索建立了符合家事案件特点的审判工作机制。一是建立繁简分流制度，简案速审，繁案精审，让公正提速。2020年、2021年、2022年适用简易程序审理案件数分别为 543 件、717 件、565 件，为当事人提供高效便捷的司法服务。二是探索运用圆桌法庭、巡回法庭和云庭审三种庭审结合模式，彰显人性化审判。将微信问卷、微信普法、微信答疑、微信调解、微信公告融入案件审理的全过程，创新"互联网+家事审判"审判模式，迈进了家事庭审的"微时代"，满足了当事人多元化的司法需求。三是在婚姻案件的立案阶段以及受理后的送达阶段，向原告、被告释明申报财产的权利义务，通过当事人的申报情况固定庭审争议的财产范围，同时明确未如实申报财产的一方当事人在财产分割中可能承担的不利后果，有效防范转移共同财产、逃避债务承担以及虚构债权债务等损害妇女儿童权益等虚假诉讼行为，减少关联诉讼。

3. 家事审判品牌初步确立

经过三年的运行，"周淑琴工作室"提出以架构"1+N 站点"，依托"三平台"（"婚姻家庭学校"、"琴姐姐家事帮帮团"、"琴"谈家事节目），提炼出"五心"工作理念，推行"六步调解法"，形成了可复制、可推广的家事审判改革发展模式。央视 CCTV-12 法治频道、江西卫视等中央、省市媒体对"周淑琴工作室"家事审判工作经验进行宣传推广，其特色化审理模式、多元化解机制、柔性化调解等亮点工作多次被新华社、《人民法院报》、《江西日报》、《新法制报》、《江南都市报》等多家媒体报道。同时，工作室通过媒体平台及时发表典型案例及经验做法文章，其中国家级新闻媒体上发表文章 65 篇、省级新闻媒体上发表文章 48 篇。共运用法院公众号、"周淑琴工作室"公众号、抖音等自媒体平台推广家事审判新闻报道 100 余次。"周淑琴工作室"在家事审判工作领域的经验做法得到了社会各界的广泛好评，在家事纠纷的审理和多元调解方面打造出了一个响亮的品牌。

三 "周淑琴工作室"离婚调解模式的几点启示

"周淑琴工作室"离婚调解模式的经验与特色对于我国当前以及今后的家事调解、家事司法工作具有十分重要的示范意义和参考价值。

（一）不忘司法为民初心，主动服务，不断创新

习近平总书记在中央全面依法治国工作会议上发表重要讲话强调，全面依法治国最广泛、最深厚的基础是人民，必须坚持为了人民、依靠人民。要把体现人民利益、反映人民愿望、维护人民权益、增进人民福祉落实到全面依法治国各领域全过程。坚持以人民为中心，不仅是习近平法治思想的重要价值追求，也是法治中国的目标指引，更是人民法院工作一贯的出发点和落脚点。2020 年 11 月 18 日，最高人民法院组织召开院党组会议和全国法院贯彻落实中央全面依法治国工作会议精神专题会议，强调要深刻认识把握全面依法治国必须坚持以人民为中心，坚持司法为民、公正司法，始终以人民呼声为第一信号，加强民生司法保障，努力让人民群众的获得感成色更足、幸福感更可持续、安全感更有保障。以"周淑琴工作室"为代表的中青年司法人员，在离婚调解等本职工作中，深入践行以人民为中心的发展思想，始终把民众根本利益作为工作的出发点和落脚点，体现了江西司法人的精神风貌。

离婚案件牵涉婚姻家庭方方面面，影响重大，"周淑琴工作室"坚持以调解为主要解决方式，并积极提供各类司法服务。针对案件受理多集中在乡镇的实际情况，"周淑琴工作室"拓宽服务面，以工作室为中心，构建多个服务站点；坚持和发展新时代"枫桥经验"，开展巡回法庭 50 余次，可谓"枫桥经验"的江西生动实践；不断巩固提升一站式多元纠纷解决机制建设和人民法庭建设成果，与全市 23 个乡镇街道建立诉调联动机制，共同化解家事纠纷，加强矛盾源头预防化解，方便群众公正、高效、实质性地化解矛盾纠纷，更好地定分止争、实现公平正义。"周淑琴工作室"不断提高处理新形势下人民内部矛盾的本领，善于处理复杂的利益关系问题，合理平衡好不同利益、不同诉求，更好地维护人民群众根本利益、长远利益、整体利益。三年多的运行中，架构了"1+N"服务站点，依托"三平台"（"婚姻家庭学校"、"琴姐姐家事帮帮团"、"琴"谈家事栏目），提炼出"五心"工作理念，推行"六步调解法"，形成了可复制、可推广的特色化家事审判

改革发展模式，亮点突出。

"周淑琴工作室"在离婚调解等工作中，努力让人民群众在每一个司法案件中感受到公平正义。巡回法庭、"婚姻家庭学校"、"法官寄语"等举措，不仅便民，而且暖心，一个个"小案件"讲好"大道理"，不仅让人民群众切实感受到更有力量、有是非、有温度的新时代司法，而且让民众接受更好的法治教育，更好地践行和弘扬了社会主义核心价值观。因此，"周淑琴工作室"取得了一系列成效，其在家事审判工作领域的经验做法受到社会各界的广泛好评，并形成了品牌效应。

（二）秉持和的家事理念，形成特色服务模式

中华各民族都很重视家庭的和谐、和睦、和乐。这是中华民族"和"文化在家庭关系中的体现。习近平总书记在 2015 年春节团拜会上曾经说："中华民族自古以来就重视家庭、重视亲情。家和万事兴、天伦之乐、尊老爱幼、贤妻良母、相夫教子、勤俭持家等，都体现了中国人的这种观念。"重视家庭和谐，以家庭道德规范为处世基础，是中国处世的规范，是稳定人与人、人与社会关系的良好传统。家庭和则社会安，家庭幸福则社会祥和，家庭文明则社会文明。

《民法典》第 1043 条规定：家庭应当树立优良家风，弘扬家庭美德，重视家庭文明建设。夫妻应当互相忠实，互相尊重，互相关爱；家庭成员应当敬老爱幼，互相帮助，维护平等、和睦、文明的婚姻家庭关系。这是社会主义核心价值观融入民法典的具体体现。最高人民法院曾提出"司法和谐"理念，要求全国各级人民法院深入推进社会矛盾化解，努力创建和谐的诉讼秩序，着力维护和谐的司法环境。和谐司法要求"法官的判决必须考虑社会稳定、经济发展问题，而不应为了追求一个法律价值而不顾其他社会价值。法官在司法过程中必须统筹考虑，权衡利弊得失，在原则性与灵活性之间寻求有机的平衡"。而且，在对"人民内部矛盾凸显期"进行全面深入社会调查分析的基础上，为更好发挥审判工作化解社会矛盾、促进社会和谐的作用，最高人民法院提出"调解优先、调判结合"的审判工作原则，强化

和谐司法的理念，更好地实现法律效果与社会效果的统一。

"周淑琴工作室"离婚调解模式即秉持和的家事理念，注重人际关系的本质，以人际关系恢复（维持、协力）为根本目标，通过特色服务举措，最终实现案结事了人和、社会效果与法律效果和谐统一的理想结果。

"周淑琴工作室"设置圆桌法庭、营造家庭氛围，通过和谐的环境彰显人性化审判；柔性化调解（和谐的方式）；用"温情寄语"化解矛盾心结；探索心理疏导"五诊法"，为遭受家庭暴力、受虐待、遭遗弃的妇女儿童提供心理咨询、心理救援，引导受害人走出心理阴影，促使过错方认识并改正错误，从而修复家庭关系，促进家庭和睦；运用"五心"工作理念，让每个案件当事人辨清法理、道理、情理，珍惜亲情、友情、乡情，实现情理法相交融，消除对立情绪，友好协商解决方案并达成一致意见，最终解决纠纷并促进人际关系改善。

（三）创新家事工作理念，构建多元调解格局

离婚等家事纠纷是特定身份关系的当事人之间的利益冲突，其具有身份性、非理性、个别性以及鲜明公益性等特点。如何在充分尊重人际关系本质属性的基础上系统、妥善地处理各方身份、情感以及利益的冲突是解决家事纠纷的关键。而调解则因其自身优势成为家事纠纷解决的首选。无论是诉讼外的人民调解、部门调解、社会调解，还是诉讼中的司法调解，都是我国家事纠纷解决的主要方式和基本内容。

当前，我国法院系统在积极构建专业化家事审判（司法）机制，各地也在持续深入地开展包括家事纠纷在内的矛盾纠纷多元化解机制的实践。如何更好地以调解方式化解家事纠纷是这些工作的核心内容。

"周淑琴工作室"显然在这方面走出了自己的特色，打造了符合自身实际的品牌。例如，其在案件审理过程中创新性提出"五心"工作理念、"五诊法"、坚持将调解贯穿于诉讼全过程的"六步调解法"，不仅符合工作实际，而且起到了重要的指导作用，打造了"周淑琴工作室"高效的家事调解（审判）工作模式，值得学习、思考和借鉴。

深入推进多元化纠纷解决机制改革，是人民法院深化司法改革、实现司法为民、公正司法的重要举措，是实现国家治理体系和治理能力现代化的重要内容，是促进社会公平正义、维护社会和谐稳定的必然要求。为贯彻落实《中共中央关于全面推进依法治国若干重大问题的决定》以及中共中央办公厅、国务院办公厅《关于完善矛盾纠纷多元化解机制的意见》，2016 年，最高人民法院出台《关于人民法院进一步深化多元化纠纷解决机制改革的意见》，对人民法院进一步深化多元化纠纷解决机制改革的指导思想、主要目标和基本原则予以明文明确，并从加强平台建设、健全制度建设、完善程序安排和加强工作保障几个方面提出规范。2021 年，最高人民法院还印发《关于深化人民法院一站式多元解纷机制建设推动矛盾纠纷源头化解的实施意见》，要求完善人民法院源头化解纠纷工作格局，建立分类分级预防化解矛盾纠纷路径，并对推动重点行业、重点领域纠纷层层化解工作作出了规定。地方也通过立法等方式积极推进多元化纠纷解决机制的建立健全。例如，2021 年 7 月，为了促进和规范矛盾纠纷多元化解工作、保障当事人合法权益、维护社会和谐稳定、完善社会治理体系，江西省专门出台《江西省矛盾纠纷多元化解条例》，对相关主体职责、纠纷预防和化解以及保障措施等事项予以明确规定，并要求江西省各级人民政府将矛盾纠纷多元化解工作纳入年度工作考核；各级平安建设统筹协调机构将矛盾纠纷多元化解工作纳入综治领导责任制考核和平安建设考评。

"周淑琴工作室"是江西法院推进多元解纷建设、构建家事调解大格局的一个标杆，也是全省多元化解纷实践的一个缩影。其凝聚社会治理合力，形成以工作室为中心、工作站点为辐射，依托不同场所，保持不同特色的"1+N"站点共建模式，力求多位立体化服务；与妇联、司法局、民政局等部门联动协作，从不同行业、部门吸纳特邀调解员、家事调解员，组建"琴姐姐家事帮帮团"，拓展多元解纷渠道；与全市乡镇街道建立诉调联动机制，共同化解家事纠纷；与市融媒体中心联合推出了"琴"谈家事节目，架起与百姓沟通的桥梁；成立"婚姻家庭学校"普法、解纷平台，进社区、进学校进行线上线下普法宣传，精心打造了具有鲜明特色的家事纠纷多元化解体系和格局。实践证明，调解的确是解决离婚等家事纠纷的最佳方式，多元化解才是家事案件最为理想的解决方案与发展方向。

（四）离婚司法调解专业服务前景广阔，青年参与大有可为

离婚等家事纠纷需要专业化家事司法、家事调解服务。而专业化的家事服务，首先离不开心理学、社会学、法学等多学科专业知识。青年在此方面有后发优势，专业发展潜力无限。如前所述，"周淑琴工作室"家事审判团队整体呈现年轻化、学历高的特点，为家事审判提供了有力的人才保障。除此之外，该团队还选任具有妇女、儿童、教育、心理等工作经验的青年人员作为人民陪审员参与陪审工作、作为调解员参加调解工作，有效发挥团队成员在情感处置、人性观察等方面的优势作用，妥善化解矛盾纠纷，修复婚姻家庭关系，维护社会和谐稳定。

其次，专业化的家事服务需要社工、青年的广泛参与。家事调查、咨询评估、调解服务、家庭教育等诸多事项，社会服务需求面广、量大，青年积极参与社区、乡村等基层法律服务，既能够有效就业，而且还可以在广阔的社会服务法律实践中贡献青年的智慧、活力与干劲，用富有成效的实际行动谱写家事服务的青春赞歌。

再次，家事服务的对象，特别是离婚纠纷的当事人，不少是刚刚迈入婚姻殿堂的年轻夫妻以及其他青少年家庭成员。青年服务青年具有年龄优势，方便沟通。

最后，国家与社会支持、鼓励青年人积极参与调解服务，并提供强有力的政策支撑、制度保障与配套措施。例如，2021 年《江西省矛盾纠纷多元化解条例》第 47 条鼓励高等院校或者职业教育学校开展理论研究和实务培训，培养专业化的调解人才。鼓励社会力量开办调解人员培训机构，成立调解工作志愿者队伍，为化解纠纷提供人才储备。还规定各级政府及相关部门为相关服务人员提供人身安全保障和物质保障。例如，该条例第 48 条规定，人民调解员因从事调解工作致伤致残、生活发生困难的，当地人民政府应当

提供必要的医疗、生活救助；在人民调解工作岗位上牺牲的人民调解员，其配偶、子女按照国家规定享受抚恤和优待等。上述举措，都具有普遍推广的价值。

参考文献

习近平：《坚定不移走中国特色社会主义法治道路 为全面建设社会主义现代化国家提供有力法治保障》，《求是》2021 年第 5 期。

周强：《在习近平法治思想指引下 奋力推进新时代司法为民公正司法》，《求是》2022 年第 4 期。

《最高人民法院公报》2020 年第 7 期。

《最高人民法院公报》2021 年第 4 期。

《最高人民法院公报》2022 年第 4 期。

葛晓燕：《江西省高级人民法院工作报告——2021 年 1 月 28 日在江西省第十三届人民代表大会第五次会议上》，江西省人民政府网，2021 年 3 月 12 日。

葛晓燕：《江西省高级人民法院工作报告——2022 年 1 月 18 日在江西省第十三届人民代表大会第六次会议上》，江西省人民政府网，2022 年 2 月 11 日。

傅信平：《江西省高级人民法院工作报告——2023 年 1 月 12 日在江西省第十四届人民代表大会第一次会议上》，《江西日报》2023 年 2 月 2 日。

来文彬：《家事调解制度研究》，群众出版社，2014。

来文彬：《家事调解：理论与实务》，群众出版社、中国人民公安大学出版社，2017。

后 记

本书由江西省社会科学项目基金和江西省高校人文社会科学重点研究基地基金共同资助，由江西青年职业学院共青团理论研究中心组织编写。课题组成员精心设计问卷，从 2022 年 7 月至 9 月，针对未婚、离婚后单身、丧偶后单身、初婚、再婚等 5 类青年开展了江西青年恋爱婚姻家庭状况调查，回收有效问卷 6143 份。基于对调查数据和大量文献资料的整理和分析，课题组全体成员共同努力、分工协作，全面、深入地分析了江西青年恋爱、婚姻、家庭多个领域的发展动态，并形成了最终研究成果。

《江西青年发展报告（2022~2023）：江西青年恋爱婚姻家庭状况研究》是关于江西青年发展研究的第二部蓝皮书，刻画了新时代江西青年的婚恋观、家庭观、生育观、家庭教育观和性观念，探讨了江西青年面临的恋爱婚姻家庭问题，总结了江西围绕青年恋爱婚姻家庭所开展的各项服务实践。本书由 1 篇总报告、5 篇分报告、4 篇专题报告和 3 篇案例报告组成。

张华是本皮书的特邀专家顾问，指导了皮书提纲和调查问卷设计，协助主编负责全书的审稿、统稿工作，承担了总报告的撰写工作。张雪黎作为皮书主编之一，牵头组织了课题组团队，负责全书的方案设计、审稿、统稿、定稿工作，组织完成了调查问卷的编制工作，并承担了一篇专题报告的撰写工作。罗来松作为皮书主编之一，负责课题组团队组织协调工作，参与了全书审稿、统稿及资料收集工作。戴彩云作为本书主编之一和"江西青年恋爱婚姻家庭状况研究"课题组负责人，负责全书数据支撑工作，组织完成了调查问卷发放和数据整理分析等工作，并承担了一篇分报告的撰写工作。丁艺龙作为本书副主编，负责课题的事务协调和资料工作，并承担了一篇分报告的撰写工作。张凯、雷力、廖雪霏、夏燕、余玉荣、史青平、尚晶莹等

274

人在本书撰写过程中，负责落实了各项具体工作，保障了全书撰写工作的顺利进行。各报告执笔人基于课题组专项调查数据，收集整理了各类青年恋爱婚姻家庭数据，为支撑各报告的撰写付出了辛勤劳动。

本课题在实施过程中，得到了主管单位共青团江西省委相关部门、省直相关单位以及社会各界包括学界专家的大力支持。首先，对本次调查研究，江西省民政厅、省卫健委、省统计局、省法院、省妇联等单位领导高度重视，指导有关部门积极配合，提供了江西青年恋爱、婚姻、家庭等方面大量的基础数据，为本次课题研究的顺利开展奠定了良好的基础。其次，本课题在开展的过程中获得学界专家的帮助和指导，保障课题研究的严谨和科学，特别是张华教授指导课题组设计构建了江西省青年发展监测系统和指标体系，并为课题组提供了报告框架设计和报告统稿帮助。最后，本次调查的样本量较大，覆盖面较广，在发放问卷的过程中，工作人员获得了共青团各级组织的大力支持和帮助。在此，特对给予我们帮助的组织和个人一并表示感谢！

由于调研时间过长及研究人员的水平有限，本研究报告难免有错误之处。欢迎广大读者对本研究报告提出意见和建议，以便我们更好地改进今后的研究工作。

江西青年职业学院共青团理论研究中心
"江西青年恋爱婚姻家庭状况研究"课题组
2023 年 11 月 6 日

社会科学文献出版社

皮 书
智库成果出版与传播平台

❖ 皮书定义 ❖

皮书是对中国与世界发展状况和热点问题进行年度监测，以专业的角度、专家的视野和实证研究方法，针对某一领域或区域现状与发展态势展开分析和预测，具备前沿性、原创性、实证性、连续性、时效性等特点的公开出版物，由一系列权威研究报告组成。

❖ 皮书作者 ❖

皮书系列报告作者以国内外一流研究机构、知名高校等重点智库的研究人员为主，多为相关领域一流专家学者，他们的观点代表了当下学界对中国与世界的现实和未来最高水平的解读与分析。

❖ 皮书荣誉 ❖

皮书作为中国社会科学院基础理论研究与应用对策研究融合发展的代表性成果，不仅是哲学社会科学工作者服务中国特色社会主义现代化建设的重要成果，更是助力中国特色新型智库建设、构建中国特色哲学社会科学"三大体系"的重要平台。皮书系列先后被列入"十二五""十三五""十四五"时期国家重点出版物出版专项规划项目；自2013年起，重点皮书被列入中国社会科学院国家哲学社会科学创新工程项目。

皮书网

（网址：www.pishu.cn）

发布皮书研创资讯，传播皮书精彩内容
引领皮书出版潮流，打造皮书服务平台

栏目设置

◆ **关于皮书**
何谓皮书、皮书分类、皮书大事记、
皮书荣誉、皮书出版第一人、皮书编辑部

◆ **最新资讯**
通知公告、新闻动态、媒体聚焦、
网站专题、视频直播、下载专区

◆ **皮书研创**
皮书规范、皮书出版、
皮书研究、研创团队

◆ **皮书评奖评价**
指标体系、皮书评价、皮书评奖

所获荣誉

◆ 2008 年、2011 年、2014 年，皮书网均
在全国新闻出版业网站荣誉评选中获得
"最具商业价值网站"称号；
◆ 2012 年，获得"出版业网站百强"称号。

网库合一

2014年，皮书网与皮书数据库端口合
一，实现资源共享，搭建智库成果融合创
新平台。

皮书网

"皮书说"
微信公众号

S 基本子库
SUB DATABASE

中国社会发展数据库（下设 12 个专题子库）

紧扣人口、政治、外交、法律、教育、医疗卫生、资源环境等 12 个社会发展领域的前沿和热点，全面整合专业著作、智库报告、学术资讯、调研数据等类型资源，帮助用户追踪中国社会发展动态、研究社会发展战略与政策、了解社会热点问题、分析社会发展趋势。

中国经济发展数据库（下设 12 专题子库）

内容涵盖宏观经济、产业经济、工业经济、农业经济、财政金融、房地产经济、城市经济、商业贸易等 12 个重点经济领域，为把握经济运行态势、洞察经济发展规律、研判经济发展趋势、进行经济调控决策提供参考和依据。

中国行业发展数据库（下设 17 个专题子库）

以中国国民经济行业分类为依据，覆盖金融业、旅游业、交通运输业、能源矿产业、制造业等 100 多个行业，跟踪分析国民经济相关行业市场运行状况和政策导向，汇集行业发展前沿资讯，为投资、从业及各种经济决策提供理论支撑和实践指导。

中国区域发展数据库（下设 4 个专题子库）

对中国特定区域内的经济、社会、文化等领域现状与发展情况进行深度分析和预测，涉及省级行政区、城市群、城市、农村等不同维度，研究层级至县及县以下行政区，为学者研究地方经济社会宏观态势、经验模式、发展案例提供支撑，为地方政府决策提供参考。

中国文化传媒数据库（下设 18 个专题子库）

内容覆盖文化产业、新闻传播、电影娱乐、文学艺术、群众文化、图书情报等 18 个重点研究领域，聚焦文化传媒领域发展前沿、热点话题、行业实践，服务用户的教学科研、文化投资、企业规划等需要。

世界经济与国际关系数据库（下设 6 个专题子库）

整合世界经济、国际政治、世界文化与科技、全球性问题、国际组织与国际法、区域研究 6 大领域研究成果，对世界经济形势、国际形势进行连续性深度分析，对年度热点问题进行专题解读，为研判全球发展趋势提供事实和数据支持。

法律声明

　　"皮书系列"（含蓝皮书、绿皮书、黄皮书）之品牌由社会科学文献出版社最早使用并持续至今，现已被中国图书行业所熟知。"皮书系列"的相关商标已在国家商标管理部门商标局注册，包括但不限于LOGO（▨）、皮书、Pishu、经济蓝皮书、社会蓝皮书等。"皮书系列"图书的注册商标专用权及封面设计、版式设计的著作权均为社会科学文献出版社所有。未经社会科学文献出版社书面授权许可，任何使用与"皮书系列"图书注册商标、封面设计、版式设计相同或者近似的文字、图形或其组合的行为均系侵权行为。

　　经作者授权，本书的专有出版权及信息网络传播权等为社会科学文献出版社享有。未经社会科学文献出版社书面授权许可，任何就本书内容的复制、发行或以数字形式进行网络传播的行为均系侵权行为。

　　社会科学文献出版社将通过法律途径追究上述侵权行为的法律责任，维护自身合法权益。

　　欢迎社会各界人士对侵犯社会科学文献出版社上述权利的侵权行为进行举报。电话：010-59367121，电子邮箱：fawubu@ssap.cn。

社会科学文献出版社